JN318193

文庫

3

花崎皋平

静かな大地

松浦武四郎とアイヌ民族

岩波書店

目次

序章　静かなくに

武四郎との出会い

私が松浦武四郎の名前を知ったのは、たしか『日本庶民史料集成』の第四巻「探検・紀行・地誌　北辺篇」(三一書房、一九六九)の刊行を紹介した『日本読書新聞』の記事だった。一九六九年に出た同書に、松浦武四郎の代表作『近世蝦夷人物誌』が収録されていて、内容の一部紹介があったのである。いまでもはっきりおぼえているが、天塩川の上流に住むエカシテカニという老人と松浦武四郎との交流の話であった(本書一六九ページ以下)。私は、なぜかその話につよくひきつけられた。

しかし、私が実際にその『近世蝦夷人物誌』を手にして読んだのは、一九七三年七月初めのことである。そのあいだの三、四年というものは、私の生活に百八十度に近い転換が生じた時期であった。

一九七一年に、私は七年間つとめた北海道大学をやめた。ちょうど四十歳だった。やめるきっかけは、当時、全国各地で、学問と政治のあり方について大学側に問題を投げかけ、大学をバリケード封鎖して回答をせまった学生運動への共感から、封鎖解除に導入された機動隊に抵抗して逮捕・起訴された北大学生の裁判の特別弁護人をつとめたことだった。生計上になんの成算もなく、やめろといわれたわけでもないのに定職を離れるのは無謀ではあったが、そうせざるをえない気持になっていた。

年が明けて一九七二年。私は北大をやめたことの意味を、北海道に住みつき、ここを自分の生きる場にしたいという自覚にむすびつけはじめていた。北海道のあちこちを、一人で、あるいは数人の仲間といっしょに歩きまわり、炭鉱閉山、離農と過疎化、出かせぎ、大規模工業基地開発の計画などについて実地に勉強しようと努めたのである。

その遍歴の足がとまったところ、それは北海道南部、噴火湾に面した伊達市だった。そこに北海道で最初の大規模な石油火力発電所建設の計画が進んでおり、公害を憂えて建設に反対する現地住民の闘争に出会ったのである。

私にとって、第二の人生の入口で、この伊達火発反対の住民闘争に、とりわけその中心であった伊達市有珠《うす》地区の漁師たちに出会えたことは、以後の歩みに決定的な意味をもった。運命の女神の恩寵であったといいたいほどである。

松浦武四郎に親しむようになったのも、有珠の浜へ支援に足しげくかようなかでのことである。

伊達市有珠は、ふるくからアイヌのコタン(村)があったところで、伊達火発反対のたたかいの先頭に立った漁民たちのうちに、魅力ゆたかなアイヌウタリ(同胞)が多くいた。私ははじめ、その人びとの発する魅力がどこからくるのかわからなかった。やがて、それは「アイヌ」と呼ばれる人びとの発信するふしぎな魅力であることがわかってきた。その魅力とは、歴史の暗い地底からひびいてくる悲嘆の歌声に和していながら、人の心にやさしくふれるあたたかさを持つ旋律といったものだった。松浦武四郎が、その風景のなかに、豆粒のような姿で遠くに見えてきた。

私は、伊達・有珠の歴史や暮しをしらべに北海道大学中央図書館北方資料室へ出かけ、そこで罫紙に筆写された『近世蝦夷人物誌』を見つけ、コピーしてきて読みふけった。それがそもそもの出会いである。

ちょうどおなじこの一九七三年に、札幌在住の郷土史家丸山道子さんが『多気志楼　蝦夷日誌集』の現代語訳を企てられ、まず『後方羊蹄《しりべし》日誌』と『石狩日誌』を、小冊子で自費出版された。丸山さんはその後十年間にわたってこの訳業をつづけられ、全部で八冊の地域別日誌を刊行された。この仕事にも、私はずいぶんと刺戟され、恩恵にも浴した。この『多気志楼　蝦夷日誌集』は、武四郎自身が当時の一般人向けに書き直して出版した一種の記録文学作品である。

そうこうしているうちに、右の公刊本のもとをなす原日誌類が日の目を見るようになった。一九七八年以降のことである。

この原日誌類とは、松浦武四郎が幕府の雇《やとい》として東西蝦夷地山川地理取調べに歩いた旅の報告として役所に提出した報文日誌をいう。現在まで、高倉新一郎解読『竹四郎廻浦日記』上下、高倉新一郎校訂、秋葉実解読『丁巳《ていし》東西蝦夷山川地理取調日誌』上下、同『戊《ぼ》午《ご》東西蝦夷山川地理取調日誌』上中下、が北海道出版企画センターから刊行されている。

私は、この原日誌を読みはじめてから一段と松浦武四郎への関心をつよめた。と同時に、これまでの松浦武四郎とアイヌ民族のかかわりの把握に物足りないものをおぼえはじめた。

こうして私は、安政三年(一八五六)から五年(一八五八)にかけての旅の記録である右の『廻浦日記』『丁巳日誌』『戊午日誌』全百十六巻を土台に『近世蝦夷人物誌』を立体的に読む、という課題を自分に課すようになったのである。

二つの松浦武四郎観

ここまで私は、なんの注釈も加えずに、一般にはあまり有名とはいえない松浦武四郎の名前を呼び出してきた。

あらためて松浦武四郎をできるだけ簡潔に紹介しようとすると、二つの、裏と表といってもよいほど角度のちがう見方があることに気づく。

たとえば、更科源蔵著『松浦武四郎　蝦夷への照射』(淡交社、一九七三)の表紙裏の紹介文は次のようである。

「北海道が観光地として脚光を浴びてから久しいが、松浦武四郎が『北海道』という地名の名づけ親であることを知る人は少ない。かつて、諸国遍歴ののち北方の危機に目覚め、当時知られざる蝦夷地の内陸の暗黒世界にまで探検の足跡を印し、その精神において維新後の北海道開拓の可能性を指示した偉大な探検家の、歴史に埋もれた数奇な生涯を掘り起こす。」

やれやれ困ったものだ、とため息が出る。「蝦夷地の内陸の暗黒世界」を探検し、近代「北海道開拓の可能性を指示し」、観光地「北海道」の名づけ親である偉大な探検家とは！もしアイヌがこの文章を目にすることを念頭に置いていたら、まさかこのような無神経な物言いはできなかったであろう。だが、この種の無遠慮な和人中心の見方、考え方はけっしてめずらしいものではないのである。

これは出版社の宣伝文であって著者自身の文章ではない。しかし、残念ながら著者更科源蔵氏の「あとがき」の内容は、この宣伝文と共通の基調をもったものである。だからこそ、右のような宣伝文がつくられたと推量できるのだ。

『広辞苑』(第三版)の〝まつうら・たけしろう〟の項を引いてみた。

「幕末・維新期の北方探検家。伊勢の郷士の子。幕府の御用掛として蝦夷・樺太を調査。維新後は開拓使大主典となり、蝦夷を北海道と改称すべきことを提案。著『三航蝦夷日誌』『東蝦夷日誌』『西蝦夷日誌』。(一八一八－一八八八)」

ずっと穏当ではあるが、やはり不満である。その理由は、まず松浦武四郎を「北海道」という地名の命名者というところで評価し、紹介するところにある。これは厳密にいうと不正確であり、力点の置き方も当を得ていない。もうひとつは、主著の選択を改めてほしいのである。

私が望ましいと思う紹介の仕方は、彼の著書『近世蝦夷人物誌』に評価の力点を置く仕方である。その代表的なものは、新谷行《しんやぎょう》著『北方史の証言者　松浦武四郎とアイヌ』(麦秋社、一九七九)である。

新谷行氏は、探検家、地理学者としての武四郎評価を否定するのではないが、と前置きしつつ次のようにのべている。

「武四郎の評価にとってもっとも重要なのは、『近世蝦夷人物誌』にみられるような深い観察者としての武四郎、つまりルポルタージュ作家としての武四郎である。これまでの地理学者、あるいは探険家として評価する見方は、多分に北方領土の所有権の証人として武四郎の記録を扱う考えがあったといえる。」

この見方をはからずも裏付けているのが、更科源蔵のさきにあげた本の松浦武四郎観である。同書の「あとがき」はいう。

「……当時世人の間では北海道は日本人のすめない暗黒大陸であると思われ……一歩あやまればこの地はたやすく日本から離れて、他国の領土になる危機がせまっていたので、この北方の天地は決して日本人の住めないところではなく、またそこに居住しているアイヌの人々は比類まれな心の清らかな隣人であり……」

新谷行は、この更科氏のような考えをつきつめていくと、蝦夷地はもともと日本のもので、アイヌもまた皇国の一員であったという考え方に到達する、それはアイヌ同化のために武四郎の記録を利用しようとする態度に根ざすものである、と説く。

「しかしながら、武四郎の記録を今、冷静にみるなら、何よりも武四郎の記録がそうした考えを拒否していることがわかるのである。」

新谷行は、武四郎の原日誌類におそらくは接することができない時点で、右のように書いていたとみてよい。なぜなら、彼は一九七八年の秋に『松浦武四郎とアイヌ』を書き上げ、その翌年に亡くなっている。他方、原日誌類が、まず『廻浦日記』から出版され始めるのが七八年の十月以降のことだからである。そして、『戊午日誌』の刊行で、三種類出揃うのが一九八五年。そこでようやくその全貌が私たちの目に触れるようになったのである。もっとも彼が原本に当って非常に読みづらい武四郎の筆跡を読み解いていたとしたら別だが、右の著書にその証拠を見いだすことは困難である。

私は、この原日誌類に目をとおしてみて、新谷行の武四郎観を継承して、よりリアルに深めることができるように思った。

ついでにふれたいのだが、このごろ新谷行の著作――とりわけ『アイヌ民族抵抗史』

――に対する、私の目からみて不当と思われる非難が、北方史の専門学者たちの書くもののなかに出てくる。

たとえば、榎森進著『アイヌの歴史――北海道の人びと(2)』(三省堂、一九八七)の「参考文献・史料紹介」では、新谷行の『アイヌ民族抵抗史』は、記述が「非常に一面的・独断的」であるとし、著者の思想的立場を「科学的思考の放棄と思弁的夢想」ときめつけている。また、海保嶺夫氏は、やはりこの『抵抗史』を評して、「昭和四十七年以後多くみられるようになった、情念的で妙に『同情』的なアイヌ史は、歴史そのものとは言い得ない」とのべている(『日本北方史の論理』雄山閣、一九七四)。

両氏共に、『抵抗史』を歴史学の学術研究書とみなして、感情的非難をこめた語調で批判している。しかし、『アイヌ民族抵抗史』は、彼の他の諸著作、たとえば『アイヌ民族と天皇制国家』(一九七七)や『古代天皇制国家と原住民』(一九七八)と同様に、「史論」、つまり歴史についての評論としてみるべきものである。「原住民」の側に視座をおいて日本歴史を論じようとするその史観を、「思弁的夢想」とか「同情」的だとか評するのは、彼が詩人・思想家の目で歴史を論じたことの意義をまったく見そこなっているように、私には思える。

彼の仕事によって目をひらかれ、多くを教えられた私としては、専門家の高みから見おろす右の評価に対して、異議をのべ、彼のなした仕事を弁護しておきたい。

もうひとつ、一九八七年初頭、『朝日新聞』の連載「続百代の過客――日記にみる日本人」のなかで、ドナルド・キーン氏が「松浦武四郎北方日誌」を十回にわたって取り上げた(同年一月二十七日から二月九日まで)。この評論の基本的視角は、新谷行の系列につらなる。もっとも後者のような特定の思想的立場を強烈に訴える色づけはない。

キーン氏は「松浦のアイヌ人に対する態度は、当時の大抵の日本人とは全く異なっていた」ことを強調し、『近世蝦夷人物誌』における松浦ほど、「己の同胞をきびしく批判した人物も珍しい」点に着目している。私も、そうした点、つまり「己の同胞」を対象としてきびしく批判する視点とその視点を獲得するようになる彼の自己変革の歩みこそ、松浦武四郎から取り出し、受けつぐべき点であると考えているので、右の記述を同感しつつ読んだ。

松浦武四郎肖像，伝河鍋暁斎筆

とはいえ松浦武四郎は幕末から明治へかけての過渡期の矛盾を背負った人物である。

その評価が別れるもとになる二面性が、たしかに彼にはある。そのことに目をつぶって一面だけを抽出するのはまずいだろう。その点に気をくばりながら、私としては、できるだけ彼の内面の変化を追って、アイヌ民族とのふれあいの深まりのなかで変っていく武四郎像をとらえてみたいと思う。

松浦武四郎が、「北海道」という名称の名づけ親であるというのは、別にまちがいではないが、正確な事実はこうである。彼は、明治二年(一八六九)七月十七日、「道名の義につき意見書」を政府に提出している。そのなかで彼は、日高見道、北加伊道、海北道、海島道、東北道、千島道の六つを原案としている。そのうちの北加伊道と海北道とを折衷したようなかたちで「北海道」が正式名称にえらばれるのだが、彼が北加伊道を案とした理由は、アイヌ民族が自分たちの国をカイと呼び、同胞相互にカイノー、またはアイノーと呼びあってきたからというところにあった。北加伊道が北海道に変えられたとき、そこにこめられた大事な意味も消された。その名づけを産んだ流れは、武四郎一人の力や思いではどうにもならない滔々たる濁流となって、この近代百年を押し通ってきているものであった。武四郎は、明治に入るとすぐその流れの外に身を置いてしまう。

彼は蝦夷地についての当時随一の通暁者であった。その識見を活用する気にさえなれば、彼は維新政府の高官として権勢をふるうことができたであろう。明治二年には開拓判官に任ぜられ開拓大主典(官名)の職に就いている。いまでいえば北海道開発庁の次官級の職である。月給二百円。当時月給八円ぐらいだった下級官吏とくらべれば、非常な高給取りである。

しかし彼は、半年ほどその席を暖めただけで、明治三年三月、慰留をふりきって一切の官職を辞し、位階(従五位)も返上してしまう。その辞職願は歯に衣着せぬものであった。

彼は、そのなかで辞職にいたる経緯を次のように記している。

私は、明治二年五月に開拓使御用掛を命ぜられたとき、蝦夷地から松前藩を転封し、奸商の請負いを廃止し、蝦夷地を諸侯へ分割するという三ヵ条を、新政府の基本政策とすべきであると提言したところ、第二、第三の点は採用になったが、第一の松前藩転封は無理だといわれたので、御用掛に就任することをことわった。

しかし、島(義勇)判官が、ぜひ当分のあいだ出勤してくれるようにというのでやむなく勤めたが、歎願書の方は「何分烏合の官員、区々の論にて、十分の見込も相立ち難き故」、なおまた辞職を願っておいたが、なんの沙汰もなかった。当時の開拓使長官(初代)は、鍋島直正であったが、わずか二ヵ月で若い東久世通禧《みちとみ》に代った。この長官は、箱館請負人共の願いを聞き入れて、場所請負人を漁場持としてひきつづき認める措置をとった。免職願は、この措置にいたるあいだの奸商たちの暗躍、役人工作を具体的に人名をあげて暴露し、「進退成行覚悟仕り居り候」とのべている。

彼は、そのまま放置すればアイヌ民族を絶滅させかねない松前藩と場所請負人の搾取と虐待、それに蝦夷地資源の略奪を、新政府の政策によって終止符を打つことに、幕末期蝦夷地における自分の活動のしめくくりを置いていた。それが、この辞職願における非妥協的なはげしい口調にあらわれている。それに加えて、東久世新長官の派閥的で、不公平な措置、とくに同僚の開拓判官島義勇の疎隔に対する義憤もかさなって、「依然と官途に罷在り候儀、何分義に於いて忍び難く候間、早々願之通り、御免職仰せ付けられ候様、願い上げ奉り候」とむすんでいる(吉田武三著『定本　松浦武四郎』上巻、三一書房、一九七二。引用は一部読み下し文になおしてある)。時に五十三歳であった。

このあと、彼は明治二十一年(一八八八)に七十一歳で没するまでの十八年間、一介の野人として東京で晩年をすごした。愛着深かったであろう「北海道」には二度と足をはこばなかった。相変らず山歩きなどをたのしんでいたにもかかわらず。

そのふるまいに、私は彼の、怒りをとおり越した諦念の心境をうかがう。そしてそのことのもつ意味を、重く受けとめたいと思うのである。

『アヌタリアイヌ』の紙面から

私が松浦武四郎に出会った一九七三年という年をふりかえってみると、その年は、アイヌ民族の徐々の、曲折の多い復権運動の歴史のなかで、忘れてはならない出来事をもつ、注目すべき年であった。

その出来事のひとつは、同年一月に第一回の「全国アイヌ語る会」が札幌で開催されたことであり、もうひとつは、六月に『アヌタリアイヌ――われら同胞人間《アンウタリアイヌ》』と題した月刊の新聞が、若いアイヌグループによって創刊されたことである。

ちなみに、この「全国アイヌ語る会」は、第二回を旭川で開こうとして立ち消えになっていたが、一九八六年秋の中曾根首相の民族差別発言がきっかけとなって、一九八七年初め、第二回を開こうという気運が盛り上り、二月二十八日と三月一日の両日、札幌で開催された。私は、第一回の折には、参加を勧誘されたが、熟考の末、参加しなかった。当時、私は自分自身の「差別」感覚とエゴイズムの問題で悩んでおり、その問題を自分と他者との関係一般のなかでつきつめたいと考えての、一種の禁欲からであった。

八七年の第二回「語る会」では、逆に、集会の中身に若干、問題があることを承知で事務局の一端を担った。十四年のあいだに、私の立つ位置も変化したのである。

話を十四年まえにもどそう。そのころ、アイヌの復権運動の周辺は、はなはだあわただしかった。七〇年安保闘争が敗北に終ったあと、新左翼系諸グループが、以後の闘争をめぐって多様な分岐をとげたことは周知のとおりである。それらのうちで、全共闘系学生の一部をつよくひきつけたものに日雇労働者、沖縄人民、そしてアイヌといった、もっとも抑圧された民衆のなかに入り、そこに革命の主体を見いだそうとする思想と運動論があった。「アイヌ革命論」といった主張が太田竜氏によって提唱される一方、故新谷行氏が

『アイヌ民族抵抗史』をあらわし(一九七二初版)、そこで初めて和人のアイヌモシリ(アイヌのくに)侵略史とアイヌ民族への加虐の歴史を知ってショックを受けた人も多かった。

当時、故新谷行氏と太田竜氏とは行動を共にし、アイヌ解放運動に情熱を燃やしていた釧路出身のアイヌ、故結城庄司氏らをかたらって、一九七二年には、二つの世人の耳目を聳動させる行動に出た。同年八月の「日本人類学会・日本民族学会連合大会」への抗議行動と同年九月のシャクシャイン像碑文の一部「損壊」である。

この秋にはまた、あたかもそれらと連動したかのように、三井・三菱への爆弾事件、旭川市常盤公園に立つ「風雪の群像」と北大文学部北方資料室陳列物の同時爆破事件が起り、「アイヌ過激派」とか「アイヌ革命派」といった言葉が新聞紙上に躍るような状況があった。

こうした世相につれて、治安警察がアイヌ民族問題に発言したり、積極的に行動したりする人びとにつきまとって身辺を調査するなどの事例がふえた。たとえば、『アヌタリアイヌ』紙を発行していた若いアイヌなどが目をつけられた。このような事態は、すでに差別や同化への重圧にいやというほど苦しんできたアイヌのあいだに、とりわけ指導的な立場にある人たちに、反発と危機感をひきおこした。俗称で「シャモ」と彼らが呼ぶ和人の介入や教唆を嫌う声と共に、みずからの主体を確立して民族復権の道を自力で切り開こうとする動きが生れてきたのである。第一回の「全国アイヌ語る会」の背景にはそうした危機感と状況への対応の模索があった。

民族としての覚醒のもうひとつのきっかけは、前記の伊達火発建設に反対する有珠のアイヌの漁師たちのたたかいであった。その目覚ましいたたかいぶりが、多くのアイヌウタリ(同胞)たちの、とりわけ若いウタリの胸に火をともしたのである。その端的な反応は、『アヌタリアイヌ』の紙面に見てとることができる。

一九七三年六月一日付で創刊された同紙第一号は、彫刻家として著名な砂澤ビッキ氏が彫った木版の力づよいシンボルマークと題字を掲げ、一、二面を費やして特集「有珠の海を汚すな！　伊達火力発電所建設に反対するアイヌの漁民たち」という座談会を組んだ。以後三年間、第二十号で力つきて停刊するまで、ほとんど毎号、伊達火発闘争に関する記事を掲載している。そのほかに、この新聞は、和人の研究者、ジャーナリストを批判する鋭い論文や、「エカシ・フチを訪ねて」と題する古老、先輩へのインタビューなどを毎号のせており、いま読みかえしてみても、その清新で情熱にみちた紙面に胸を打たれるものがある。私は、その後、ことあるごとに思い出しては、「あの新聞はほんとうにいい新聞だった」と友人と語りあった。

第一号の座談会では、五、六人の漁師たちが、こもごも、アイヌも昔はシャモにだまされたけれどいまはちがうぞ、ダメなものはどなたさんが言ってもダメだ、いまは、ウタリが一生というか孫子の代まで考えて海を守らなければならないと反対しているのだ、ここの闘争が強いのは、漁場をウタリで守るんだという意識があるからだ、と語りあっている。

一九七三年の六月十四日、有珠に隣接する伊達市長和《ながわ》の浜辺で、同発電所の着工が大量の機動隊を動員して強行された。それを阻止しようと支援の労組員を含む多くの住民や支援者が座り込んで、十数名の逮捕者が出た。私たちも漁師たちといっしょに、ごぼう抜きにあいながらくりかえし座り込んだ。そのときの思いを、詩人戸塚美波子《みわこ》さんは、『アヌタリアイヌ』紙第二号に発表した「一九七三年六月十四日」という詩でつぎのように吐露している。

その日
町民を守るべき筈の　機動隊は
(毎度のことながら)
道庁と北電の手先となった
その為だけの　バカ力を出して
いとも気軽に
国民の一部であるピケ隊を
うむも言わせず
排除しつつあった
黙々と――

あくまでも雇主に忠実に
その裏で
へっぴり腰の北電の男達が
有珠の大地に　クイを打ち込んだ
しゅんかん
大地は壮絶な悲鳴を上げた
男たちよ聞こえなかったか？
その唸りを——
海は　その大地の余りの
いたましさに
深い嘆きを憶え
怒りに　わなないたというのに

（中略）

我らがモシリを
どこまで　破壊しようというのか

昔　流された血を
又もや　流させようというのか
許しはしないぞ
偽善者ども！
自然の神々も決して
許しはしないだろう
お前たちが
クイを打ち込んだ　その時
闘いは　始まったのだ
安心するのは　まだ早い
お前たちの
薄汚れた手から
大地を守る為の　闘いならば
私は　死をもいとわない！

彼女は、クイ打ちに大地の悲鳴をきき、海のわななきをみた。これはたんなるレトリックとはいえない。そのとき支援者の一人として座り込みをくりかえした、別のアイヌ女性は、ブルドーザーが建設予定地のニラ畑をかきむしったとき、大地の皮膚が裂かれ、血がほとばしるのを幻視した、という。

戸塚さんの詩の最後の句も、彼女の一時の興奮に駆られた修辞ではない。

この有珠の座り込みから札幌に帰って、私は松浦武四郎の『近世蝦夷人物誌』を手にしたのである。

静かなくに

いまの戸塚美波子さんの詩のなかに「我らがモシリ」という言葉がある。モシリは、島、国土、世界を意味するアイヌ語であるが、その語源は、「地」「山」を意味するsirに「平穏」「温和」「小ぢんまりとした」「一寸とした」という意味のmo-がついて「島」となり「国」となったとされている(金田一京助、知里真志保)。

そのむかし、アイヌ自身が「アイヌモシリ」(人間の静かなくに)と呼んで暮してきたこの大地の風景を、有珠を例にとってすこし紹介してみよう。

いまは伊達市の一部となっている有珠コタンは、洞爺湖とそれをとりまく温泉地帯にほど近く、噴煙をたなびかす有珠山のふもとに位置している。北からの湿った冷たい風が山地にさえぎられるため、降雪は少なく、冬あたたかい。洞爺湖の水がしみだしてくるかと思われるいく筋もの細流が淡水魚を育み、噴火湾では魚介類、海藻類の恵みがゆたかである。むかしは温暖な気候を喜んで鬱蒼とした巨樹の森があたりをおおっていたというが、今は北海道一番の早出し野菜の出荷地域になっている。有珠湾は、松前藩最古の歴史書である『新羅之記録《しんら》』に、「松前より五日程東、宇諏《うす》の入海という所は佳景の地、遥に山ぎわに至りて入江数あり。その中に島山多くして日城(日本)の松嶋の佳境に劣らず」とのべられている風光明媚の入江である。

このような好条件に恵まれたところだったので、七千年以前からの縄文遺跡があちこちで発掘されている。文化三年(一八〇六)のウス場所(場所請負制については、第一章で説明する)は、アイヌの人口三百二十八人、七十八戸、漁船八十艘と記録されている。四季の暮しは、二月から五月ごろニシン、タラなどを取って加工。六月から七月ごろ荷造りして箱館へ出荷。それから男はナマコ取り、女は粟や稗の畑作、アツシ(おひょうにれの皮で織った着物)織り、土用から八月下旬、男女ともコンブ取り。それが終ると海がおだやかなときはナマコつき、帆立貝引き、海がしけると、男は山へ薪取り、女は穀物の収穫、アツシ織り。十月からは、壮健な者はオットセイ漁、通行人足、アキアジ引網へ、といったぐあいであった。

明治十一年(一八七八)、この地を訪れたイギリス人女性イサベラ・バードは、その旅行記『日本奥地紀行』のなかで、有珠の景観を絶賛している。

「有珠《ウス》は美と平和の夢の国である。この沿岸では満潮と干潮の高低の差があまりないから、もしも海から一フィートばかり高いところの岩に美しいヒバマタ属の海藻が金色に染まっていなかったならば、この湖のように見える幻想が完璧なものとなったであろう。私が夜を過した入江では、樹木や蔓草は水面に頭を垂れ、その緑色の濃い影を映していた。それは湾の他の部分が夕陽を浴びて金色や桃色に輝くのと鋭い対照をなしていた。丸木舟は、高くするために船縁に板を組み合せてあったが、金色に輝く小さな浜辺に引き上げてあった。深い蔭になっている入江には、深く刻んで作られた古ぼけた帆掛船が木に繋がれていて、幽霊船が浮んでいるようであった。森の茂っている丘、岩肌を見せている丘にはアイヌの小屋が見え、有珠岳《ウスタキ》の朱色の火山口は落日の光を浴びてさらに赤色に染まっていた。数人のアイヌは網を修理しており、さらに食用の海藻(昆布)を乾すために広げているものもいた。一隻の丸木舟は黄金の鏡のような入江の水面を音もなく辷っていた。いく人かのアイヌ人が海岸をぶらぶら歩いていたが、その温和な眼と憂いを湛えた顔、もの静かな動作は、静かな夕暮の景色によく似合っていた。寺から響いてくる鐘の音のこの世のものとも思えぬ美しさ――景色はこれだけであったが、それでも私が日本で見た中で最も美しい絵のような景色であった。」(高梨健吉訳、東洋文庫二四〇、平凡社、一九七三)

有珠コタンの村長《むらおさ》の家に生れ、のちに英国人宣教師ジョン・バチェラーの養女となったバチェラー八重子(幼名向井フチ、のちに八重子)は歌集『若きウタリに』(一九三一)のなかで、

故郷を、

海もよし　山もうつくし　人もよし
ほんに住みよき　有珠コタンかな

有珠コタン　彼方此方に　チャシぞある
古きウタリの　後を語りて

などとしばしば歌っている。チャシとは海辺や川べりの小高い場所に作られた砦のことである。

私がこの浜を初めて訪れたのは、一九七二年四月のことだった。

静かな浜のたたずまいと砂にたわむれる水の清澄さは、いまも目に焼きついている。それ以降、訪れるたびに水の汚濁は進んでいて、ガラスの箱めがねをのぞいてウニ、アワビを突く磯突き漁への支障が生じているようである。

四、五人の仲間とこの浜を訪れたそのときのことを、アイヌの血を引くTさんはこう書いている。

「家の前に敷きつめられた砂利の上に、わかめが干してあり、それを踏まないようにして玄関までたどりつくと、日にやけた、たくましい腕と顔を持った人たちがいた。一緒にお茶をのみ、オシャベリをした。私はそこにくらしている人たちに会った。そして夕方、汽車の時刻を気にしながらも私たちは浜辺におりてみた。夕日は海を染めていた。養殖のためのものだろう、水面からつきでた棒クイが、染まった海に黒々と影を作っていた。美しかった。それは、自然に対して思い上った人間が、より以上のおごりを求めようとしたのではなく、自然物に関わる関わり方、互に容認し合える、調和し合える関係だったから美しかったのだろう……と思う。浜に育った私は、一日の仕事を終えた大人たちが、そのような海をながめながら『いいなぎだね！』と言い合う声が聞えてくるような気がした。」

孝子サメモン(『近世蝦夷人物誌』)

このとき訪問したのは、当時、有珠漁協の青年部長をしていた人の家だった。そこで火発問題の話を聞いたのが、伊達火発へかかわる発端となった。

この美しい浜を、松浦武四郎は、弘化二年(一八四五)を最初に、安政三年(一八五六)、四年、五年とつづけて三回、計四回、蝦夷地巡回の途中に立ち寄り、そのつど目にふれ、耳にしたことを記録している。そして、『近世蝦夷人物誌』には、「孝子サメモン」と「百翁イタキシリ」の二人の人物をとりあげている。

「孝子サメモン」の項を紹介すると、この地にシリウトクという七十余歳の老父がおり、目は見えず耳も遠く、腰も立たなかった。生来酒が好きで、子供は二人いるが妻に先立たれ、当年三十余歳になる独身の倅サメモンの世話になっていた。サメモンは、老父のことをおもんぱかって妻をめとらず、好物の酒、烟草も断ち、会所(箱館奉行所支配の交易所)などで酒や烟草のもらい物があると必ず父親のところへもち帰って、こういうわけで手に入ったからと、まず父にすすめるのが常であった。

だんだん父が老いるにまかせ、家を守るのにまだ年若い弟だけでは心もとないと、会所が世話したシュハッタという嫁を迎えた。彼はその妻に、親が死んだらどんなに大切にしたいと思ってもできないのだから、自分の妻になったからには、親を大切にすることだけを心がけてくれよ、とくりかえしたのんだ。

するとシュハッタは、もともと私たちはその性質が人情に厚くすなおで、むかしながらの神の支配するありのままの姿を保っている民ですから(〝元来我等は其質惇樸のものにして、実に義皇上の世の真面目を具せし民なりしかば……」)、どうしてそうしないことがありましょうかと答えて、夫サメモンの意にしたがい、朝夕起き伏しのことから大小便の世話までなにくれとなくいやがらず世話し、一さじの食物でも老父の口に合うようにと心がけて睦まじく暮し、ほどなく二人の子供をもうけて家は栄えていた。

さて、その日常生活を見聞きすると、近くに酒盛りなどがあれば、サメモンが父親を背負い、妻はうしろから腰を支えて行き、皆とおなじにたのしませ、会所でオムシャ*があれば、そこへも背負って行き酒宴の席に連らならせ、夫婦は左右からそれを助けるなどして、じつに筆にも言葉にもつくせない者たちであった。

安政四年オサルベツ(長流川)より帰ってきてポンウスのハシテヤキの家に立ち寄って休んでいたとき、のこっていた米でカユをたき、近所のアイヌへ振舞おうとした。そうすると、夫婦で目の見えない老人を背負ってきて、左右から烟草をつけ、カユの熱い、冷たいをとてもていねいに知らせ、世話をする者があるので、ふしぎに思いその名を聞いたところサメモンであった。

＊　オムシャとは、元来は、久しぶりに会った者が向い合い、両手で互いに頭、肩、腕を撫でおろしながら挨拶の言葉を交わすアイヌの礼式であるが、のち、和人との交易や漁撈の季節の終りに、アイヌ慰撫のため、和人が催す酒宴をとくに指すようになった。

最初読んだときにも感ずるところがあったが、その後、だんだんにアイヌの人びとの習慣、精神、文化を知るにつれて、この話がますますよくわかるようになった。アイヌ社会の風習として、年寄りを尊敬し、大切にするのは、けっしてサメモン夫婦に特殊なのではなく、むしろ一般的であることを知ったからである。しかし、この夫婦はとりわけやさしかったのであろう、ウス場所の支配人に聞きただしたところ、支配人が「土人」のことをほめるのは優曇華《うどんげ》(優曇華は、三千年に一度花が咲くというインドの仏教説話上の植物)よりも稀なことなのに、サメモンの場合は支配人もおなじことを語ったので感に堪えなかった、と『丁巳日誌』にはしるされている。

このサメモンには、安政五年の最後の旅でも出会っている。『戊午日誌』に、三月中旬のまだ雪のあるころ、有珠から長流《おさる》川沿いに山に入り、支流の壮瞥《そうべつ》川にある大滝の近くで野宿した折の日誌に登場する。

その山行きには十四人のアイヌが同行していたが、晩に、持参した二樽の酒(一樽五升入り)を酌みかわすうちに興がのってきて、昨年、親孝行の聞えがあって箱館奉行の堀利熙《としひろ》からほうびに米や烟草をもらったサメモンが、「国風流の浄瑠璃といへるもの」と武四郎は書いているが、つまりユーカラを謡い出し、他の者も大きな木を折って拍子をとってはやしあった。その結果、「皆興に入りけるまゝ時に降来る吹雪もさむしとせず、氷雪の上に薄きキナ蓆《むしろ》一枚[キナ蓆は手編みの草ござ]を敷、聊《いささ》か暇なく火を焼(焚)うたひ明したりしも、おかしきことなりけるなり。」

いまも、ユーカラこそ出ないものの、アイヌの人たちは飲んで興に入ると、よくうたい、よくおどる。

私が初めて有珠を訪れてから一ヵ月もたたない一九七二年の五月十三日、伊達火発反対のお花見総決起集会があった。場所は蝦夷三官寺のひとつである古刹、有珠善光寺（あとの二つは厚岸の国泰寺と様似の等澍院）の境内であった。このあたりの桜は五月十日前後が見ごろである。ちょうど満開の桜の下で、ジンギスカン鍋をかこみ、現地の漁民や農民とたのしく痛飲した。盃のなかにハラハラと桜の花が舞う優雅さに浮かれてはしゃいだ。そのときのたのしさが、また、私を有珠へひきつける魅力になった。

考えてみれば、私は有珠で虚飾というものにまったく縁のない人びとに出会った。それまで私は、北大助教授だ、進歩的学者だ、知識人だ、と世の肩書やレッテルを自分に許し、それらしい外側の基準に自分を合わせようとしてきていた。自分の心の動かぬ根拠、いいかえれば魂のもとめに根ざして考え、行動してきたのではなかった。有珠の人びとは、そういう私の虚飾に充ちた実像を照らしだしてくれた。

冷たい理性の重い鎧をおろし、生きることの現場に身をさらすほうが、より傷つきはするが、しかし多くの場合、より安らかに、自分自身でありうることなのだ。そしてそのように自分自身であることが、「ねばならぬ」という格率の助けを借りなくとも他者を他者として受け入れることのできるありようなのだ。そういうところへ、おそるおそるではあったが、後戻りのない歩みで踏み入るきっかけ、それを、有珠の人びとが恵んでくれた。

それから十五年をへだてて、一九八七年、ときもおなじ五月。桜は八重が咲きのこっているころに、久しぶりに有珠を再訪した。その間、何回かは訪れているが、いつも住民運動の合宿やらなにやらで、漁師の人たちとゆっくり一杯やるという余裕はなく帰っていた。今回は旧知の漁師の人たちと会って、昔の話やアイヌウタリとしての考えなどをできたら聞かせてもらおうという目的であった。

十五年まえとあまりかわらない家並を眺め、ウタリ協会(北海道在住アイヌの福祉を目的とした組織)伊達支部の現支部長Sさんの家へ立ち寄った。Sさんは火発反対派漁師の一人で当時もなにかと世話になった人である。

夕方、バチェラー記念堂を見ながら浜へ向う。記念堂は、やや小高い地に、海に背を向けて立つ軟石づくりの堂々たる洋風二階建建築である。聖公会教会堂として建てられたものなので、見上げるように背の高い正面の屋根には十字架が立ち、大きい字で「バチェラー夫妻記念堂」と白く記されている。全体にいかつい感じで、あたりのやわらかな風景にそぐわないようでもあるが、ずっと無住で、古び、さびれたぶんだけ落着きが出ている。

ジョン・バチェラーは、英国聖公会宣教師として明治十年(一八七七)以来、五十余年にわたって北海道に住み、ルイザ夫人と共にアイヌへのキリスト教伝道に従事するかたわら、アイヌ語をまなび、最初のアイヌ・英・和辞典をつくった人である。夫妻には子供がなく、養女として、前にのべたように有珠の村長《むらおさ》の娘向井八重子を迎えて育てた。彼女は養父母の意志を継いで伝道にあたる一方、短歌に親しみ、『若きウタリに』というすぐれた歌集をのこしている。

バチェラー記念堂から西へ五分も歩くと有珠湾に出る。夕陽を浴びて、静かな有珠の浜を歩いた。

浜に沿って軒をつらねる旧知の漁師の家を訪ねると、「おそいぞ、なにしてたんだ」と待っていてくれた。その夜は、むかし漁協の青年部で活躍した人たちとも久しぶりに会え、海の幸をごちそうになり、たのしく飲ませてもらった。冗談や軽口の上手な浜の人びとのもてなしに酔い、固苦しい話はそっちのけであそんでしまった。

でも、それでよいのだ、と翌日、長万部《おしゃまんべ》へ南下しつつしみじみと思った。しかつめらしくノートなどだして聞き書きするのが能じゃない。かつて、やはり有珠で漁師の人たちとにぎやかに飲んでいたとき、年とったウタリの父《とう》さんがふらりと座に入ってきて、私を見ながら、いまきているシャモ(和人)はどこの人かい、学者かい、弁護士かい、と聞いたことを思い出した。集落をたずねてくる和人といえば、ノートとペンをもった学者・研究者、というイメージがあるのだな、と思った。「滅びゆくアイヌ民族の民俗や文化」をいまのうちに記録し、研究の資料にしようとする人びとに対して、アイヌの人びとはどういう思いをもちつづけてきたであろうか。

「滅びゆく」と、あたかも自然の成行きでそうなるかのようにいわれるけれども、果してそうなのだろうか。言葉を禁じ、文化をおとしめ、民族のつながりを絶つことが幸せにつうじるのだ、と思い込ませようとしてきたのはだれなのか。だれのための、なんの調査なのか。研究、研究というが、自分が何者なのかふりかえって考えてみたことがあるのか。そういう声にならない声をずっと抱きつづけてきたのではないか。その声を聴く耳をもたない者に研究され、あなたがたの文化は貴重です、と頭をなでられてもどうしてうれしいことがあろう。

そういう思いをかみしめるとき、このモシリ＝静かなくには、ただ美しく、静かなだけのくにではなくなる。一木一草にも、数百年におよぶ和人の侵略と支配、虐待と開発がしみ込んだ風景でもある。先住の民アイヌにとっては、開発とは人と自然双方の搾取にほかならなかった。いまあるこのくにには、かつてアイヌが自分たちの生活とのかかわりのなかで、この大地をモシリと名づけた、そのモシリとは異なり、過去数百年の歴史をとおして、もうひとつの意味を加えられている。今日の静けさは、悲しみの涙のつきることのない嘆きと、みだりにあらわすことをはばかられる怒りとがいっぱいにみなぎる、張りつめた静けさなのである。

この地のそうした風景にむすびつく一人のアイヌ猟師の姿を紹介しておきたい。

私は、その猟師に直接会ったわけではない。旭川に生きた作家三好文夫が、力のこもった評論「アイヌ人が滅びるというのか」(旭川人権擁護委員連合会刊『コタンの痕跡』所収)でえがきだしている人物であるが、私には自分で見たように心にのこっている。

「わたし」(三好)が晩秋の雨が静かに降る田舎町の小さな駅で列車を待っていたとき、待合室の木のベンチに、貧しい身なりの一人のアイヌが、古びた猟銃をかかえ、大きな体をちぢめるようにして、じっと目を閉じて座っていた。

列車のくる時間が近くなると、待合室は混みはじめたが、彼が座っているベンチにはだれも腰をおろそうとしない。そして、アイヌだ、どれどれ、アイヌがいるぞ、といった無遠慮なささやきがかわされ、毛皮の襟を立てて目を閉じている黒々としたひげの彼に好奇の視線がそそがれた。

「だが、彼はそれを黙殺していた。からだのどこかを僅かでも動かすことが、彼をとりまいた視線の好奇心をますますそそる結果になることを、彼はよく承知しているふうに、まるで石像のように彼は動かなかった。」

その状況を、一見乾魚売りかなにか、行商人風の小男がかき乱す。

「アイヌがすわって、シャモを立たすって法はないだろう、どけ、どけ!」

彼は目を閉じたまま、

「空いている所にすわればいい」

と、低いがよく響く声でいった。小男は一瞬たじろいだが、

「アイヌのくせに、生意気なこと言うな。お前のそばになんか、くさくてすわれるもんか。迷惑だぞ。どけ、どけ！」

「くさいか」

といって、彼は目を見ひらいた。

「わたし」は、その眸に、「寥々とした深い怒りの色」を見る。

彼はすっと立ち上がり、さっと道をひらいた人びとのあいだを通り抜けて細かい雨の降る屋外へ向い、駅舎の軒下に猟銃をかかえてたたずんだ。

列車に乗っても、彼はデッキに立って車内に入ろうとはしなかった。駅を三つほどすごした山間の信号所で下車していったが、その数日後、「わたし」は小さな新聞記事で、彼が有名な熊撃ちであり、あの翌日、腕自慢の猟師たちが競って追いかけていた人喰い熊を沢に追いつめて仕留めたことを知る。

「わたし」はそのとき、「彼の眸の、あの寥々とした中の深い怒りの色」を思いうかべる。そして、こう考える。

「誇りのないところに怒りは存在しないとすれば、わたしをひどく恐れさせた彼の眸の中の怒りは、彼が彼自身を誇るが故のものであったにちがいない。」

彼が追い詰めた熊に狙いをさだめたとき、その眸から「薄い強靱な膜に包まれた深い怒りの色が一瞬かき消え」、その眸はいきいきと輝いたであろう。

アイヌがアイヌ自身の姿を保ちつづけているのは、どれほど傷つけられ引き裂かれても、どうしても捨て切ることのできない民族の誇りが、怒りによって支えられているからであり、しかもけっして「爆裂」はせず「薄い強靱な膜にしっかりと包まれて激しく内部に燃える怒り」によって支えられているからだろう、と三好氏は書いている。彼の立場は、しかし、アイヌ民族のその誇りと怒り、彼らの苦しい闘いの現実からは一歩身を引いた観察者の立場であり、一部和人の目にあまるあり方の批判者の立場にとどまるものであった。

他方、松浦武四郎は、アイヌ民族のその内なる怒りの火にふれた人であった。それにふれたことによって人生が変った人であった。彼の記録を読むことは、彼自身の意図せざる自己変革のドラマを読むことである。その記録は、私たちがこの地の歴史を見る視点を変えるための貴重なよすがである。

私は、武四郎追蹤《ついしょう》と近現代のアイヌ史とをからませ、今日、この「静かなくに」で生きたいという思いを歴史の鉄床《かなとこ》の上で鍛えたい。私にとっての、この「静かなくに」もまた、その奥に激しく燃える怒りの火を秘めたくにである。静かでうつくしい「薄い強靱な膜」の奥に。

第一章　初めて蝦夷地へ

――『初航蝦夷日誌』を読む――

生家をたずねて

松浦武四郎は、文政元年(一八一八)三月、伊勢の国は松阪に近い一志郡須川村(現在は三雲町)小野江に生れた。

家は紀州藩の郷士である。生家は、いまも当時のままの外観をのこしており、松浦清氏が当主として住んでおられる。

松浦家は肥前平戸の藩主松浦家につらなり、伊勢へ移住して三雲町を流れる雲出《くもず》川の上流、多気《たけ》の城主北畠家に仕えて土着した。武四郎がその雅号に多気志楼や多気四郎などを用いるのは、その地名に由来する。

嘉永六年(一八五三)ペリー来航の折には、浦組を組織し、紀州藩の一員として江戸へ行き、幕府の警護に当ったり、天誅組の鎮圧に動員されたりしたそうですよ、と清氏は語る。

私が松浦家をたずねたのは、一九八六年九月初めであった。広島へ所用で出かけた帰り、大阪から近鉄へ乗り継いで、夕方五時すぎに松阪へ着いた。

松浦家がある現三雲町は、松阪から津へ向うバスで十五分ほどのところにある。周囲は水田がひろがる農村地帯である。

翌日の午前中に、松阪市内を歩きまわってみた。昔ながらの造りの民家が立ちならぶ、小ぢんまりとしたまちである。有名な松阪牛のすきやきを専門にする落着いた構えの店が目についた。

ほそい通りに面して本居宣長の生家跡があった。彼が住んだ家は松阪城の城内に移され、宣長記念館と隣り合わせに建てられており、有名な二畳敷の書斎「鈴屋」を見ることができる。本居宣長は、その生涯、住まい、肖像、筆蹟などを見ると、几帳面で小心、一生、松阪の地をはなれず、町医者をしながらこつこつ勉強したという人柄がうかがえる。風貌や手稿の細字はいかにも神経質そうで、つきあう相手としたらこういう人は苦手だな、と思ってしまった。

しかし、伊勢神道と国学は、松浦武四郎の人間形成にもつよく影響をおよぼしている。知識としては、そのことを知っていたが、現地を踏んで、その濃密な雰囲気をうかがうことができた。

午後、三雲町役場をたずねた。むし暑い日だった。教育委員会を教えられ、来意を告げると、課長さんが松浦本家まで車でつれて行ってくださった。

三雲町は一志米という銘柄の米作地帯で、ちょうど稲刈の真最中。町のライスセンターは脱穀の順番が詰まっていて大忙しなんですよ、と課長さん。

松浦家は、お伊勢まいりの道すじ旧参宮街道に面し、町家風の造りで「三雲村指定史跡松浦武四郎誕生地　附遺品・著書」と彫った白い石柱が門のわきに建てられている。武四郎はこの家に、桂介時春の四男として生れた。幼名竹四郎、後年武四郎をもっぱら用いる。

折よく御当主夫妻が在宅され、予告なしにたずねた身勝手さに迷惑顔もされず、心よく遺品・遺墨を見せてくださった。

第十五代になる清氏は、松阪市で農機具会社を経営されている。眼光に力があり、どこか武四郎を偲ばせる風貌であった。清氏より四代前の先祖松浦亀次郎のちに佐喜重が武四郎の次兄に当る。武四郎自身は夫婦養子をとって家系をつたえるが、実子はのこっていない。

客間には頼山陽の小額が掛けられていた。武四郎の遺品としては、大屏風三双、樺太の詳細をきわめた大地図、熊の皮、帙《ちつ》入りの東西蝦夷山川地理取調図、書簡、著書などがていねいに保存されてあった。

屏風は一双が受信書簡を貼り交ぜたもので、富岡鉄斎、田崎草雲、藤田東湖、島義勇など著名な画家、文人、政治家のほか、蝦夷地関係の知人からのものもある。なかにまじってアイヌの青年(?)にいろは文字を教えた手習い草紙が貼られていた。アバシリとだけ記されていて誰の手かはわからないが、かねて『日誌』のなかで手習いを教えたという記事を読んでいたこともあり、その子(?)のなんとも神妙な筆をもつ手と顔が目にうかび、ひととびに時間を遡って、武四郎が生きて旅したころの蝦夷地にいあわせる感じがあった。

もう一双は漢詩。三番目のものはアイヌの風俗を画いたものであった。武四郎の画のうまさは『蝦夷漫画』や『日誌』の挿入画などで承知していたが、本物はまた格別の味わいであった。

一面にアイヌの猟人を大きくのびやかに画いている淡彩画はじつにみごとだった。矢を眼前にかざしてその曲がりをしらべている構図で、その見ひらいた眼と表情にユーモアと躍動感があふれ、画かれている相手への親愛の情がにじみでており、傑作というべきものである。

屏風絵，アイヌ猟人の図

翌日は伊賀上野へ立ち寄り、芭蕉の生家や資料館を見た。伊賀上野は小盆地である。封建時代はいかにも閉鎖社会であったろう。そうした地域のなかでの定住は心理面での抑圧もまたつよかったろう。その小天地からの脱出の願望が、芭蕉に旅から旅への生活をえらばせたのではないか。武四郎の場合も、四男という気楽な立場でもあり、似た気持があったのではないか。宣長、武四郎、芭蕉とその生地を歩き、書を見くらべ、各々の人生行路を思ううちに、風土、環境への順応あるいは脱出というそれぞれの対応が、その人の人生に及ぼす影響の大きさを考えさせられた。

蝦夷地渡航まで

武四郎には日記体の「自筆松浦武四郎自伝」がある。明治三年、五十三歳で官を辞するまでのものである。この「自伝」のほか書簡その他の資料を併載した吉田武三著『定本松浦武四郎』上下二巻(三一書房、一九七二―七三)が、その生涯についてくわしい。

彼は、十三歳から津の平松楽斎の塾に入門し、藩が招いた当代一流の儒者、詩人、国学者たちの謦咳《けいがい》に接している。猪飼敬所、中島棕隠、仁科白谷、梁川星巌、足代弘訓《あじろひろのり》らである。

十六歳で、彼は単身での旅を開始する。江戸へくだり、その帰途中仙道から善光寺へ参詣、戸隠山に登って帰国した。そのとき以来、「木曾の山水、東海道の風景目に在る故遊歴の志ざし止まず」と自伝はのべる。

病みつきになったのである。

十七歳の折、京へ上り、前出の仁科白谷、中島棕隠のほか、梅辻春樵、摩島松南、浦上春琴、中林竹洞、篠崎小竹《しょうちく》、後藤松陰ら、学者、文人、画家を歴訪する。これは当時の知識青年が見聞をひろめるためにとった常套手段である。

私はこの間、中村真一郎著『頼山陽とその時代』上中下三巻の文庫本を旅行のたびにたずさえて歩き、たのしんで読んだが、いまここにあげた諸家の名前はほとんど全部、右の本に出ていて、その生涯の簡にして要をえた紹介と作品(漢詩)のエレガントな鑑賞に接することができる。

まず、篠崎小竹。彼は、頼山陽が広島の田舎から京摂の間へ出てきて最初に知り、終生の友とした大阪の朱子学者である。当時、「詩壇随一の勢力家として推重されていた」後藤松陰は、山陽の最初の弟子で、右の小竹の婿となった人物。おだやかで謙遜な人だったという。浦上春琴は日本画家で、一世の大画人浦上玉堂の子。彼は、京都での数少ない山陽の友であった。

梅辻春樵、中島棕隠、摩島松南、仁科白谷といった人びとは、山陽の敵対者たちとしてえがかれている。春樵と棕隠は、当時の京都学界の中心人物である村瀬栲亭《こうてい》の弟子で、栲亭がひらいた「婉冶な詩風」を受けついでひろめた。松南、白谷は儒学で堅物だった由。

このうち中島棕隠は、その詩才と粋人ぶりでもっとも華やかであった。

「当時、富は弼《ひつ》、詩は山陽に、書は貫名《ぬきな》、猪飼経書に、粋は文吉」という学者評判のざれ歌があったそうである。弼は小竹をいう。貫名は海屋と号し、名筆で知られる。猪飼は儒者の大御所で、経書と号の敬所との語呂合わせ。文吉が棕隠である。彼は自分の家を「銅駝余霞楼」と名づけていた。京の二条、銅駝坊にあったことにちなむが、ドウダヨカロウとは茶目っ気たっぷりである。彼の詩を一篇、孫引きしておく。

京洛少年多易狂　　平生賣錦識紅粧
癡心誤被春雲引　　好夢樓前未夕陽
（京洛ノ少年　多クハ狂シ易シ　平生　錦ヲ売ツテ紅粧ヲシル　痴心誤ツテ春雲ニ引カレ　好夢楼前　未ダ夕陽ナラズ）

「呉服屋の若い番頭などが、日頃から娼妓相手に商売をして、つい誘惑され、しかし、お店住いで夜は外出できないので、昼遊びをする」というわけである。

中村真一郎氏は、こんなふうに、私たちを当時の文人たちの交遊と文芸思潮へと案内してくれる。はからずも私は、年少の武四郎が嗅いだ時代の文化の香りを、この本で味わうことができた。

松浦武四郎は、こうした当時の京摂の高名な学者、詩人たちを歴訪したというが、門前払いをくわされた家もあったのではなかろうか。面会してみて、自分は学者・文人向きではないことをさとったかもしれない。

「我れ今より諸国を遍歴せんとす。何を以て其の資を得べきや。画家たらんとするもその技拙なり。俳諧師亦可なるも世に文盲者多し。未だ糊口を充すに足らず。若《し》かず篆《てん》刻家たらんには、と乃《すなわ》ち諸方を訪いしも容易に師を得る能わず。是に於て発奮し自ら一本の鉄筆と一冊の印譜とを懐ろに、瓢《〔ママ〕》然として浪華の街に下り」

と書いている(吉田武三著『定本　松浦武四郎』上巻)。

さて、武四郎は憑かれたように、旅から旅へである。二十一歳の春、長崎で疫痢にかかって死にそうになるまで、関西、北陸、中部、東北、関東、四国、山陰、山陽、九州を遍歴する。自伝は旅程に沿って地名をくわしく記しているが、その記録を追うと、各地の神社仏閣、名所旧跡をたずね、名山とされる山岳にはくまなく登ろうとしている。紀伊の那智滝、熊野三社、高野山、河内の南朝古跡。福井の永平寺、加賀の大聖寺、白山は途中まで。日光の東照宮。甲斐の身延山と富士山。四国の八十八ヵ所霊場めぐりに讃岐の金毘羅まいり、石槌山、天狗嶽、剣山。伯耆の大山《だいせん》、出雲大社。安芸宮島の厳島神社。九州博多の大宰府跡。大分の宇佐八幡、島原の雲仙岳、肥後の阿蘇山、鎮西修験道に名高い英彦《ひこ》山、耶馬渓、日向の高千穂峰、薩摩の霧島山などなど。

あるときは真言宗の僧形で修験道修行の旅として歩き、また入国の取締りがきびしい薩摩には曹洞宗の僧侶となって入るなど、あの手この手を使っている。いずれにしても、無償の情熱に駆られての旅であり、若さにみちあふれた年齢とはいえ、健脚ぶりと強い意志力に感嘆させられる。

長崎での大病は自分をかえりみるための機会となったようだ。旅先で死ぬか生きるかの病気になり、親切な人の看病で助かったのだから、その報恩のために、という臨済宗の坊さんのすすめで出家し、名も文桂と改めて雲水暮しに入る。そして、翌年、二十二歳で平戸の田助《たすけ》という浦の宝曲寺の住職になる。平戸には二十六歳の秋まで足かけ四年滞在しているが、ここは海の幸がゆたかで人びとの暮しも安定しており、武四郎も詩画を学んだりしてのんびりすごしている。

しかし、遊歴の虫はその間にもうずいていたとみえ、田助のいか釣り船に便乗して壱岐、対馬に渡り、「朝鮮国の山々を夕日の時に審《つまびらか》にながめて、是非之にも渡らまほしく思ひけれども其国禁の厳なれば行こともなり難く」空しく半月ばかりを過して帰ってきたりしている。

天保十四年(一八四三)、二十六歳の秋、十年ぶりで彼は伊勢の生家へもどる。母の死の知らせを受けたことがきっかけであるが、そのほかに、長崎で津川文作(蝶園)という博識の町人から、赤蝦夷(ロシア人)の南下によって北方に侵略の危機が迫っている旨の話を聞いて、北地への旅を決意したこともその一因であったという。

そして翌弘化元年(一八四四)二月に、父母の供養をすませ、伊勢神宮に参拝して蝦夷地へ向って出立するのだが、そのさいに僧侶から還俗《げんぞく》してしまう。それというのも伊勢の外宮で僧形の者は社前へは行かせないと警備の者に咎められ、付髷《まげ》をして参拝しなければならなかったことによる。

自伝はいう。

「此時ふと思ふには皇国の民にして今皇神の御前に額拝すること叶《かな》はざるぞうたてける。是れ我が髪を卸せしが故なり、いざ今日限りと思ひ切て、今迄前に結びし帯を後えとまはし、僧の念を絶されば般若心経秘鍵に楞厳咒《りょうごんじゅ》は一口たりとも朝夕に誦じ、聊《いささか》他人の帰俗等思ひ立しに異にして、是より蝦夷が島の隅々まで探り何《いつ》の日か国の為たらんことをと……」

この年、彼は伊勢を出立して、京、大阪をへて北陸路に入り、東北で磐梯、蔵王、湯殿などの山々に登り、修験者に導かれて山岳信仰の本拠地月山、羽黒山にも参っている。

九月十二日、蝦夷地松前へ渡海を目的に、津軽半島の日本海に面した港町鰺《あじ》ヶ沢に着いた。人家千軒といい、弘前藩内随一の港である。ここから松前までは十八里、江差へは二十六里ときく。着いて四日目から雪が降りだし、大雪となった。船問屋の人びとはみな、今年はもう時期遅れだから、来春に渡っては、と越年をすすめた。

九月十八日、止宿先の亀谷市兵衛方に警吏七人が物々しく訪れ、彼を名主宅に連行して出所素姓をきびしく問いただした。あとできくと、江戸で「高野何某が破牢の騒ぎにての事也」という。

三日後、名主から再呼出しがあり、お尋ね者ではないかとの嫌疑は晴れたが、長逗留は許さない、早々に出立せよと命じられる。

高野何某とは、この年の六月三十日、江戸伝馬町の牢に放火して切り放しを受け、そのまま脱走して行方をくらませた蘭学者高野長英であった。

長英は、南部藩領三沢の出身で、母が郷里に在ったため、奥州方面へ立ちまわる可能性ありとされ、各地に厳重な警戒網が敷かれていた。松前へ渡るのではないかとの噂も流れていた。

武四郎はそのとばっちりを受けたのである。彼は、やむなく津軽半島突端の竜飛岬から湾内の海岸を歩いて下北半島へ向い、恐山をへて尻矢岬(尻屋崎)に達し、さらに太平洋岸を南下して、仙台藩領の唐丹《とうに》村というところに達し、そこで越年する。

旅中、彼は「伊勢の国、大神宮様の在る処のもの成るが、日本国中の高山を廻らんがため」旅をしていると、「修行者」であること、伊勢出身であることを看板にして歩いている。しかし、嘉永三年(一八五〇)に、その前年までの五年間に七回行き来した東奥地方の旅を、この初回の見聞を中心にまとめて執筆した『東奥沿海日誌』『鹿角《かづの》日誌』で見ると、宗教や信仰への関心はうすく、地理・風景・民俗・産物などへの興味がもっぱらである。

恐山に登っても、おどろおどろしい地獄廻りとそこにまつわる奇怪な説話を、坊主共の妄説で信じがたく、霊地をかえってけがすものだと一蹴している。彼は清浄なままの自然を尊崇する自然信仰の徒であったようである。

奥州路の記録で興味深いのは、あちこちでアイヌ民族居住の証拠に出会っていることである。竜飛岬から二里ほどの宇鉄村はみなアイヌの子孫で、寛政のころ(一七九〇年代)までは髪をのばしひげをはやし、女性は口に入墨し、耳環をつけ、着物は左前に着ていたという。しかし、今はそれを秘して人に語らず、家に太刀とか行器《ほかい》とかもあるが、人に見せたがらない。その節の「酋長の名はタマタカイン、アシタカイン、クロタカイン、権助、左之吉」と書いている。このあたりの小村五ヵ村は「夷人」の子孫だからと、領主へ年貢を納めることとなし、というのも注目に値する。

弘前藩領各地にはアイヌ語地名がのこっており、蝦夷人居住の証拠とみなしている。

弘化二年(一八四五)は、武四郎二十八歳である。一月にいったん江戸へもどり、三月にまた江戸を出立、四月初旬、鯵ヶ沢に着き、今回は江差の商人の持船に乗せてもらって、待望の蝦夷地入りを果す。そして最初、西蝦夷地(日本海岸)を歩こうとするが旅人の取締りが厳重なので引き返し、江差に人別を入れて身分証明を得、箱館の商人の手代という名目で東蝦夷地を海岸沿いにぐるっとまわって知床岬まで行き、十月に箱館へもどる。これが初航である。

初航足跡図

ついで弘化三年に再航、三年をへだてて嘉永二年(一八四九)に三航とかさね、その三回の旅行の記録をまとめたものが『三航蝦夷日誌』三十五巻である。嘉永三年(一八五〇)に手控えをもとに書き上げられた。

『三航蝦夷日誌』という書名について、「凡例」はおよそ次のようにいう。

内容にふさわしい書名としては「蝦夷名勝図会」としたいところだが、形式が月日を追って旅を記録したものなので日誌とした。各地を踏査して地理人情、四季のようす、器財もほぼ記したので名勝図会の名をはばかることもないのだが、その名にすると自分の旅行も世間名利の軽薄人と同じとみなされるおそれがあると思ったので。

さしずめ硬派の記録文学作品を、という気負いが彼にはあったようだ。「凡例」の別の個所では「軽薄人」にブンジンとふりがなしている。また、蝦夷地に関する地理、歴史、風俗などについて、古来からの文献・資料を博捜し、随時引用紹介して、蝦夷地に関するハンドブックとしても役に立つものをめざしている。

時あたかもロシアの南下で、支配層や知識人の関心が北方に向けられている折とて、警世の書としての狙いも十分にあった。

したがって、叙述はいちおう旅の日程に即しているが、地域的にまとまりをつけるために再航の折に歩いたところの記録を初航の部へ織り込んだりしている。そのつどの感想なども、初航の部にのべられているからといって必ずしもその折に抱いたとはかぎらないものになっている。あくまでも三度の旅を終えてのまとめである。

『初航蝦夷日誌』

『初航日誌』の旅程をざっとたどっておこう。地名はできるだけ武四郎のカナ表記を活かすことにする。弘化二年六月八日箱館出立。大沼をへて内浦湾に出る。ヤムクシナイ(山越内)の関所を通って、アブタ、ウス、モロラン、シラヲイと進み、日高路を一路エリモ岬手前まで。そこから峠越えしてトカチ海岸へ出て十勝川河口にいたり、あとは海岸に沿って、クスリ(釧路)、アツケシへ。アツケシからフウレントウ(風蓮湖)を経て、オホーツク海岸をシベツ、ラウスと北上、舟でシレトコ岬に達する。帰途、ネモロ(根室)へ寄りノシャフ(納沙布)岬に立つ。筆はアツケシ会所へ帰りついたところで止められている。

内浦湾岸のヤムクシナイまでが「人間地《シシヤモチ》」である。シシャモは本来シサム(真の隣人)から転訛したもので、現在は「和人」の俗称としてはシャモが慣用されている。

記述のスタイルは、里程、地理、歴史、産業と産物、風俗などをあたうかぎり徹底して記そうとするもので、その記録精神の旺盛さに感心する。

たとえば、「人間地」では、町や村で春をひさぐ隠妓の符牒を行くさきざきで聞いては記録している。もっともこの方面の風俗はなみの旅行家でもおもしろがるだろうけれど。

吉岡村では「娥の字」、知内《しりうち》村「ハナマガリ」(産卵期の雄鮭のこと)、木子内《きこない》(木古内)村「ハマナス」、釜屋(釜谷)村「コダシ」(弁当や火打道具の入れ物のこと)、当別村「カジカ」(魚の名)、茂辺地《もへじ》村「ホッチャレ」(産卵したあとの鮭をいう)、矢不来《やふらい》村「ホッキ貝」、箱館門澗町「風呂敷」(後家寡婦が人目をはばかって風呂敷をかぶり船々へ行くところから)、弁天町では「車櫂《くるまがい》」、大野村「革襪《かわたび》」(この村で蝦夷地へ行く旅人に、彼地は寒気がきびしいからと鹿の皮で足袋を作って売る)、森村では「早馬」(ここから大野まで八里で、馬を借りて走らせる)。

鷲ノ木村では「陣羽織」、落部《おとしべ》村「蒲脛巾《がまはばき》」(木綿の脛巾《はばき》は雪道では凍って耐えられず二、三日で切れるので、奥州からこちらはみな蒲《がま》草で編んだ脛巾を使うが、この村でそれを作って場所ゆきの人びとに売り出している)、山越内村「寄り昆布」(流れて浜に打ち寄せた昆布で品質がわるく値段も安いもの)。

森村での妓の一夜の代金は、蝦夷地へ下るときは四百文と安く、上りのときは二朱(八百五十文)から百疋(一疋は二十五文)と高額になる。勤番の番人などが下るときには花代をとらないで相手することもある。しかし、番人たちがながく蝦夷地に在ってここまでもどってきたときには、だれ一人その身を祝わないものはいないから、そのさいにはむやみに酒肴をすすめて多くむさぼることはおどろくばかりである。

秋と春に、出稼ぎ人たちが場所場所へ出かけるときは妓女も人数がふえる。たとえば鷲ノ木村では、冬はその土地の娘や寡婦だけだが、夏は百人位にもなり、金づかいも荒く、日中でも三人五人と集まって、その女たちがバクチを打って遊んでいる様子に武四郎はおどろいている。

私などはこうした叙述に出会うと、敗戦後の米軍基地とその周辺の売春街を思い出してしまう。思い出してみて、なるほど出稼ぎにくる和人にとって、蝦夷地の各場所は、日本を占領した米軍の基地みたいなものだったのだなと想像が及ぶ。やがて数かぎりなく記されるようになる番人や支配人のアイヌ女性への強姦、和姦、現地妻化ということと重ねあわせればなおのこと。

さて、「人間地《シシヤモチ》」または「松前」と称する地は、西北は熊石村まで、東南はヤムクシナイ(山越内)に限られ、両地に関所が置かれて蝦夷地出入りの人別を改める。

ヤムクシナイ。ヤム(栗)ウシ(多い)ナイ(川)。武四郎は「栗多沢と記すべし」という。さらに「当時皆山越内と云は書訛《なま》りなるべし。夷言多くは其形勢によりて号《なづく》ることなれば、其字《あざ》にて大《おおい》ニ風土を知ることも有べし」とのべる。

武四郎の地名観はその後変転する。『再航蝦夷日誌』の江差の項では次のようにのべられている。エサシはアイヌ語からきたものだろうと推測したあと、表記は江刺または江差となっているが「何れ此処の名は皆片仮名書きよろしかるべし。然るに後世漢字をもて当てしは却而訛転《かえってかでんす》[伝?]るの業ともなりてよろしからず。仮名書にし有時《ある》は却而風土を知る一助ともなるべきものをや」。

この主張をつらぬいてくれたらよかったのにと、後年の見解の変化を知るにつけ思う。エサシはエ・サ・ウシ・イ。「頭を前浜に着けている者」と解され、山が海岸まで出てきている所すなわち岬のこと(知里真志保)。このおなじ地名に、今日では江差と枝幸(北見)といったまったく恣意的な当て字が冠されている。

北海道の地名の不幸は、まさにアイヌモシリへの和人の侵略のくつがえすことのできない証拠にほかならない。

安政四年(一八五七)三月、箱館奉行所から東西蝦夷場所名に適切な漢字の当て字を入れるよう命ぜられて、アイヌ語地名を意訳した地名を七十ばかり考案して報告しているが、試みてはみたもののこれはうまくいかないと思った旨付記している。いくつか紹介してみ

にわたって何度も和人武士集団を攻撃し、それまで交易の中心地であった箱館地区から和人勢力を追いはらった。和人は、渡島半島西側の松前と上《かみ》ノ国に辛うじて集まり住んでいた。なかでも最大の戦闘は、一四五七年のコシャマインの戦いであった。この戦いは、アイヌ民族抵抗史上の三つの主要な戦闘のひとつにかぞえられている。アイヌ軍は、道南十二館のうち十まで攻め取り、のこる二つ、茂別館と花沢館のうち、花沢館(上ノ国)の攻防で、コシャマイン父子が戦死したので軍を引いた。

一五一二年から一五年にかけて、ふたたびアイヌ軍と和人館の軍とのはげしい戦闘があった。このときは、松前の館にアイヌの首長ショヤコウジ兄弟らを招き、酒宴を催して謀殺している。

一五二九年には、西部瀬田内(現瀬棚町)の首長タナカサシが上ノ国を攻撃したが、このときも陰謀で和睦のふりをし、多くの償いの物を丘の上の館から下る坂の平地のところに置き、タナカサシが償いの物を取ろうとしてキッと館の方を見上げたところを櫓から胸板を射抜き、数百のウタリが浮足立ったところを追って殺戮した。現地を訪ねて、この館跡を見たところ、海を見下す小高い丘の上に在って、なるほど弓で狙うにもってこいの斜面に上り道がついていた。

一五三六年、タナカサシの婿タリコナが、義父の仇を討とうと来襲したときも、またまたいつわりの和議の席を設け、酒を飲ませてだまし討ちにしたと記録されている。和人側

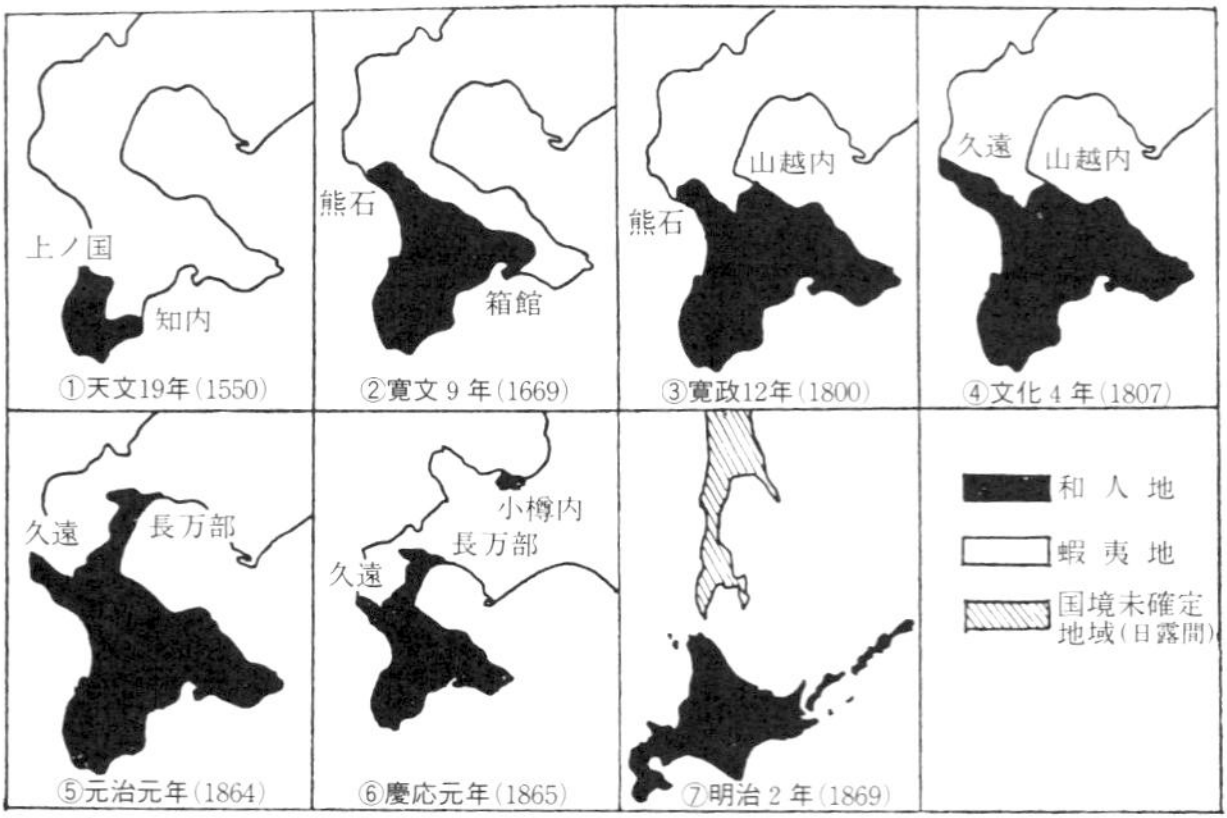

「和人地」の拡大(海保嶺夫著『日本北方史の論理』)

のこの狡猾なやり口は、その後も必ずといってよいほど、紛争処理に当ってくりかえされている。

こうして一五五一年、劣勢だった和人側は、松前の蠣崎《かきざき》政権の下で、東西両域のアイヌと講和し、西は瀬田内の長ハシタイン、東は知内の長チコモタインを、アイヌの国の頭領として認知し、通商交易税の一部を「夷役」として配分することを約束した。

この蠣崎政権は、その後、秀吉、家康の認知を受けのちに改姓して松前氏を名のり、松前藩として幕藩体制に組み入れられるが、米のとれない同藩は、アイヌとの交易権独占によってその経済を支えていたので、和人地・蝦夷地をいくつかの場所に分け、そこに住むアイヌとの交易権を藩士の俸禄とする制度をとった。これが商場《あきないば》知行制と呼ばれる松前藩独特の制度である。

この商場知行制の下で、蝦夷地と本州とをむすぶ本州の交易商人の力がしだいにつよまり、一定の運上金(貢租)を納付して各場所の交易を一手に請負う方式が十八世紀前半に確立する。いわゆる場所請負制である。

この制度を利用することによって、本州商人が大資本を投入して蝦夷地の豊富な天産資源を、直接大規模に収奪するようになった。「江差の五月は江戸にもない」と、もてはやされた幕末期の江差港の繁栄なども、そうした交易によるもので、その主要な商品は、西日本で肥料としての需要が高まった鯡粕《にしんかす》(煮て絞り天日で乾燥させたもの)であった。

場所請負人の多くは他国より出稼ぎの商人や漁業者であり、請負の期限は通常三年、五年、七年で、期限が終ると契約を更新するか、他の請負人と交替することになっていた。請負場所には、「運上屋」、東蝦夷地では幕府直轄以後「会所」と呼ばれるようになった交易所が設けられ、支配人、通辞(アイヌ語の通訳)、帳役、番人(漁場の番屋を管理し、直接アイヌの使役に当る者)を駐在させる体制がとられていた。

アイヌへの支配のしくみはどうであったかというと、松前藩はコタンコロクル(村長《むらおさ》)を乙名《おとな》(本州の名主に該当する)という役に任命し、場所毎に総(惣)乙名、脇乙名をさだめて同族の統制に当らせたが、アイヌを労働力として使役することがはげしくなるにつれ、乙名の下に小使という役をもうけ、同族を召し集めたり、労働を監督する仕事をさせた。もうひとつ土産取《みやげとり》という役がある。これは乙名、小使をつとめて退任した者など、乙名、小使に準ずる格で、オムシャの際に両者と同等の土産を藩から受けるが、とくにきまった役目のないもので、この三役についているものを「役土人」と呼んだ。

幕末の蝦夷地はロシアの南下によって急にさわがしくなる。ロシアに対して蝦夷地はすべて日本領土であると主張する必要にせまられた幕府は、蝦夷地をいったん松前藩から取り上げて幕府の直轄地とし、各地に役人を駐在させ、アイヌをなだめて日本になびかせる政策をとった。すなわち、寛政十一年(一七九九)、まず東蝦夷地を「上地」し、さらに文化四年(一八〇七)には、松前藩をいまの福島県梁川に転封して全蝦夷地を直轄領とした。その範囲は北海道全部、南樺太、クナシリ、エトロフ両島をおおう広大な地域であった。

それにともない対アイヌ政策も松前藩時代とは大きく変化し、懐柔・同化の政策を前面に出した。日本語の習得や風俗の和風化を奨励し(松前藩時代は禁止)、交易の規準も一定にして極端な収奪をやめさせもした。

北海道近世史の研究者榎森進氏は、著書『アイヌの歴史――北海道の人びと(2)』(三省堂)のなかで、これらの政策を評して次のようにのべている。

「これら一連の諸政策は、蝦夷地からの直接的な富の収奪という経済的側面を別にすれば、一見アイヌの立場を考慮したかに見える第三の交易規準の決定(公正化)もふく

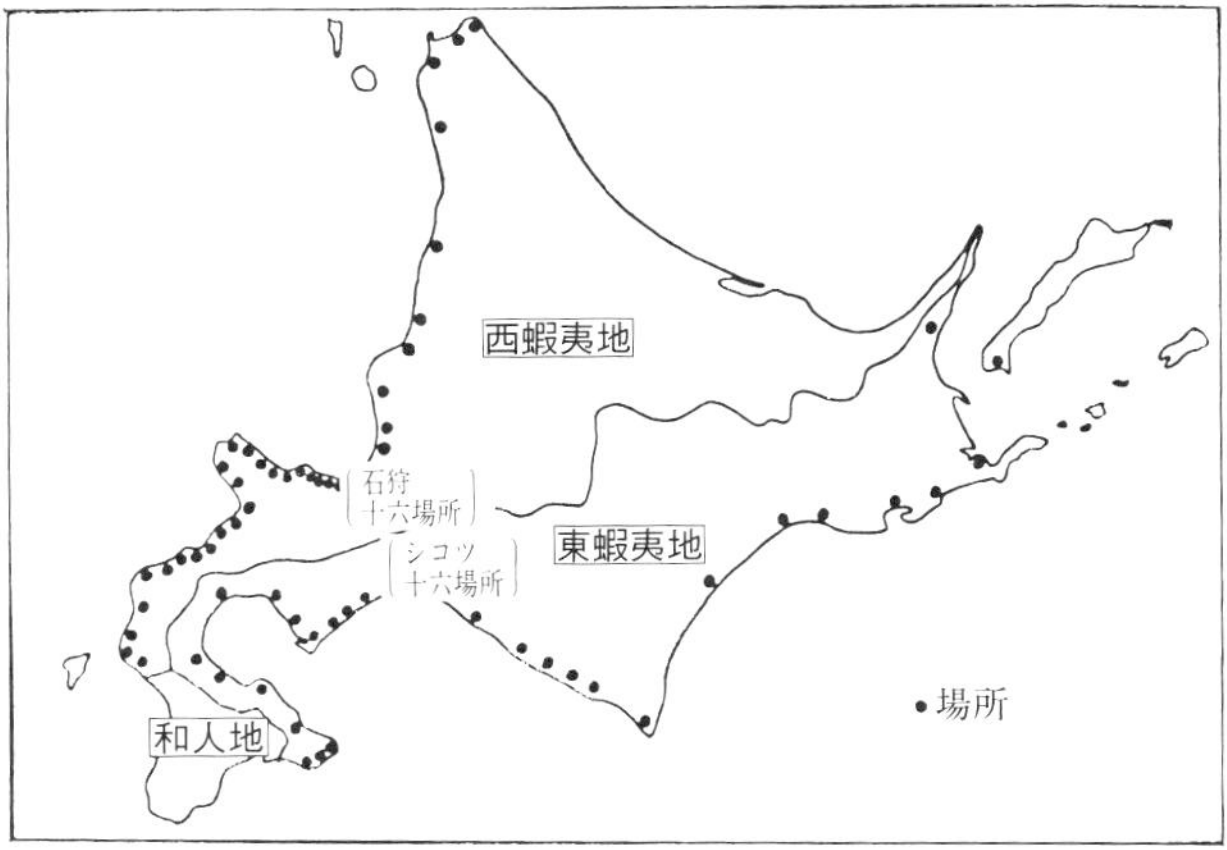

寛政年間(1790年代)の商場所分布図
(海保嶺夫著『日本北方史の論理』)

めて、本質的にはそのすべてが対外関係(具体的には対露関係)を強く意識したうえでの蝦夷地の『内国』化を装飾するための政策以外の何ものでもなかった。アイヌにたいする風俗改めや和風化が和人地に近い地域よりも、むしろロシアに接したエトロフでもっとも積極的におこなわれたという事実は、そのことを端的に物語っている。」

ところが文政四年(一八二一)、幕府は蝦夷地直轄を打ち切って松前氏の復領を許してしまう。最初の直轄時代はわずか十四年ほどで終る。主として財政負担の増大に耐えかねたせいらしい。松前藩の政界要人への復領を求める工作もはげしかったようである。

復領成った松前藩は、全領地を藩主の直轄とし、藩主から直接に場所請負人が場所内の経営権と行政権をまかされるという一元的な支配と搾取の体制を敷いた。その結果、アイヌ民族はこの第二次松前藩時代に過去最大の受難をこうむり、文字どおり塗炭の苦しみをなめさせられるにいたったのである。

男女共十二、三歳から、働ける者はすべてコタンから強制的に漁場に連行され、コタンの生活は徹底的に破壊され、人口は激減し、あわや民族全滅の瀬戸ぎわまで追いつめられたといっても過言ではない。

松浦武四郎が蝦夷地を旅した最初の三回は、この第二次松前藩領の時代であった。

安政二年(一八五五)、幕府は旧来の和人地を松前藩にのこして残り全土をふたたび直轄とした。安政元年の開国で、箱館が開港地となったこと、樺太の境界画定をロシアにせまられたことが再直轄の動機であった。

武四郎のあとの三回の旅は、この幕府再直轄の時期に当っている。

「夷人の撫育の為とやら何とやら……」

初航の旅へもどろう。ヤムクシナイ(山越内)からである。ここでは、アイヌの馬乗りの巧みなこと、幣《ぬさ》を家の前に立てて天地の神に祭っていることなどを記し、その勤勉の風を、当時の和人の都会風文弱さとくらべて、「夷人といって、その風俗を卑しむけれども、挙げるべき尊きことが少なくない」と評している。

やがてシャクシャイン合戦の古戦場クンヌイ(国縫)で、一人のアイヌがその合戦譚をしてくれるが、「余もいまだ夷言によく通ぜざるまま只フウフウと聞捨て」たという。シャクシャインの戦いについては第九章でのべる。

旅程は噴火湾沿いに、アブタ(虻田)、ウス(有珠)をへてモロラン(室蘭)へ、である。アブタは、東部の小場所としては一番、アイヌの多いところで、周辺に約六十戸、居住している。

紀行日誌の雰囲気を味わってもらうために、ヌフルベツ(登別)の温泉をたずねる紀行文を紹介しよう。なかなかの名文である。

「ヌフルベツ、訳して温気川と云也。麁朶《そだ》橋を渉り東詰より左りニ入る。老木陰々として天日を見るも難きが如く、草老繁《おいしげり》、細道行事凡十三、四丁にして清水の小流を渡る。又行こと七、八丁にして川有。歩行渡り。此辺両岸虎杖《いたどり》、款冬《ふき》、笹有。此辺凡本川を隔つこと凡七、八丁也。又少しく行川有。渉りて直ニ坂有。甚険ニもあらざれども人跡絶たりとも云べき境域のことなれば、其嶮筆紙に尽しがたし。凡此坂十丁余も有べし。満坂皆雑樹。峠ニ至り少の平有。則此処迄は馬を速むるニよろし。東を望めば廻り凡壱り半とも思わる湖水壱ツ相見へ、其の木の間より纔《わずか》に是を見るニ蒼波相起り、腥気察(颯)として物淋し。西を望めばモロラン嶽、西方の方巒《らん》峯渺々たるを隔て則臼ヶ嶽の沼ニ距るよし。只夷人の指当ニ依て是を見るのミ也。是より九折を下るニ上りの坂とは大ニ異ニして、岩角嵯峨として只木の根ニ助られて下る。此処凡七、八丁。下りて平場卅弐、三間。四面樹木無く小草生て、此中程ニ又木《またぎ》を立て柱となし、虎杖を編て壁に穂笹を覆て屋根を葺、木の皮を床《ゆか》として仮屋を作り是ニ則湯治人皆滞留す。纔ニ隔てシャサン(茶垣)を結て猛獣の枯骨を刺し、此処より小流川を渡りて湯治所ニ至る。温泉川、此巾又四、五間も。則水の上ニ小屋を建是にて沐する也。其功能

金瘡　打身　疥癬　諸瘡　を第一とす

此辺甚熱し。水濁り此川側ニ観音の石像有。又川の西ニ硫黄を煮たる釜有。是三、四丁にして平坦有。此処焦石、焦沙、中程ニ温泉元有。(中略)則其温泉元の煮《にえ》る音は百千の雷《いかずち》を轟かすごとくにして、此処ニ温治する人此音にて却而《かえって》頭痛を生じて帰る人多し。又此沐屋より少し下り東より流れ来る川と一同す。此水と逢て漸く沐《ゆあみす》るによき加減也。(中略)又下ニ二十間斗《ばかり》にして厳(巌)石の間より温泉噴上る也。其勢一条にして高き事凡五丈位。又三間斗を隔て斜ニ噴上るもの有。是も高三丈斗。是より十五、六間も下りて又一ヶ所噴上る。其高弐丈斗。是は数条集りて篠を乱せし如く上る。此辺惣而《そうじて》此柱烟にして常ニ木草の葉露を置て雨日のごとし。又此辺に暫にても佇めば衣服浸みて露滴る様ニなれり。此処にて一宿至さんと思えどもあまり物淋しく湯治人も

居らず、連行し夷人もしばしば帰程を促せば此処にて焼飯を喰て少し休らひ、一度沐して返りける。」（巻之七、表記を二、三読みやすくした。（　）は校訂者。引用者の補足は［　］。以下同様）

ながい引用になったが、文体が歩行のリズムに即しているのであろうか、次々に風景が展開する叙述はリズミカルで、細かくはあるけれども退屈ではない。文中「シャサン」とあるのは「ヌササン」（幣場《ぬさば》）、つまりそこで神々を祭る儀礼カムイノミを行なう場所のことである。

ヌフルベツからシラヲイ（白老）をへて浜を東へ向うと、「二八取」と呼ばれる雇いの漁夫の小屋が数多く立ちならぶ。ここでは鰯漁が主で、それを釜で煮て煮干粕《かす》として運ぶのである。

「二八取」の名称は、漁獲高の二分を運上屋請負人に納め、八分を自分とするしくみからきている。漁の権利をもつ鰯取り株仲間は、当時箱館に五十三軒あって新規の参入を認めず、一軒当り大きいところは八十人、百人、小さいところでも二十人、三十人と人夫を南部や津軽から雇い入れており、その人夫目当ての小商人や茶屋様のものも出張してきていて「その繁華なることは東部第一番也」と、武四郎は感心している。

『初航日誌』はそのあと、日高路を海岸に沿ってサル（沙流）、ニイカップ（新冠）、シズナイ(静内)、ウラカワ(浦河)、シャマニ(様似)岬と歩き、トカチ(十勝)へ向う。

そこからさらにクスリ(釧路)をへてシレトコの突端まで行って帰途につくことになるが、シレトコ岬に立ったのは、七月十二日の卯の下刻(午前六時すぎ)であった。

釧路・根室地域の往復では、クナシリ・メナシの蜂起に関する資料のくわしい引用などと共に、当時の和人のアイヌに対する圧政に関する記述が始まる。初航の折はまだアイヌ語も片言しかわからなかったのであるから、以下の記述が当事者自身からの聞き取りであるのか、和人からのまた聞きなのかははっきりしないが、シベチャ(標茶)では場所請負人のやり口を批判して次のようにのべている。

シベチャのアイヌは、クスリまたはシャリ(斜里)のアイヌと縁組をするということだが、それを支配人がかたく禁ずるので、年々番人たちが人別改めにくる。しかし、だれもその禁令を守ることはなく、そのためにかえって不毛のこの山奥のアイヌは、昔から人数があまり減らなかったという。

さてこの地は、縁組をその場所内に限り、他所とすることをきびしく禁じている。それはなぜかというと、場所毎に請負人が定められているので、自場所の人別がたとえ一時でも減るのを嫌い、他場所への人の移動を禁ずるためである。さらに、場所請負の権利を確保しつづけるためには松前藩の家老、用人への「袖の下」が必要であり、もしちょっとでもそれが少なければ利権を他の商人に奪われることもあるから、短期の利潤追求のために他場所へ労働力を遣りたがらないのである。

そのため当時は独身者が多く、ある場所には女ばかり、またある場所は男ばかり多くて女がいたって少ない。嫁のないものには嫁を世話し、女ばかりの家には婿を世話して一家相続をさせれば、このように人口が減らなかったものだろうに。

「実ニ他場所ニ縁組を禁ずること此地の一大弊風とすべし」である。

このまま二十年もすれば当所には「夷人の種」は絶えてしまうのではないかと憂えつつ、さらにいう。

「此地ニ勤番ニ来る人は皆夷人の撫育の為とやら何とやら云わるれども、実ニ何を世話することやらん。当時の弊風志士は如何ニ思ふやらん。四方の大木戸(江戸四方)より外を見ぬ御人は此様な事を見ぬ聞ぬが故ニ、最上徳内が蝦夷草紙皆虚談だの、近藤(重蔵)はまや(か)し物だの、高橋(三平)は時世しらずの、間宮(林蔵)はまん八(ペテン師)ものだの、林子平は狂人だの、楓江(峯田)が蝦夷竹枝[楽府体の漢詩]は編集ものに入れられざるの、己が三尺ニも不レ満《みたざる》机を一世界と志定めし了簡(了見)を、如レ此国禁さえ無れば亜細亜州は更ら也、欧羅巴、亜弗利加、弥利堅《めりけん》の国々迄も入らんと欲する志を引競ぶには、杓子丈木(杓子定規)はおろか燈灯(提燈)に鐘(釣鐘)とも云べし。又本邦の分(部)は無やうに遊暦(歴)したとても、彼地の事ニ熟せざれば志有げの古松軒(古川)ミた様な論を吐、自分が順見上使の供にし而《て》松前の者共が地走(馳走)したる味に喰ひ込て、有志の士の事を悪ざま于《に》書なし而《て》已が国は何処まで継(続)て居るかしらぬ。人様の心を迷わするは忠臣蔵の小野九太夫を鷺坂伴内の油に而《て》揚たる様なる心魂なるべし。」(巻之九)

文中、罵られている古川古松軒は、天明八年(一七八八)、幕府の巡見使に同行して松前藩領の和人地を視察し、『東遊雑記』を著わした地理学者である。古松軒の随行した旅は幕府高官の公式視察で、蝦夷地の実状を知るにはほどとおいものであった。

巡見使を迎える各藩は、道普請や宿の増改築を行ない、大いに歓待して知られたくない実情をなるべく知らせずに次の予定地へ送りだすことに腐心したもようで、巡見使には、何を聞かれても「知らない」と答えろと、藩から命じられていたらしく、南部では巡見使が、馬を指して「あれは何んだ」と聞いたところ、百姓が「知りませぬ」と答えたという(『再航蝦夷日誌』)。とりわけ広大な蝦夷地での藩政の腐敗、商人と結託したアイヌからの搾取の実態など知られたくない松前藩は、領民に厳重な箝口令を敷いたうえ、接待攻めにして送りかえそうとしたふしがうかがわれる。

ちょうどおなじころ、菅江真澄が巡見使一行のわずか前方を歩いて単身で松前に渡っており、江差高校の先生小林優幸氏が書かれた『菅江真澄と江差浜街道』(みやま書房)には、真澄の旅と比較しての公式視察団の旅の仰々しいようすが書き出されている。

津軽三厩《みんまや》からの渡海は、巡見使三名の本船三艘に引き舟が各三十艘ずつ、供船三艘、津軽侯御馳走役の船三艘、いずれも幕をかけ、かれこれ百艘ばかりで海上を賑わしてのものであったし、迎える松前の浜も大変な騒ぎで、歓迎の一大セレモニーが催された。

巡見使一行は百名を超える人数で、松前藩側も、山中の巡見には熊対策として巡見使一行名に二名の鉄砲役を配置するなど、実に千四百人を配備した。

だから、武四郎が、古松軒は巡見使の供で据膳で米の飯と立派なおかずを食べ、夜は夜具の上に寝てなに不自由なく馬よ駕籠よと乗り歩いたうえ、「松前の爪先だけをチョコ〳〵と見て来たばかりで物識顔にいう」と苦々しげに吐きすてるのも当らないことはないが、武四郎の憤慨のもっと根っこは、古松軒がこの報告記で、林子平を目の敵にして、その『三国通覧図説』を非難しているところにあった。林子平に深く私淑していた武四郎にとっては、蝦夷地へきてみたが林子平がロシアの脅威などというのは世を惑わす「虚説」であるとか、松前侯の武備があるから心配ないとかいう古松軒の言説は、実情に反し、とてもがまんがならないものであった。

「かかる時世に高枕で如何ばかりの書を読んだとて、ソレワ〳〵見窮めねば此地のことは口がきかれませんもので御座ル」(巻之四)と、「有志の士[林子平]の事を悪ざまに」いう古松軒に反論してもいる。

おれはアームチェア・アンソロポロジスト(安楽椅子の人類学者)ではないぞ、という意気込みである。

その実地見聞の証言として、とくに憎むべき者は年々蝦夷地へ行く支配人、番人である、と歯に衣着せずのべている。アイヌのうち少しでも見目よきメノコシ(女衆)があれば、二人でも三人でも自分の妾とし、決してアイヌの男性に手をつけさせないで抱え置いている。そういう者がいるからアイヌにますます孤独の者が多くなっていくのだ。いま二十年もすれば松前家の思うとおりに不毛の地となることはあきらかだ。勤番の者はこうしたことをよく吟味して、年老いるまで無妻でいる者がないように、もしその場所に相手がいないときは他所よりもらいうけるようにすれば、どんなに天地の神もよろこばしく思われるだろうか。

こんなふうに当時の松前藩とその御用商人たちのやり口を大胆に暴露し、糾弾したので、のちに、江戸にもどった折、同藩の刺客につけねらわれて身をかくさねばならなくなりもした。

しかし、このころの武四郎の考え方は、外国、とくにロシアの南下を憂い、その守りの手薄さだけではなく、先住民族アイヌへの虐待が、彼らをして外夷へ随従する方向へ走らせることを懸念するという国防の論理、すなわち憂国の志士イデオロギーの枠のなかにあった。

『初航日誌』巻末はいう。

この島は四面海で外国に接する重要な地であるが大きな島なのでいかにも危ういように

思える。とくに近年ヨーロッパ人、ロシア人がしばしばこの海岸を測量して通航している。これはこの島をうかがう心があるからだろうと自分は考える。じつに皇国の一大危要の地である。それゆえ報国赤心の士はその地理風土を知らなければならない……。

そして本書三巻の全編を熟読すれば、蝦夷地のことは手にとるようにわかるし、有志の士には皇国の国境要害の地がそこにあること、無限の富に恵まれた地を不毛の僻地とみなして打ち棄てておいていること、数万の民草を減損して、この島へ渡ってくる紅夷赤狄にますますこの地を狙う気持を起させていることなどをよく知ることができ、著者の憂いが杞憂でないことを納得してもらえれば幸いである。

このイデオロギーは後年も、消えはしない。しかし、次第に彼はそのイデオロギー色を脱色していった。ひたすら歩くことが彼を無心にしていったのである。

第二章　西蝦夷地(日本海岸)の旅

――『竹四郎廻浦日記』より――

北海道の春

五月から六月にかけて、北海道はあたらしいいのちのよろこびにみちあふれる。待ちに待ったというか、満を持していたというべきか、草の芽も、樹々の若葉も、白、うす紅、紫、赤、青、黄、色とりどりの花も、それっとばかりに躍り出て、絹のようになめらかで、麻のようにサラサラした手ざわりの微風《ブリーズ》に、身をひるがえす。

私にとってのブリーズは、この五月の風で定義される。エロースの原点はここにあり、といった感じの風である。

この時期、野を歩き、自然の愛撫に身をゆだねると、この一瞬、この一日のために、ながい一年があったのだ、あってよいのだ、という気分になる。開拓の斧がはいるまえのこのモシリ、静かな大地は、もっともっと幻想や陶酔をさそうスピリチュアルなたたずまいをもっていたにちがいない。

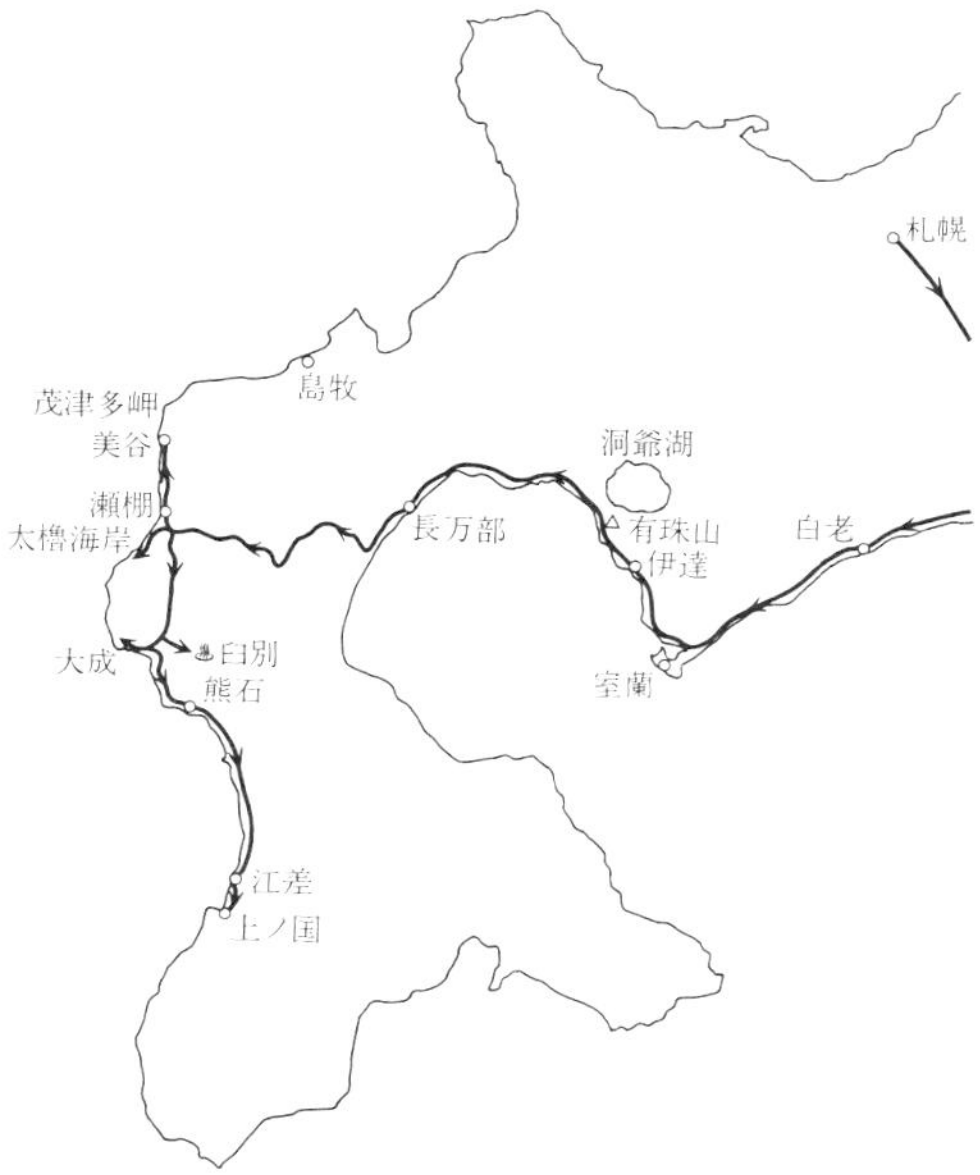

西蝦夷地の足跡を追って

五月末、日本海側の海岸沿いを歩くいささかきつい旅を企てた。

松浦武四郎が足跡を残したところで、私がまだ通ったことのない地域をなるべく細かくたどってみたいと思ったのである。

日本海側は、ニシン景気で沸いた昔とちがって、いまはさびれてしまっている。江差のかつての賑わいはとうに去り、海岸は丘陵や岩壁が海に迫って平地に乏しいため、道路さえとぎれとぎれである。

昔の旅人は、松前から江差をへて北へ旅した。札幌在住の私は逆に、瀬棚《せたな》から江差へ向って南下することにした。

札幌から瀬棚へ出るのに、室蘭まわりで長万部《おしゃまんべ》へ行き、そこから、国鉄の民営化によってこの四月に廃線になった瀬棚線の代りのバスで半島のくびれを横断するコースを取った。長万部へ行く途中で、懐旧の情もだしがたい有珠に足を止めよう、というのが最初からの予定であった。

うらうらと有珠の浜へ、何年ぶりかで降りて行く。折しも有珠善光寺の境内には八重の桜が咲き、そこから見下ろす有珠湾はのどかに陽を浴びていた。

有珠の漁師Kさんのお宅に一泊させてもらい、翌朝、虻田《あぶた》(有珠の隣り町)まで歩いた。海岸べりにあるチャランケ岩へ行ってみたかったからである。この岩は、十数年前、漁師のSさんの小舟に乗ってホタテ貝の養殖カゴを海中に下げる桁の整備を手伝っていたとき、海から見て、「あれがチャランケ岩だ」と教えてもらって以来、いちど近づいて眺めたいと思っていた。予想したより距離があって、バスの時間を気にしながら国道を急いだ。

南へ向う国道を左へ折れて海岸へ出たところにその岩はあった。だいぶ風化してかたちがくずれているが、二人のエカシ(長老)が向いあって座っている姿に見える岩である。海上から見た方がいい恰好だった。チャランケとは談判とか論議の意味である。伝説はいう。昔、近くの海で大きな鯨がとれた。その鯨の所有をめぐって虻田のアイヌと有珠のアイヌとが争った。アイヌ社会の紛争解決の定めで、両コタンの代表が雄弁をふるって言い争うチャランケが始まった。両者共に譲らず、七日七晩弁論をたたかわし、八日目の朝が明けたところ、力つきた二人は岩と化していた。

近寄ってみると、なんとなくのんびりした、ユーモラスなたたずまいは、有珠山の噴火で流れ出た熔岩がつくったものであった。有珠山はすぐまむかいである。

五月も末なのに、どこへ行っても八重桜が満開だ。長万部を出たバスは、今金《いまがね》、北檜山《きたひやま》の水田地帯を走って渡島《おしま》半島を東から西へ横切る。ちょうど田植えどきで、田植機が水田を動きまわっている。バスの窓から後志利別川の大きな看板を見た。私は最初ひとつづきでオシリベツと読むのかなと思ったが、地図でたしかめると後志利別《しりべしとしべつ》川であった。この川の古い河口近くに瀬棚町がある。着いたのは午後一時すぎ。民宿に荷物をおろし、海岸沿いに北へ歩き出した。

海べりに三本杉岩と名づけられた岩が三つ、突き出ている。海の色も、岩のギザギザした荒れ肌も、昼前に見た虻田のチャランケ岩とは大ちがいである。

日本海岸は太平洋岸に比べて奇岩勝石が多い。旅のあいだに、輪掛岩、窓岩、亀岩、獅子岩、親子熊岩などと名づけられた岩を見たが、みな、黒々と屹立し、風波の鑿《のみ》の痕も角張ってきびしい表情をしていた。

瀬棚はセタナイが旧名。直訳すると犬川。昔、犬が山から鹿を追ってきて、この澗《ま》に入ったと言い伝え、セタルペシナイだったのを略したものと武四郎は聞いている。セタ・ル・ペシ・ナイは、犬の・道が・下る・川(山田秀三)。

町の端に曹洞宗延命寺、浄土宗来迎寺、と寺が二つ。地蔵尊が道端に立つ。

午後の陽ざしを受けながら、茂津多岬《もった》へできるだけ近づこうと急ぎ足で北へ向った。道は舗装され、海側はコンクリートブロックで護岸されている。梅花都《ばいかつ》、蛇羅《あぶら》、島歌《しまうた》など、アイヌ語地名に由来するらしい地名の小集落をとおる。冬の烈風を避けるため、家の前に丸太を組み、風よけの囲いをそなえた漁家が点々とあるが、人の姿は少なく、明るい日光に道路だけが白々と光っている。風はさわやかで、汗ばむ肌をすぐに乾かしてくれる。

稲荷《いなり》岬という難所だったところに、岩壁を通り抜ける一〇六五メートルの蛇羅トンネルが掘られている。事前に地図でコースを調べたとき、一番案じたのがあちこちのトンネルであった。果して歩行者が歩けるようになっているかどうか。

それでなくとも長距離トラックが唸りをあげて突っ走ってくると、風圧だけでおそろしい。暗がりのトンネルを歩道なしではとても危なくて歩けまい。幸いここはちゃんと柵のついた一人幅の歩道がついていた。小学校から帰る子供たちのさんざめきが暗がりの向うからきこえ、やがて三々五々近づいてきて、「コンニチワー」とめんこく挨拶してすれちがって行く。毎日、一キロのトンネルをくぐっての通学なのだ。そこを出たところで三時半。茂津多岬に近い須築《すっき》まで行こうと思ったが無理だった。靴のせいで足も痛み出してき

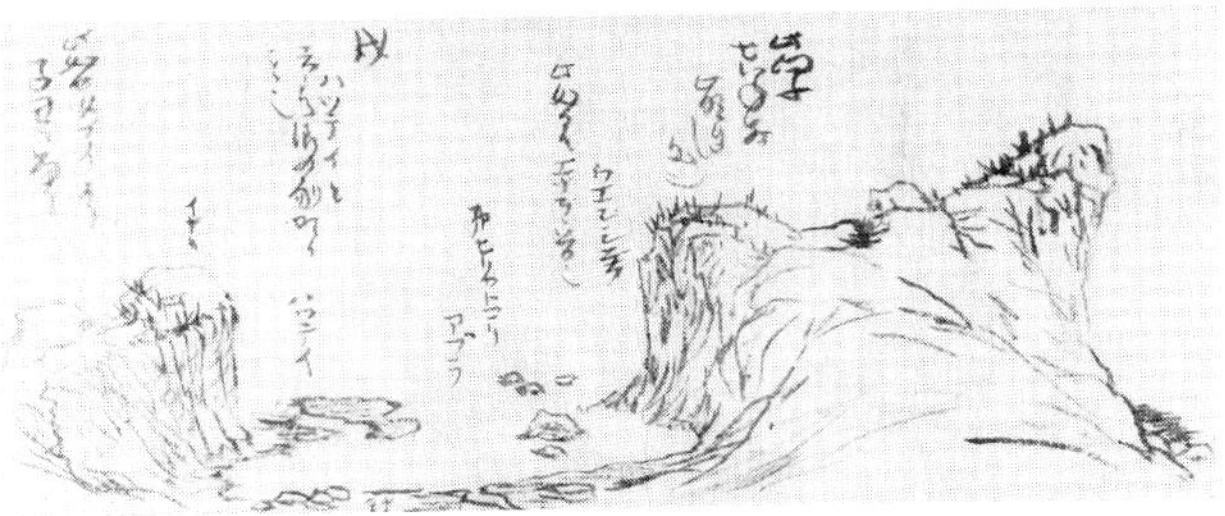

アブラ（蚖羅）

イナリ（稲荷岬）

ハイカツシ（梅花都）

ワッカケ（輪掛岩）

セタルヘシナイ（瀬棚）

三本杉

西蝦夷地セタナイ付近見取図（「安政三年野帳」）

た。四時半ごろ、美谷《びや》という小漁港に着いた。十一、二キロは歩いた。

そこにいかにもライオンが腰をおろして頭をもたげたという形の巨岩があった。そこで足を止め、五時九分にそこを通過して瀬棚へもどるバスに乗ることにした。バスは瀬棚町教育委員会のスクールバスであった。町民の足としても運用しているのである。民営では採算がとれない路線なのであろう。

西海岸への三度の足跡

松浦武四郎は、当時「西蝦夷地」と呼ばれた日本海岸沿いの旅を三度試みている。最初に蝦夷地に入った弘化二年(一八四五)、江差についてすぐ太櫓《ふとろ》、瀬田内《せたない》(現瀬棚町)まで行くが、以北は旅人の取締りがきびしくて空しく帰っている。これが一回目。このときの記録は、順序からいえば『初航蝦夷日誌』の冒頭にくるべきものであるが、旅程を途中ではばまれたため初航の記録からはのぞかれ、『再航日誌』のなかに編み込まれている。

弘化三年(一八四六)が二度目の蝦夷地紀行である。武四郎、二十九歳。こんどは樺太に入ることがおもなねらいであった。前年知りあった友人のあっせんで、松前藩のお抱え医師西川春庵が樺太勤務を命じられて出立するのに、供の者としてもらうことができ、やはり樺太勤務に渡る役人たちとつれだって江差を四月十日に出発した。名も雲平とし、法被《はっぴ》姿の草履取りとしてである。

このときは、日本海岸沿いに約一ヵ月かかって、北端の宗谷まで行った。この間、アイヌ語の習得にはげんだという。宗谷から樺太に渡り、樺太東西海岸を見、帰途、単独で宗谷―知床岬間のオホーツク海岸を往復し、利尻、礼文両島にも渡っている。江差へ帰るまで五ヵ月間の大旅行である。

三度目に蝦夷地を旅するのは嘉永二年(一八四九)である。その間二年をへだてている。このときは箱館から船で、クナシリ、エトロフ両島へ直航しているので、西蝦夷地は通行していない。

西蝦夷地・日本海岸を、その次に歩くのは、さらに七年をへだてた安政三年(一八五六)、武四郎にとっては通算四度目の蝦夷地旅行の折である。

嘉永三年から安政二年までの六年間、あの幕末の激動期に、彼がなにをしていたかは次章でふれるが、ロシアの南下に対して対応をせまられた幕府は、蝦夷地についての情報・知識を得ようとして現地を知る武四郎の登用を考慮するようになった。松前藩の妨害があってなかなか実現しなかったが、旧知の向山源太夫が、安政二年五月、小普請役という閑職から箱館奉行支配組頭勤方《つとめかた》に登用されるに及んで、武四郎の運も開けてきた。向山源太夫は、祝いにかけつけた武四郎に「最早足下も長《なが》の心願成就致したりと思ふべし」と確約し、その言葉どおり、十二月末に、幕府の雇いとして箱館へ派遣するという辞令が下りた。

明けて安政三年(一八五六)元旦、「今年は生たる心地になりて」、前年箱館奉行として蝦

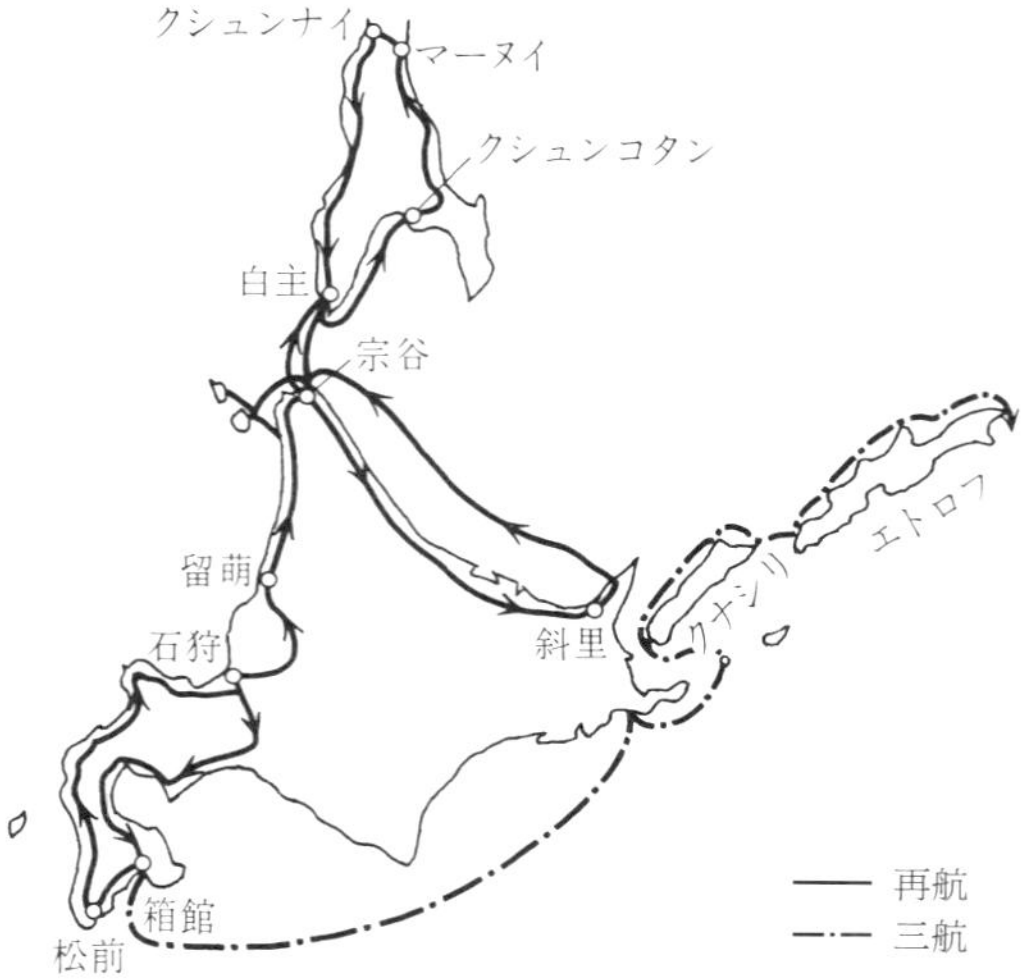

再航・三航足跡図

夷地へ出向いた堀利熙《としひろ》宅へ年賀に出かけたと「自伝」は記している。二月には早くも江戸を立った。三十九歳の働き盛りである。この旅からかぞえて、さらに三度、彼は東西蝦夷地を、山川地理取調べを主な目的としてくまなく歩きまわった。

彼の蝦夷地をへめぐる旅は、したがって全部あわせると六回になる。当時の旅の困難を考えると、ほとんど超人的といってよい。安政三年の四度目の旅のあとは、樺太の冷湿気と栄養不足にたたられて、さしも頑健な彼も、箱館帰着の直後、死を覚悟するほどの大患をわずらっている。

安政三年(『廻浦日記』)足跡図

安政三年、幕府御雇いになって最初の旅の記録が、『竹四郎廻浦日記』である。

猟人シデハの話

『竹四郎廻浦日記』によると、松浦武四郎は、安政三年四月十七日（旧暦、以下おなじ）にセタナイ運上屋を出発して二十二日にスッツ（寿都）運上屋に着いている。あとでのべるように、シツキ（須築）まで徒歩できて、いったんセタナイに引き返し、船で海上を通ってスッツへ入ったのである。

三本杉岩には烽火台《のろし》があり、海浜に運上屋一棟、板蔵四棟、「土人」小屋は十八軒。人別七十二人である。

セタナイ到着の十六日夜、彼は案内役のアイヌ、シデハの家へ一人でそっと出かけ、四方山話を聞いた。

このシデハは、十一年前（と武四郎は記しているが、正しくは十年前）、彼がここを通過した折（再航）、セタナイからシマコマキ（島牧）まで舟で行く途中、白糸岬で暗礁の上に海馬（セイウチ）が寝ているのを見つけ、泳いでいって銛《もり》槍で仕止めた猟人で、このあたりの熊やセイウチ狩りの名人であった。オクシリ（奥尻）島へオットセイ漁にもたびたび出かけている。

そのシデハがいうには、去年の冬にも、わたしは七尺ほどもある大熊を獲って運上屋へ納めましたが、そのときには酒二升を精算までの借りとして受け取って帰りました。のちに残りの分を精算してもらいに行ったところ、もう酒二升やったじゃないか、あれで終りだぞといわれました。

運上屋はしかし、その皮を出稼ぎ人に二両一歩もの高値で売ったということです。去年はこのあたりで十九頭ほど熊が獲れましたが、このたびの「御引渡し」(松前藩から幕府直轄への)の際には、ここでは皮三枚しか役人に渡していません(あとは支配人、番人、松前藩の者らが横領したという意味)。

当時、アイヌが熊を獲ると、役所に届け出て皮と胆と交換に一定の対価物(米、酒、烟草、針など)を受け取るよう一方的に定められていて、アイヌ自身が自由に交易することは許されなかったという事情が、この背景にある。

アイヌに対する「介抱」はどうかと聞くと、前の請負人のときは粥《かゆ》ばかり食べさせられていました(介抱米は一日玄米七合五勺が当時の定め)。その粥も、古い残飯をみな鍋に入れ、足し足しして煮るので夏などは一日もすれば食べられるものではありませんでした。江差から駐在にきた樫野という足軽が、いまの請負人へこの場所が引渡されるとき、そのことを深く憐れんで飯に改めてくれました。

しかし、米を渡すやり方が非常にあくどくなっています。最近の介抱米一升五合はこれだけです。シデハはカモカモ(つる付きの小鍋)に入れてある米を出して見せたが、それは六合ぐらいしか入らないものだった。どんな枡で計るのか、とたずねると、シデハは、眼に深い怒りをたたえながらいった。松前出身の大工川村永吉という者が作ったものです。この枡のことでは、せんだっても不満が出て、一村の騒動になりかかりました。

そのほか、長寿の者、生活困窮者のことを聞きたいと思って、アイコレの母は人別帳に七十二歳と書いてあるが、とたずねると、あの人はすでに八十三、四歳になっています。八十歳以上だと、松前藩領の節(昨安政二年まで)は、運上屋が「介抱」しなければなりませんでした。その物入りをさけるため、皆年齢を低めて書いているのです。彼女は眼病でまったく目が見えず、極度に困窮していますがなんの手当ももらっていません。

そんな話を夜更けまで聞いて帰ろうとすると、惣乙名のヌコルサン、脇乙名のシイヘシらも帰ってきていて、別れるまぎわに、さて我ら一同の願いがあります、という。我らはなにももっとよく「介抱」をしてくれの、酒がほしいの、というのでは決してありません。この沢の内へ少しずつ畑をもらい耕作し、麻を作りたいのです。

たとえどんなに我らが作りたいと思っても、「アイノは作物を致すものにてなし」と運上屋がいい、隠れて畑を耕し、作物を作ると、ここは運上屋の地面だ、と収穫物を取り上げられてしまいます。とくに麻と烟草は厳重に禁じられていてどうにもなりません。それというのも、我らが烟草を作ってのむと、運上屋で売る烟草の値段が下り、麻を作って糸を取り布に織ると、木綿や糸の値段が下るほか、麻で網でも作って自分で漁をするようにでもなると、(漁場労働力としてのアイヌが使いにくくなって)困るからでしょう。ですから、麻や烟草を作ることを許してくれるよう、隊長(幕府直轄となった蝦夷地を松前藩から受け取る仕事に派遣された、一行の隊長向山源太夫)にたのんでください。

村の指導者たちの要求は、自助、自決の生活を、という当然の、つつましいものである。これに対する支配者側の回答は、昔も今も、暴力であり、おどしである。

一九八四年に、フィリピンでアジアの先住民族の対話集会があった。その諸報告から一例をあげると、フィリピン・ルソン島北部の山岳地帯(コルディリェラ地域)に住む先住諸民族が、ダム建設のための強制移住計画に反対して要求していたこともまったくおなじ質のものであった。それに対するフィリピン政府の回答もまた、軍隊を派遣して弾圧するというものであった。時こそ移れ、おなじような歴史が現代の第三世界に見られるのである。そのダムや発電所の建設計画には、場所請負人の現代版である日本多国籍企業が一枚かんでいるということだった。

脇乙名リクンリキの告発

私が引き返した美谷《びや》から四キロほど先が須築《すつき》である。武四郎はシツキと書いている。ここがモッタ岬のつけ根である。彼はセタナイの脇乙名シイヘシと「平夷人」サルーの二人に案内してもらって、隊長一行がセタナイで海路の風待ちをしているあいだに、陸路こまで行き、そこで隊長一行を迎えにきていたシマコマキの船に会う。

彼はその船に乗っていた足軽蛯子某に、モッタ岬を越えて向う側のつけ根トコマまで行きたいから人足を二人貸してくれとたのんだ。しかし、おことわりしますとの返事。では飯米三升ほど貸してほしいとたのむが、これも不承知。「場所がちがいますからシマコマキまでは人足はお貸しできません。またセタナイ土人をつれてきているのなら飯米もそちら持ちで賄って下さい。こちらでは一切お構いできません」とけんもほろろの返事であった。仕方なく、武四郎はいったんセタナイにもどって隊長一行に合流し、海路、シマコマキ運上屋元へ入った。ここには運上屋一棟のほかに蔵がいくつもあり、「土人」小屋が十軒、人別は三十九人(内、男二十六人、女十三人)。文政五年(一八二二)の松前藩への引渡しのときには三十三軒、百二十八人であったから、わずか三十余年のうちに、じつに三分の一以下に激減したのである。女十三人のうち、子供を産める年齢の者は六人だけ。したがって成年男子で妻のいない者も五人をかぞえ、七十歳以上の老人が四人いるが、いずれも養老扶持は給付されていない。

一行が到着したのは四月二十一日。その晩八時ごろには旧知のシャモテというアイヌが松浦ニシパ(旦那)に会いたいとたずねてきて、奥尻島での虐待を訴えて帰る。松浦ニシパならわかってもらえるという申し送りがアイヌ側のネットワークでつたえられているのであろう。

翌二十二日、向山隊長一行は船でシマコマキからスッツへ向う。武四郎一人は地理調査のため案内人を雇って陸路を行く。

宿舎を出て小川を渡り、浜づたいにしばらく歩いていると、あとからセタナイの惣乙名ヌコルサン、脇乙名シイヘシ、惣小使シデハなど五人があとを追ってきた。

彼らはふかぶかと、地に頭がつくばかりに礼をして、「先日来のご厚情にぜひお礼を申したく追いかけてまいりました」という。

「私こそ世話になった」と答礼すると、

「この者はシマコマキの小使フクタロでございます。追ってこの者から申し上げたいことがございますので、なにとぞお聞き上げください。」

顔には思い詰めた様子がうかがわれ、目には涙がうかび、なにか深いわけがあるようすであった。その場はそれきりで、両者は別れを惜しみつつ道をわかった。

武四郎は案内人ホリベと共に、海岸を北へ向い、弁慶岬の断崖の上を通ってヒルカトマリという澗《ま》(入江のこと)の上の平地に達した。出発してから二十キロ強歩いたところである。すると、行手から陣羽織を着て正装した「役夷人」三人と「平夷人」三人が急ぎ足でやってくる姿が見えた。スッツのアイヌかと思えば、シマコマキの脇乙名リクンリキ(四十一歳)、それにさきほどの小使フクタロ、惣代アサリンカからである。彼らは、セタナイの乙名、脇乙名、小使からの申し送りで、私どもシマコマキアイヌの難渋の次第は、ニシパにお話してたのむがよいとのことなので、お願いにまかり出ました、とうやうやしく座って語りはじめた。

まず第一に、一年中運上屋の仕事で稼がされておりますが、時折、下帯一本、烟草一、二把も借りますと「勘定済み」といって一切稼ぎの報酬をくれません。古綿入れ一枚借りれば八貫文、九貫文と申し、その一枚だけで一年中の報酬分だといわれます。*

＊ 古着一枚の蝦夷地での交換値段は、普通二貫文から三貫文ぐらい、この当時のアイヌ男子一年間の労働報酬は、多くて十四貫文から少ないところで四貫文ぐらいであった。

一家が何人にせよ一枚の綿入れで寒さをしのげるものではなく、薪を取りに行く暇もないため冬期間の寒さに体を弱らせ、春から夏にかけて病気にかかって死ぬ者が多く、子供が育ちにくい状況です。達者な者は、運上屋へその日その日の稼ぎに行って食事にだけはありつけますが、家にのこした親や子供は食べるものがなく飢えるばかりです。

「役夷人」は一年中休みなく使われて烟草三把が給金でございます。これも一日も暇がないために、親や子を食べさすことができかねております。

多くの和人の記録、たとえば最上徳内の『渡島筆記』、秦檍丸《はたあわきまろ》(村上島之丞)の『蝦夷生計図説』、それに武四郎の日誌類などに共通してのべられているところによれば、アイヌの社会では「凡て微少の食物といへども我一人にて喰ふといふ事あらず、其坐にあるほどの人にはことごとく配分してひとしく喰ふ。もし至てわづかの物にて配分すべからざる物は、其坐の中にて老人、あるひは小児などにあたへて一人に食せしむる事もあるなり」(『蝦夷生計図説』)、「昔よりゑぞ飢をもて死したるものなしといへとも、若これあらは蓄なき者には有もの分ちあたへ、尽る日に及て富者貧者同しく斃るへし。平生にありて一杯酒といへとも独のむことなし。かならす友を引来て分ち飲」(『渡島筆記』)という次第であった。そうであればこそ、家に老人や子供を飢えさせて自分が喰わねばならないのはさぞ辛いことであったろう。

また当所は女性が不足のところでございます。前の請負人山崎屋新兵衛の支配人市三郎は、二人のメノコ(娘)をいくらかの宝物と交換に室蘭方面からもらってきてくれました。ほかに久遠《くどう》から逃げてきた女の子が一人おり、三度までつれ返したのですが、あそこはここよりも介抱がわるい由で、そのつど逃げ帰ってきましたので乙名のマチ(妻)にいたしました。そして、ようやく四、五人の子供もでき、子孫も絶えないですむかと思っていましたら、請負人がかわり、小川九兵衛という者になってからは少しもそうした人情をわきまえず、昼も夜も責め使われるばかりとなりました。そのため、さきにのべたように家にのこしておく老人や子供はいかにも難渋し、子供の生育もおぼつかないありさまです。

それゆえ、他所よりあと三人ばかり娘をもらってくれるよう、たびたび願い出ましたが一向に取りあってくれません。私が再三、このことを申しつのったところ、支配人と通辞は怒りだして私をつかまえ、荒縄でしばりあげて台所の梁に吊し上げ、ふといやつだ、こらしめてやる、と打ち叩きました。

しかし、私としては、このまま引き下がるわけにはまいりません。

このたび、江戸のトノというニシパがこの地を治められると聞いて、詰合のお役人がやってくるのを待ちもうけておりました。お着きになったので早速また、嫁取りのことを願い出ましたが、やはりはかばかしくご返事がありません。

このままでは、もはやシマコマキにはほどなく私どもの種はつきてしまう、と心中は煮えくりかえるようです。

この脇乙名リクンリキも四十一歳の壮年に達しているのにまだ独身であった。同族の悲しみ、民族の滅亡を憂うる思いは、他人事でない自分の身の悲しみとかさなっていた。

向山隊長以下、江戸からの調査隊がやってくると聞いて、こんどこそ人目を忍んで直訴しようと仲間たちとしめしあわせて待ちかまえていたところ、隊長は、シマコマキからスッツへ船で渡ってしまったので、訴えるすきがなかった。落胆していたところ、武四郎が単身徒歩で陸行するという知らせが仲間から入った。一計を案じたリクンリキは、隊長の船の見送りと称して、別の船を仕立てていったんスッツまで同行する。支配人たちの監視の目を逸らすためである。そして、スッツに着くやいなや急いで陸を引き返し、人目につかないところで武四郎をつかまえにかかったのである。

彼は支配人の抑圧と酷使をるるのべたうえ、こうした訴え方をせざるをえない事情を説明した。

こうしたことは、場所詰のお役人に願い出たいことなのですが、今の支配人はなかなか抜目のないお人で、お詰合様ともいたってご懇意なので申し上げかねる次第です。どうか私どもの暮しが立ちゆきますよう隊長様へお願いして下さい。この小川という場所請負人は、松前藩の家老とも通じていますので思うがままにふるまっており、近隣場所でもだれもたてつく者はありません。そのため私どももまったく辛《から》き目にあわされており、この分では私どもの家もなくなり、アイノの神霊へ酒を上げる者もこの場所にはなくなります。

さらに言葉をついでいうには、

もしこのような内状をだれがニシパに知らせたのか、と後日、ニシパが問いつめられたら、脇乙名のリクンリキこそ、その告訴人であると答えて下さい。私は、この民族の存続のことだけを深く案じていますので、その願いがかなうのであれば、どんなに重い罪に処せられても満足です。私一人のいのちと場所内の同胞全体の命運とは引きかえにはできません。

こういう人物であったから、彼は、この願いのためならと、和様の風俗への帰化も第一番に行ない、種痘のさいにも、他場所のアイヌたちはそれを恐れて山中へ逃げてしまったりしたのに、彼がまっさきに植え、同胞にも植えるよううながした。そのため、この二つの処置もこの場所では支障なく行なわれた。これも、民族の存続への必死の願いから、あえて隠忍して「帰服」の道をえらんだ指導者があったからである。これらの二つが支障なく行なわれるということは「実《げ》に珍しきこと」だったのに、と『近世蝦夷人物誌』の「酋長 リクニンリキ」の項はむすばれている(人物名は『廻浦日記』に依った)。

弁慶岬の上でのこの訴えは、彼らにとってはいくら話しても話し足りないものであったが、スッツから「役夷人」や支配人、通辞らが武四郎を迎えにこちらへ向っているとの見張りの知らせが届いたので、やむなく打ち切られた。

彼らに別れて武四郎は、午後二時すぎにスッツ運上屋元に着いた。もともとの地名はシュマテレケウシナイ(岩を跳び越えるところがたくさんある川)である。

その夜、道北のモンベツ(紋別)場所詰めとして勤務している同心細野五左衛門の妻が、陸路を駕籠で到着する。細野五左衛門は、あとでまた登場する(第八章)。このころになって、蝦夷地勤務の者に妻子を伴うことが許されるようになった。それはこういう事情によるものだった。

安政二年(一八五五)七月、新任の箱館奉行堀利熙はアイヌ人保護についての施政方針を立案して幕府から許可をえた。これは従来の松前藩の抑圧と搾取一辺倒の政策を改め、保護と同化をうながすものとなっているが、そのなかに次のような個条がある。

「支配人・番人等がアイヌ女性を妾にすることには、アイヌたちが内心に不服であるだけではなく、婚期を逸し、独身の者も多くいるという。右は松前家のしきたりで、和人地の奥の東西蝦夷地には本州の婦女の立入りを禁止し、支配人らで妻子がある者も独身で勤務させているために、内々でアイヌ女性を妾とする者も多くあるということである。今度からは、もっぱら妻子をつれて奥地まででも赴任してよいきまりになったので、支配人・番人らも妻子をつれて奥地まで行き、土着してもかまわないということを申し渡されたい。」

この方針によって、次第に妻子を伴う役人、支配人らが生じた。安政三年の細野五左衛門妻の場合は、そのもっとも初期の一人であった。当時、カムイ岬(積丹《しゃこたん》半島の突端)を船に女性を乗せて越すとたたりがあるという言い伝えがあったりしたせいもあってであろう、陸路駕籠で、ということになったものと思われるが、これはまたアイヌの人足にとっては大変な苦役であった。このときは人足十八人でようやくやってきたが、人足が大きな岩原をとんだりはねたりしながら、駕籠をかついでくるのは「憐れむにあまりある」ことだ、と武四郎は記している。

せんだってテシホ(天塩)詰下役衆の駕籠が一度通り、そのあとトママイ(苫前《とままえ》)詰駕籠一挺、ヲタルナイ(現小樽市)詰駕籠二挺が通ったが、このため人足は難渋し、支配人も人繰りに大迷惑であった。そのうえ、テシホ詰の役人はゆれないように舁《か》け、ゆれるぐらいなら船で行くのだ、ゆれるのをきらうから陸路にしたのだ、と人足を叱りののしり、難所のつずら折りを上るさい、あやまって崖にぶつけたところ、駕籠がいたむ、といって人足を打ち叩いたとのこと。

この話が、向山隊長の耳に入ると、隊長は、このけわしい岩がつづき、絶壁を縫う山道を駕籠に乗ってきて、そのような無体なことを言いつのる者がいるとは……と傲慢な小役人の所業にあきれて苦笑された、と武四郎は記している。

スッツからは陸路海岸沿いに、岩内、積丹、小樽をへて、五月六日に石狩川河口の石狩運上屋元に着いた。

武四郎は地理取調べのため、石狩から隊長一行と別行動をとった。隊長一行は浜沿いに海路宗谷へ向ったが、彼は石狩川をさかのぼってルルモッペ(現留萌市)のあたりへ抜ける山越えの道を見つけようというのである。武四郎の一行は和人四人に案内人と人夫のアイヌ八人、計十二人であった。このとき知りあった石狩川の上流のアイヌに、彼はその後の二度の旅でも世話になり、親しくつきあうなかから容易にはうかがい知ることのできない、支配人、番人らによる悪虐非道のふるまいを打ち明けられている。

ルルモッペに着いたのは九日目の五月十五日であった。そこからは、単身、馬に乗って浜づたいに隊長一行を追って急ぎ、五月十九日、北端の宗谷で一行に追いついた。

ソウヤ(岩礁のある岸)。その澗内は暗礁が多くて船は出入りしにくいが、海底一面が平暗礁なのでそこに入ってしまえば、風波に安全なので、ピリカトマリ(よい停泊所)というのが本来の名だ、と武四郎は書いている。

ここが樺太への渡海の出航地である。ここには、運上屋、勤番所、諸種の蔵が建ちならび、周辺にはアイヌの人家十九軒がある。人別は九十人(男四十一人、女四十九人)で、乙名の名はセンケという。

向山隊長以下、武四郎ら一行が、ここから樺太へ渡ったのは、五月二十二日のことであった。

第三章　二度の樺太紀行とその間の江戸での活動
――『再航日誌』と『廻浦日記』――

樺太へ

武四郎は、このとき(安政三年)の樺太旅行のまえに、一度、樺太へ渡っている(『再航蝦夷日誌』)。ちょうど十年まえである。未知の土地を初めて踏んだときのほうが、二度目よりも印象は強烈である。樺太の見聞記も、初回の方が生彩に富む。したがって、私も、初回の旅を『再航日誌』に依って、まずたどることにする。

このときも五月十七日に宗谷港に着き、そこで一週間、風待ちをしている。そして、五月二十五日に風をえて出航するが、濃いガスがかかり、波は荒く、一行は船酔いに悩まされた。潮と風の力で矢を射るような速さで進み、約四、五時間で樺太島に近づいたが、「出し風」がつよくて接岸できず、シベリア沿海州の方へ吹き寄せられそうになるのを、ようやく半島の西側のベシトモナイ(菱苫)へ着けた。

一行は船酔いで、朝から船中で食べたものをみな吐き、顔色はまっ青、足元もふらつきながら、そこに着くはずであった西ノトロ岬の南端に近いシラヌシ(白主)の運上屋めざして歩きだした。まだあたりには残雪が堅く氷り、つるつるにすべる浜を歩くと足はこごえ、「体中の毛を吹くような」寒さであった。ところどころ雪のすきまから一尺も一尺五寸もある福寿草が顔を出している。咲いたらさぞ美しいであろう、と眺めつつ進んでいった。

こうして夜半にようやくシラヌシに着いた。低い山を背にして会所(交易所)、役人が詰めている勤番所、蔵などが建ち、アイヌの漁業雇い人小屋十二戸ほどがならんでいる。ここに着いてから三日ほど風雨つよく、岸にものすごく大きな昆布(長さ七間、幅二尺七、八寸)がたくさん打上がり、「恐ろしきさま」であった。

シラヌシから一行十人は、二艘の帆船に分乗し、北上する。閏五月一日出発。五日にアニワ湾内の会所元クシュンコタン(久春古丹、大泊)に達する。

その前日の四日の晩、ヱンルヲロという六戸ばかりのコタンがある平磯の浜に泊ったときのもてなしが印象にのこる。

泊めてもらった家の主人は、武四郎たちが入ってきたのを見ると、ふと立って銛を下げて浜へ出ていった。まもなく一尺八寸もある大きなヒラメを二匹突いて帰り、塩焼きにしてくれた。家の前浜がいけすのようなものなのである。その夜は、番屋から酒を取り寄せて一緒に飲み、四方山話をしながら炉端で寝込んでしまった。夜半に気づくと、家人は皆起きていて、火を絶やさないように気を配り、寒くないようにとアツシ一枚ずつをかけて

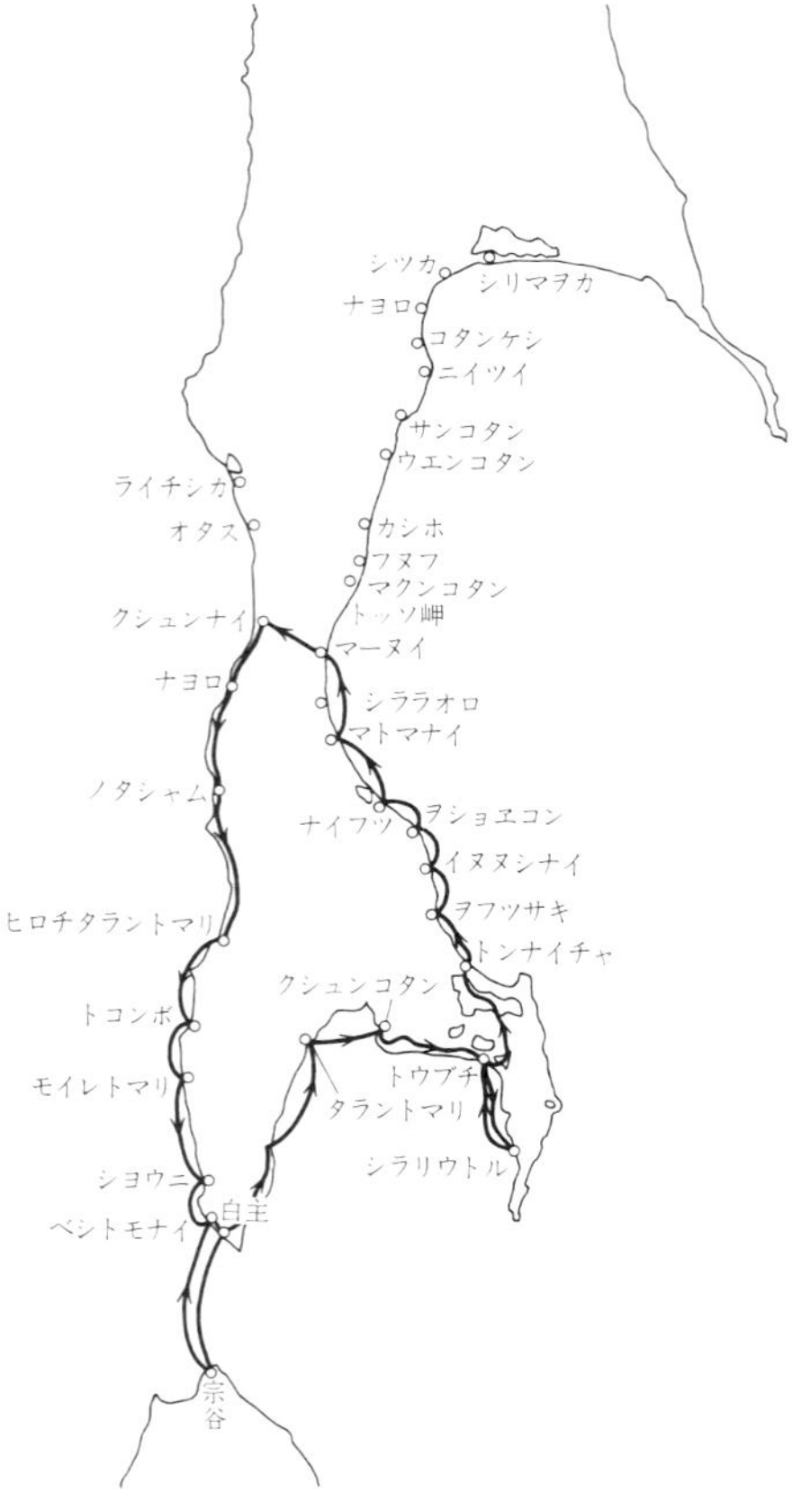

弘化三年再航(樺太之部)

おいてくれた。その親切をいかにもありがたく思い、起き出して残りの酒をみなにふるまって夜明けを待った。

クシュンコタンは、会所元で、支配人、番人らが三、四十人おり、役人も六人ほど詰めている。アイヌの戸数は二十戸ほど。各種の蔵とならんで大きな長屋があった。ここは、漁場の労働力として各コタンから徴用されたアイヌのうちで、病に冒された人を収容しておくところであるが、病人へはとうがらし湯を飲ませるという。そのとうがらし湯を飲まないと、仮病を使ったとむやみに打ち叩いて仕事に駆り出すので、奥地のアイヌは、当地へつれてこられるのを刑罰を受けるような気持でいる。

こうしたことを番人たちは厳重に秘して洩らさないようにしているのだが、自分は医師の供として行ったので、一人のアイヌがこの話をして病床に泣きふしているところにいあわせることができた。クシュンコタンは春ニシン漁でにぎわっており、アイヌの漁夫が千人ほども集められていた。ここの惣乙名はキムラカイ、九十余歳で、あかざの杖をつきながら漁場の指図をしていた。その孫はベンクカリといい、当時四十歳ぐらいであった。

この年から七年後の嘉永六年(一八五三)に、ロシア船がここクシュンコタンの会所元へきて上陸し、和人番人を船へ連行しようとする事件が起った。番人もアイヌも、みな恐れて逃げ去ったが、このベンクカリは、「今日までとくに不法なことをしたこともなかったロシア人が、どうして急に悪いことをするだろうか。彼らの国にはその国なりの治め方があるときくけれども、支配人や番人のやりくちほど悪どくはないだろう」と判断して、脇乙名のアンタイノと共に踏みとどまることを決心し、その結果、ロシア人も乱暴せずに安泰に過した。「実に此者なかりせば運上屋空虚となして仕舞へけるに、此者の赤心一つにして皇国の威稜聊か斗《ばかり》残り、大義恥かしめも受ざりしこと其功少からず」と、その沈着ぶりが『近世蝦夷人物誌』でたたえられている。

だが、この評価が武四郎の本音であったかどうかは疑わしい。樺太東海岸の奥、ニイツイ(新問)より二里北のコタンケシの雄ウイキシュを評した『廻浦日記』の部分では、

「惣て奥地に到るや、皆豪邁にして雄気有り理非の能く分る者を以て尊敬致し、是の命令を何事となく用ゆる事也。クシュンコタン等に在宿の惣小使等と云ふは後ろ立てが皆支配人の、番人の、と申す故、当時のへ[ベ]ンクカリ如き馬鹿者も惣乙名と申す。」

と記されているからである。どうもこっちの方が本音に近いようである。この場合でも、また後で出てくるエカシテカニの場合(第四章)でも、武四郎は、彼らの地位の平等をかちとろうという意図でアイヌも皇国の民たりうることを強調し、ときに、事実を曲げたふしがみうけられるからである。同胞の非道を歯に衣着せず指弾するために、自分の意図が憂国に発することを一方で強調しようとする心理もはたらいたのではなかろうか。

北蝦夷見聞記

ここから一行は東西二手に別れて奥地を見廻ることになった。東海岸の旅は気象があらく人跡も稀なので、皆が行きたがらない。武四郎にとっては、それがもっけの幸いで、東の組へ配属された二人の下役に病気だと申し立てさせ、代りに私を、と申し出て許可をえ

る。

閏五月十日に出発し、アニワ(亜庭)湾内を東へ浜づたいに航行し、初日はトウブチ(遠淵)まで。十二日にトウブチからシレトコ岬へ向ったが、風波荒く、シラリウトルまで行くが、それ以上は無理になり、トウブチまで引き返した。大雨、大風のひどい荒れだったので、二人の足軽は、早くもおじけづき、東海岸へは行きたくないといい出した。その結果、武四郎と通辞の二人だけが、アイヌ四人と共に先へ進むことになった。

十三日、トウブチ湖を渡る。大沼の奥に小沼があり、そのそばで野宿する。アイヌたちは何の苦もなくクチャ(仮小屋)をこしらえ、草を敷き、いろりを切って火を焚く。そのあいだに一人は沼へ行って、九寸ばかりのウグイ十五、六尾と大きなヒラメを二匹、アメマス三匹を突いてきた。翌日、渡った大沼(富内湖)にはこうした魚類がすき間もないほどびっしりと見えていた。

ウグイは塩味の汁に仕立て、持参の米を炊いてみんなで平等にわけて食べた。すると、アイヌたちは、米の飯を平等にわけたことをことのほか喜び、それからは打ちとけて笑顔も出、話もはずんだ。

「如何におもひしにや」と武四郎は書いているが、一般の和人は、米は貴重だから、と自分らだけで食べ、アイヌの案内人や人夫にはわけあたえることをしなかったのである。武四郎の平等な扱いにおどろき、喜ぶ例が、このあとの諸日誌に何度か出てくる。魚の料理は、「夷人共が喰ふ流義〔ママ〕ニ塩を少し斗《ばかり》入」れて汁としたとあるが、アイヌの日常の主食のひとつ「オハウ」のことである。汁の実によって、チェプ・オハウ(魚汁)、キナ・オハウ(山菜汁)などと呼ぶ。

この沼周辺の地名は、その場所を通りながら名前をいうと「山霊」が怒るという信仰があって、聞くことができなかった。つまりタブーだったのである。沼をわたって東海岸のトンナイチャ(富内)に出る。ここには波静かな湾があり、魚類も豊富、土地も肥えている。アイヌ人家は三戸。

ここから東海岸を北上し、六日ほどかけてシララオロ(白浦)へ着いた。閏五月二十日のことである。ここには、ノテカリマという「全島を統率する」長老(エカシ)が住んでいた。当時七十五、六歳。紅髯《こうぜん》白髪、眼光鋭く、威あって猛《たけ》からず、凛としてあたりを払う風があった。南のシレトコ岬から北はオロッコ、タライカの民まで、すべて「我が支配なり」と称して、和人の命令にしたがわず、彼が命令を発するときは千余人の住民一人として従わない者はなく、クシュンコタンの通辞、支配人もこのエカシには一目置く人物であった。しばらく前までは、和人の漁場の労役に一人も行ってはならぬと住民に命じていて、この近在ではそれに背く者はなかった。いまはニシン漁のあいだだけ、人びとを遣るようにやっとなった。

それであるから、西海岸からも、番人や支配人にひどい目にあわされたアイヌたちは、このエカシをたよって逃げてくることがよくあり、それらを世話してかくまっているのだが、追いかけてきた番人らも、このエカシの家に逃げ込んだと聞くと、一言も文句をいえず空しく帰り、それ以後は逃げる者がないよう手加減を加えざるをえなくなった。このように、同胞を思いやること我が子を愛するがごときエカシであった。

しかるに、このエカシが死んでからは、東海岸でも足腰の立つアイヌは皆クシュンコタンへ連行して酷使するようになり、少し顔のきれいな女性は人妻でも娘でも区別なく番人らの妾にしてしまうようになった。ノテカリマが生きていたころは、シラオロへさえ逃げれば手出しはできなかったのに、いまではどこへ逃げても追いかけてきて捕えて帰る始末。

「実に其一人の義勇、東海岸一千人はおろか、東西合せて二千余人のいかばかりがためとなりしことやらん。」

こう『人物誌』の「豪英ノテカリマ」に誌されている。

到着した日、ちょうどオロッコ人とタライカ人総勢十八人が、四艘の舟でやってきたのに出会った。彼らは「酋長」ノテカリマの家を訪ね、慇懃に礼をし、いあわせた武四郎と通辞にもていねいに何事か挨拶した。彼は、よい機会とばかり、ここにもう一泊して彼らの衣服、交易品、川漁のやり方などの風俗を観察し、記述している。そして、トナカイがこの辺にいれば見たいとたのみ、オロッコ人の小舟にのせてもらって川向うのションコタ

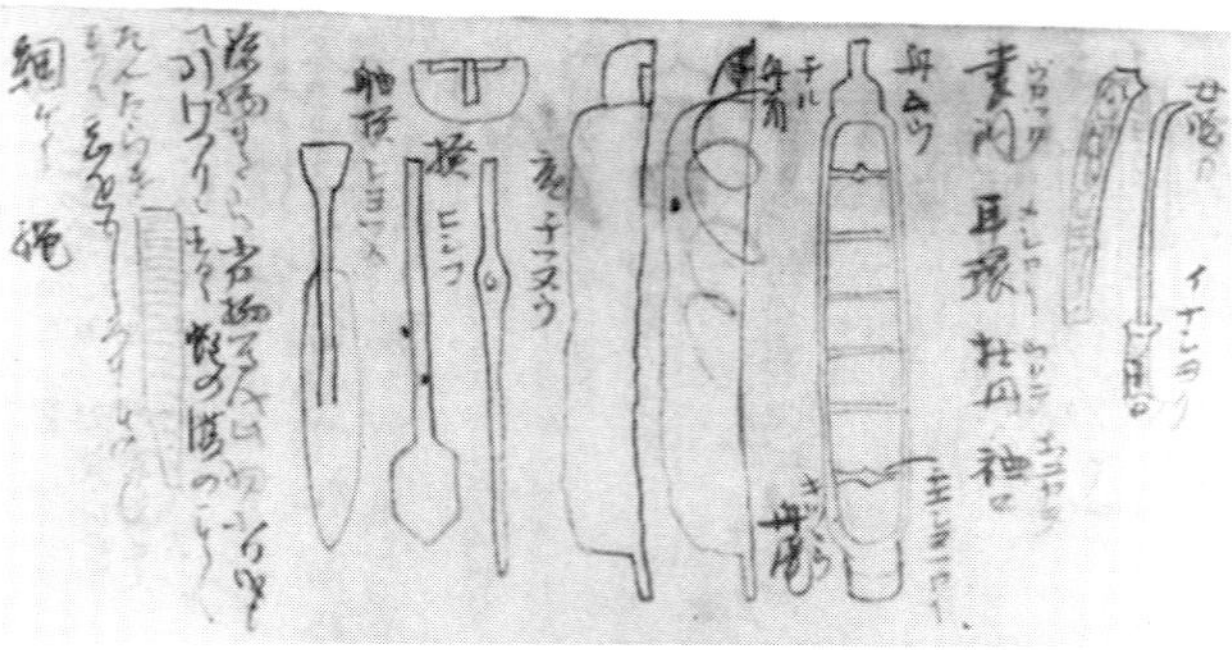

民具スケッチ(「安政四年野帳」)

ンへ行き、放し飼いにしているのを見てきている。

それらの記述のあとに、「弘《ひろむ》曰く」として、意見を書き加えている。樺太はどこの国が治めているというわけでもなく、わずかに南部三分の一だけ、北蝦夷と称して、本邦より米、布を少し送って漁猟をさせているが、そのやり方は昼夜を別たず酷使するばかりであるので、アイヌはやむをえず使われているだけで、決して本心から服してはおらず、ことに東海岸のアイヌは九分通り本邦にそむいて、運上屋の処置をうらんでいる者が多い。

オロッコ人、タライカ人も、撫育しようと思えば一年に米千俵、塩二百俵も支給し、あと烟草や鉄器を五百両分も分配して漁猟をさせればその利は三倍、四倍にもなるだろう、と予測している。こうした場所を放置すれば、まずロシアが、ついでイギリスが港をひらき、アメリカが捕鯨船を派遣するようになるだろう。そうなれば、日本はク

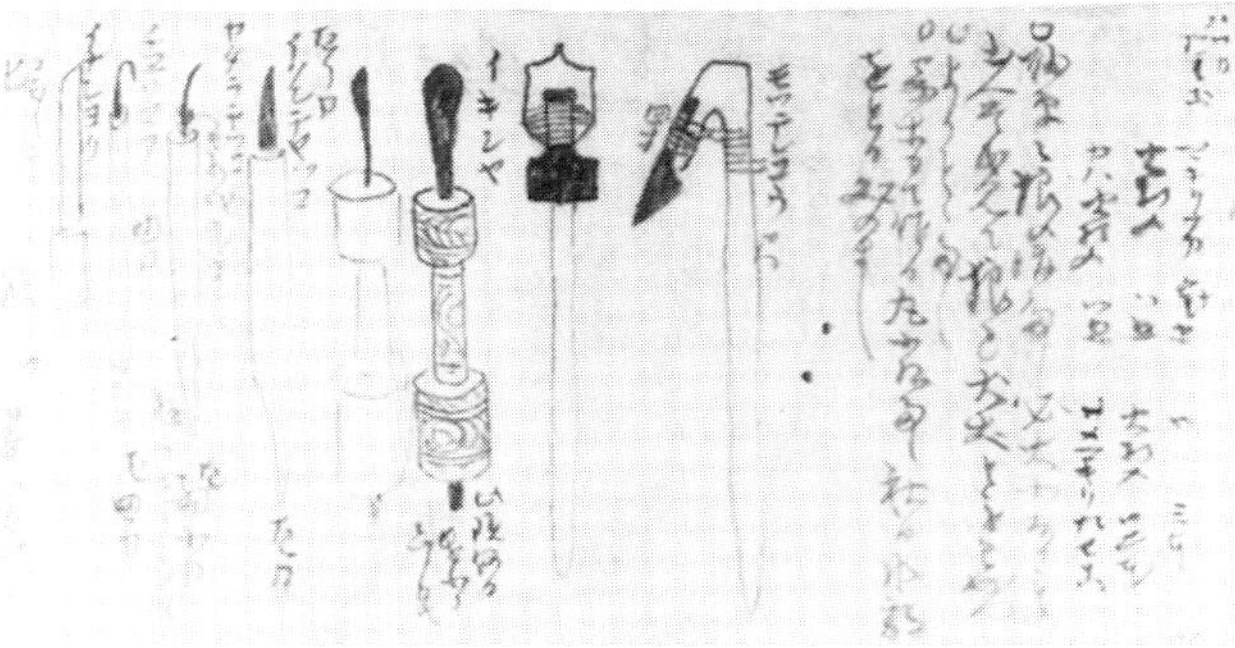

カラフト島，ナヨロ付近ニクブン族の

シュンコタンを引き払わなければならなくなるだろう。

「志の有気に書かれる海防策も皆此辺の事は無、只鼻の先の蝿の論、定而《さだめて》君子は危に近寄らずと林子平の後難を恐れての事なるかとは思ゑども、扨《さて》日本に人が無《な》ワイナ。」

と憂慮を軽口めかしてのべている。

シララオロからは、マーヌイ(真縫)川を遡行し、樺太島で一番幅のせまい部分を横切って西海岸クシュンナイ(久春内)へ出た。そのさい、山の野営地で大きなフキを長さ三尺ぐらいに切り、葉のなかにマスの筋子を十本ほど入れ、両端をフキの葉でくるんだものと、マスの腹を割いて塩をふった三本ほどを、やはりフキの葉に詰めたものとを焚火であぶり、フキが黒くなったころ割ってショウユをたらし、またすこし火にかけて食べた、とある。

「その味いかにもいいがたし。」

フキとスジコ、フキとマス、フキの香りと味が、魚のそれとまじりあってさぞ旨かろう、と生つばが出る。

クシュンナイからさらに北のライチシカへ行きたいと思っていたが、帰りの日程にせまられて、このときは果せず、思いをのこしたまま、二十八日同地を立って一路南下する。

ノタシャム(野田)というところで、アイヌの女性や子供の風俗をえがいて、東部よりなんとなく人柄がよいようだ、首には青玉を多く懸け、中国の銅銭をいろいろもってもいる、腰には真鍮の輪やその銅銭を多くさげ、衣服はアザラシ皮である。子供の衣服も青玉を多く背中に縫付けていてきれいだ、とのべている。

シラヌシに近いウエンチシ(遠知志)で、アザラシの大群を見ておどろいたりしながら、シラヌシに到着したのは六月二十八日であった。その間、山丹人との交易の様子なども見聞している。シラヌシからソウヤへ渡ったのは七月十六日である。そこからは、前章でふれたように、単独で、宗谷—知床岬間のオホーツク海沿岸を往復し、九月初旬に江差へ帰着している。そしてこの年は、江差で越年した。

幕末激動の下で

この年の秋十一月に、彼は「一日百印百詩」として有名な書画会を、江差に滞在していた頼三樹三郎《らいみきさぶろう》のために催している。鴨崖頼三樹三郎は、頼山陽の三男で、安政の大獄で捕えられ死刑に処された志士として有名である。その鴨崖が飄然と江差にやってきたのは、その年の九月末のことであった。昌平黌を退学になり、ロシアの南下で脅やかされている北辺の事情でも知っておこうかという遍歴の旅であった。時に二十二歳、白面の青年である。

彼は七歳年長の武四郎を訪れて蝦夷地の実状を聞き、親しい仲となった。三樹三郎の懐の乏しさを知った武四郎は、地元の文人や金持のあっせんで、一日のうちに、鴨崖が集まった客から寄せられる題に詩を賦し、武四郎がその題を印に篆刻し、どちらが早いかを競うこと百回くりかえすという会を開いた。場所は、江差の町の小高い場所に在った雲石楼という料亭である。いまは、その場所に、雲石楼跡を示す木の柱と「一日百印百詩」のゆかりを記した看板が立っている。

翌弘化四年(一八四七)、武四郎は三十歳になった。この年、雪深いころに江差を立って松前、箱館に遊び、五月下旬に津軽へ。そして日本海岸を新潟まで行き、新潟から佐渡島に渡って九月まで全島をめぐる。秋は越後から上州へ、そして足尾から日光へまわって十一月中旬、江戸に帰ってきている。

嘉永元年(一八四八)は、春に千葉の九十九里を旅した以外の動静はつまびらかではないが、水戸藩士に友人ができ、藤田東湖に活動資金カンパを集めて送るなどするうちに藩主の徳川斉昭にも知られるようになった。

嘉永二年（一八四九）は、三度目の蝦夷地行きの年である。このときのことは、第五章でのべるが、船でまっすぐクナシリ、エトロフ両島へ行って帰っている。

嘉永三年から安政二年までの六年間、彼は江戸に居住して、幕末の激動期を経験した。

嘉永三年（一八五〇）、武四郎三十三歳である。この年、蝦夷地の旅の日誌を整理し、『三航蝦夷日誌』全三十五巻を書き上げている。過去の蝦夷地に関する記録・資料を博捜、抜粋して書き入れ、自分の見聞の客観性を検証しながらの作業で、丸一年かけてであった。そのほか、津軽、南部の紀行『東奥沿海日誌』『鹿角《かづの》日誌』、『蝦夷葉奈志《ばなし》』『蝦夷語』『蝦夷志異同弁』などの書物も執筆している。

だが、『三航蝦夷日誌』とならんで重要なのは、北海道、樺太、千島を収めた地図『蝦夷地大概図』を著わしたことである。蝦夷地全体の地図が公刊されたのは、これが最初のことであった。この『蝦夷地大概図』の公刊とその余白に書いた漢詩のために、彼は、松前藩に憎まれ、敵視されるようになり、のちには刺客につけまわされるまでになる。

嘉永四、五年は、読書したり、松平定信や熊沢蕃山の著書の復刻出版をしたりしてすごしている。

嘉永六年、この年は浦賀に黒船が入り、開国か攘夷かをめぐって世のなかが騒然となった年である。七月にはロシア船も四隻、長崎に入り、樺太の国境画定交渉をせまった。武四郎もあわただしく東奔西走しており、『自伝』での記述もぐっと多い。

春には、前年に病死した斎藤竹堂の遺著『読史贅議』の上梓のため尽力し、五月に実現している。斎藤竹堂は仙台藩出身の学者で、昌平黌の舎長として頼三樹三郎の面倒を見た人物であり、三十八歳で早逝した。『読史贅議』は、日本の歴史上の人物批評をつうじて彼の歴史哲学を開陳した書物である。竹堂については、中村真一郎氏が、前にもふれた『頼山陽とその時代』のなかで紹介している。竹堂は、この書物で、日本歴史上の人物を論評しているのだが、その方法は、儒教倫理の規範にのっとって良し悪しを評するのではなく、歴史的条件と歴史的必然に照して、その功罪をとらえるという論理的なものである。その斬新さを強調して、竹堂はこの書物において「単なる秀才から、端倪すべからざる天才の域に達していると信じている」と中村真一郎は書いている。こうした重要な著作の出版に際して、武四郎の協力があったことは注目してよいことであろう。

六月、浦賀へのペリー艦隊来航に江戸はざわめき立った。武四郎へも宇和島藩の家士から、品川御殿山警固出張に際して、人員不足だから加わってくれと依頼があり、彼は革の裁着袴《たつつけ》を借りたり、陣笠を買ったり、メリヤスを渋で染めて鎖帷子《くさりかたびら》の代りとするなど準備をととのえた。彼ばかりでなく、諸藩士はみなあわてて武具よ馬具よと武具商に駆けつけたので、値段が十倍、百倍にはね上り、鎧の緘糸《おどし》は十日もたたないうちに売り切れ、玩具職人や塗師はみな具足師になるなど「其狼狽云はん方なし」(『自伝』)であった。

六月十八日には、長州藩の吉田寅次郎と肥後の永嶋三平が訪ねてくる。蝦夷通としての松浦武四郎の名を聞いてのことであった。このあたりから、尊皇攘夷派の志士たちとの交友の輪がぐっとひろがっている。

八月六日、彼は自著『三航蝦夷日誌』を、親友の加藤木賞三《かとうぎ》をつうじて水戸烈公徳川斉昭に献じている。武四郎と藤田東湖を仲介したのも加藤木で、東湖から同人宛の書簡に、

「松浦生の事、御書中、尚又珂生《かせい》御語にて詳悉、天下の奇男子に御座候、如レ此世の中にも、右様の人有レ之候故、めつたには死し兼ね申候、近来の愉快に御座候。」

とある(吉田武三著『定本　松浦武四郎』上巻)。

吉田武三氏によれば、藤田東湖に吉田松陰を引き合せるために蔭でうごいたのも武四郎だった由である。

八月三十日に、下谷の儒者鷲津毅堂から急の呼び出しがあった。鷲津毅堂は、武四郎の生涯の親友で、亡くなったのも毅堂宅訪問中であった。尾張の出身で、永井荷風の母方の祖父である。荷風の弟は鷲津貞二郎といい、キリスト教の牧師であった。その妻が、私の伯母であった関係で、「毅堂さん」の名を子供のころ、しばしば聞いたおぼえがある。

武四郎への呼び出しの趣旨は、京都の朝廷への請願書を運んでくれという依頼であった。

その請願書の眼目は、新将軍へ朝廷からの宣旨《せんじ》を下すさいに、非常の折であるから国体を辱めないよう攘夷の御沙汰を賜わるように、というもので、攘夷強硬派の藤田東湖と藤

森天山の発案であった。彼がその任務を引き受けると、吉田松陰からは有名な「急務第一則」を託された。

九月十六日、人目を避けるため東海道をやめて甲州街道から信濃路をへて、尾張、津をまわり、十月十一日京都入りし、南禅寺畔の新宮凉庭のところに泊っている。凉庭は一代の大医学者で蘭方医学を修め、同所に「順正書院」という西洋医学を教える医学校を、私財を投じて創設していた。

京都では、頼三樹三郎に再会したほか、梁川星巌、梅田雲浜など多数の人士と会う。奔走の結果、願いは聴き入れられることになり、彼は使命を達成した。

この京都行きは、彼が不在中の江戸では別の噂としてひろまっていた。武四郎が水戸の老公の密命を受け、京都へ錦の旗をもらいに行った、という噂である。このため、武四郎が帰るのを待ちうけて召し取り、公儀へ差出そうという動きが一部にあったりした。

七月のロシア船来航では、吉田松陰が長崎でロシア船に乗組もうと西下したが、到着したときはすでに出航したあとだった。樺太国境画定問題をロシア側から持ち出されて、幕府の高官たちは彼地の事にくわしい者はいないかと詮索し、武四郎はことのほかその所在を官より探された。

安政元年(一八五四)、彼は三十七歳になる。このころは江戸下谷竹町の矢部金三郎の長屋に一間を借りて六畳の畳に机ひとつ、手行李と土鍋ひとつ、という暮しである。そのころ、朝晩行き来していたのは、昨年末空しく帰ってきた吉田松陰、肥後の宮部鼎蔵《ていぞう》らであった。

樺太境界問題で、幕閣高官諸方から武四郎へ招きがある一方、松前藩が彼を恨んでいるという噂がひろまる。このころ、「高橋三平ぬしもしばしば来る」とある。高橋三平は、松前奉行所にながく勤め、高田屋嘉兵衛と親しかった蝦夷通である。

三月、堀利煕《としひろ》が箱館奉行になって行くに当り、ぜひ武四郎を供としたいからたのむ、とのことであった。彼は、自分が松前家に憎まれている事情をくわしくのべ、そういう事情だから多分行くことはむずかしいだろう。これを防ぐには公儀の命令という大義名分が必要である。どうか御雇いの名目にしてほしいと、仲介に立った川田某にたのんだ。同人は、至極もっともであるといって帰ったが、結局、その策も松前藩に内通されて手をまわされ、「堀侯の心切《(ママ)》も川田の志も皆水の泡と相成」ってしまう。

三月七日には、幕府に対し、樺太境界問題に関する長文の建白書を提出している。

ロシアが樺太境界問題を提起してきたということであるが、そのことについて詳しい人間はいないと思われる。松前藩の者でも境界まで行った者は一人もいないはずである。松前家の士風として、そうした事を平常、少しでも心がけている者などいはしない。

私の意見では、境界を今改めて決める必要はない。文化五年、間宮林蔵が北緯四十八度付近のモロコタンを境界と定めて以来、そこが境になっているからである。

モロコタン以北の住民は、山丹人の風俗をしたオロッコ人である。彼らはみな満州の古着で、襟元はボタンで留め、右前合せの服を着ている。容貌はいたって柔和で、髪は三つ編みにして垂らし、言葉は満語交りでアイヌ語ではない。

そこから南はアイヌで、髪はざんぎり、服は皆アッシ、アザラシの皮、左前合せで、言葉はアイヌ語。満語はだれも使わない。容貌は眉が一文字になっていて身体毛深く、種族のちがいは一見してわかる。したがって、今更境界をどこにするかと、ロシア人が申し立てる筋合いはない。モロコタン以北も山丹人の部落であり、満州の支配が及んでいるところであって、ロシア人の所領ではない。

しかし、清朝の勢力衰退に伴い、ロシアの樺太島への蚕食が進んできたので、新しく境界問題を持ち出してきたとも考えられる。そうであっても、自然にモロコタンで、部落の人種、風俗がわかれているのだから、別にそれを改めることもないと説くのがよいと考える。現地住民の風俗がわかれていることがたしかな証拠にほかならない。

このあと、ロシアが徐々に南下をしてきている事実を年代を追ってのべ、そういう状勢なのに松前藩の処置はまったく手薄で、四月なかばから二百十日まで二十余人が二班でパトロールして帰ってきてしまう。冬はまったく和人はいないにひとしい。さらに支配人、番人のアイヌ酷使を告発し、それもこれも松前家が因循《いんじゅん》で、何事もただ事無かれにすごし、まずいことは幕府に知られないよう隠しているからであるときびしく難じている。

「実を以て、自身の家より不行届きの儀致し置き、斯《かく》の如き大患を引出し候、剰《あまつさ》へ其儀をも又隠し置候事、如何にも不法の儀かと存ぜられ候。」

武四郎自身の松前藩への批判も、すでにこのように激越なものとなっていたのである。

四月に入って、彼はふたたびやってきたペリー艦隊の様子、日米会談の模様の視察を宇和島藩の家老に依頼され、五月に下田へ出張し、その見分記『巡豆日誌』を書いて差し出している。

宇和島藩からはその謝礼として金五両をもらい、それで白米、味噌、醬油、半紙などを買い、あたらしい借家へ引越して、蝦夷地の地図作成を始めた。赤貧の暮しだったのである。

その間、親しく交際していた吉田松陰が、二月に浦賀で米艦に密航の願いを拒まれ、空しくもどって投獄されている。

六月には、また宇和島藩の依頼で、浦賀へ外国船の視察に赴いている。この間、地図制作にはげみ、七月中旬、仕上げて幕閣の藩主、高官らに献上している。

十月、ロシアのプチャーチン艦隊が下田へ入港したさいには、松本十郎兵衛の人数に加わって出張している。このときの記録に『下田日記』がある。

自筆年譜によると、「この頃よりして松前家よりの探索きびしく、危地より逃れんこと屢々なり」で、とうとう本郷の根津勝三郎という侍の長屋に潜むことにした。長屋といっても馬小屋を改造したもので、馬をつなぐ四本柱が立つ土間に三枚の畳の端を五寸ずつ切りつめて敷き、机と本箱ひとつ、土鍋ひとつ、土瓶ひとつに、箸一膳、茶わん一コ、火鉢で煮たきする自炊暮しである。藤田東湖が訪ねてきて「之を一大笑に附す」と半切の唐紙に書いてくれた。それを壁に張っておいたら、水戸家の側用人桑原治兵衛がやってきて、これではまだ足りないと、「之を典厩中の一大笑に附す」と書いてくれた。

このときの住居を思い出しては、あとでどのような生活になろうと増長すまい、とみずからの戒めとしている、と『自伝』はいう。

安政二年になっても、松前藩の探索と幕府役人への中傷誹謗はやまず、それにつけこんで種々の悪事を働く者も絶えなかった。しかし、親交のあった向山源太夫が箱館奉行支配組頭勤方に任命されたことから、ようやく武四郎にも運が向いてきた。第二章でのべたように、彼の推薦で幕府御雇いとして北地調査に起用されることになったのである。

同年十二月二十五日のことであった。

二度目の樺太行き

安政三年二月、江戸を出立して松前から西蝦夷地を宗谷まで進んだ旅は、すでに第二章でのべた。ここでは、そこから樺太をまわった旅のことをかいつまんでのべよう。最初の樺太紀行から十年ぶりである。

一行は、向山源太夫を隊長に、家来二名、従者二名のほか調役下役の太田為之助と雇入れの者松浦武四郎、ほかに下僕二名の計九名で、安政三年五月二十二日宗谷を出航し、翌二十三日にシラヌシに着いた。クシュンコタンに着いたのは同月二十七日であった。アイヌの出稼ぎ小屋は非常にふえたが、その使役方法は以前にくらべて一段とひどくなっていた。以前は、二月、三月のニシン漁の初期には、日に二度か三度は椀に一杯の飯をあたえ、四月、五月になっても夕方には一椀の飯を出していたのに、いまは、四月にニシンが取れるようになると、ニシンだけ食べて働け、と番人たちがいう。通辞の清兵衛などは、アイヌの三人や五人は打ち殺しても別にかまいはしないとうそぶいていて、アイヌたちの怒りを買っていた。

ホロアントマリの乙名アンタイノが語るには、この樺太では、アイヌはアザラシを取れば、肉は食料、皮はケリ(靴)に用い、油は寒気をふせぐために日々の食事に加えるのがならわしである。

それなのに清兵衛が通辞になってからは、肉はアイヌにくれたが、皮と油は運上屋へ取り上げるようになった。この寒いくにでケリと食用の油がなければ冬をしのぐことはできない、と彼らは訴える。

「其あはれさ、筆紙に中々尽さるべき事にあらず。」

クシュンコタンからは、内陸部をまっすぐ北上して東海岸のナイフツ(内淵)へ出た。六月七日、クシュンコタンの小使ツクニウと二人連れで、向山隊長一行に先行してである。

途中、アイヌの家々に泊めてもらい、共に食事するが、どこへ行ってもアイヌコタンでは、たとえ見ず知らずの他郷人であっても、顔さえ見れば鍋をかけ、魚を煮てもてなすのが風習であった。五軒あるコタンに泊まれば五軒から一品ずつ持ち寄ってくれるし、十軒のコタンなら十軒から持ち寄るのが常である、とその人情の厚さに、彼は心を打たれている。この風習は、いまでもアイヌの人びとのあいだにかたちこそかわれのこっていて、訪ねる者をもてなすことに篤い。

先年訪れたシララオロでは、村おさウイキシュが赤地牡丹の緞子《どんす》の広袖を着て迎え、同行のツクニウも陣羽織で正装し、お互いに威儀を正して挨拶を交わした。ウイキシュは、その祖父が前出のノテカリマである。

ここで武四郎は樺太アイヌ特有のご馳走のことを記録している。トマ(エゾエンゴサクの塊茎)やハハ(黒百合の鱗茎)を煮てよく搗き、これにフキやシャク(ハナウド)の干したものを湯でもどし、こまかく切って入れ、アザラシの油を少し加え、鱒の身や卵を入れてまぜあわせ、チエトイ(食用の硅藻土)を若干加えて練り物として供する。「至極奇なる風味なり」と武四郎は書いている。

武四郎の記録にはその料理名はないが、これは「チカリベ(我らが作った食べ物)」という樺太アイヌの特別料理である。遠来の来客や祝い事などのとき必ず作るもので、チエトイを入れるのは野草のアク抜き、アザラシの強烈な油を中和させるためらしい。アイヌは「チカリベほどおいしいご馳走はない」という(知里真志保『樺太アイヌの生活』)。

今回は、シララオロからさらに東海岸の奥をめざした。ここからは山が海にせまっているため、船でトッソ(突阻)の岬をかわして進む。アイヌはこの岬をカムイとしてうやまい、通行に際してはつつがないようイナウ(柳の枝を削って神に捧げる木幣)を削って海中に納めるのがならわしである。武四郎もイナウの柄に和歌を記して流した。

事なくてトッソの岬を越るとは
手向けの稲穂神やうけらん

ここは帰りの風待ちが大変で、カムイによくお願いして日和をもらわないと、何日も待たなければならないのである。

フヌフからは徒歩で浜づたいに進む。六月十五日である。食料も乏しくなってきた。ここで異国船がきているといううわさをオロッコ人から聞き、さらに奥地のシツカ(敷香)まで足をのばすことに決める。疲労がはげしかったが、案内のクロスケにうながされて出発する。海から吹きつける強風で、からだごと吹きとばされそうになりながらである。浜には流木がごろごろと横たわっている。生え茂ったライムニキナ(ハマニンニク)のチクチクと痛い葉に悩まされるが、満潮のため砂地もなく、どこを歩いたらいいのかまごまごするのを、「クロスケに叱られ〳〵」流木の上をとびこえて行った。

暗礁の多い岬には、アザラシやトドが無数に頭を出し、キャアキャアと赤ん坊が泣くような声をあげている。

歩いていると死んだ鯨が打ち上げられていた。風波ははげしく、桐油合羽はズタズタに裂けてしまって、ようやく肩を覆うだけになった。笠もこなごなにちぎれて吹きとび、笠当てだけが頭の上にのこった。寒さが肌をつらぬくようで手足はこごえ、どうにもがまんできないほどであったが、一同の勢いに引き立てられて進んだ。カシホ(樫保)というところまで、ようようたどりつく。たった二里ばかりであったが、流木に難渋し、雨にずぶぬれになり、皆、ブルブルと顔色もなくふるえるありさまだったので、まだ正午をまわったばかりだったが、そこで泊まる。

翌日シルトル(知取)では、川を渡って行く親子熊に出会う。七、八尺の熊が子を背中にのせて泳いで行くのを見た六人のアイヌたちは、雪氷の冷たい水中に裸でとび込み、追いかけて槍を投げ矢を放ったが、捕えることはできなかった。

こうして苦労をかさねて、六月十七日ニイツイ(新問)まで達し、ここで異国船がきたときのもようをくわしく聞くことができた。このあたりまでくると、オロッコ、ニクブン、タライカといった諸民族が、それぞれ自分たちの生き方や文化をもって暮している。

ニイツイからさらに二里ほど北上すると、コタンケシ(古丹岸)というところがある。そこにカニクシアイノという人物が住んでいた。その家へ行くまでにチライ(イトウ)を取るが、四尺余りもある大きなものであばれてひどいので石をぶつけてようやく死なせ、みんなで引きずって家までもって行った。一行を見ると、彼は浜まで出迎え、トマやハヽを煮たり、チライを料理したり、いそがしくもてなしの準備をしてくれた。

カニクシアイノは年のころ三十二、三歳。背丈六尺一、二寸のたくましい体であるが、愛敬こぼれ、すこぶる豪邁に見えた。家族の女性と子供たちに、烟草、針、糸、菓子などみやげの品を贈ると、彼は裏手へ武四郎をみちびき、大きな家の柱を立ててあるのを見せ、「江戸《エント》　島《モシリ》　国貴人来年来れば《コタンニシパオヤハアルキオロ》　家造《チセカリ》新しく美しきところで　寝ろ《モコロ》　寝ろ《モコロ》」と、ねんごろにもてなしてくれるので、彼も天保銭、手拭、針などをみやげとして贈った。するとカニクシアイノは手製の弓と鷲狩りの矢二本、熊狩りの矢一本を返礼にくれた。

そのうち、トマやハヽを煮て染付の皿を一枚、庫から出してきて盛りつけ、「マンジー(満州?)チャワン　チャワン」と指さして教えてくれた。じつに海外で見ず知らずの我が初めて行ったのに、これほどまで親切をつくしてくれるのかと涙をこぼしたので、彼はいぶかしそうな顔をしたということである。

六月十九日、シツカに着く。ホロナイ(幌内)川の河口、タライカ(多来加)湾の中心部である。東には大きなタライカ湖がひろがっている。タライカ湖まで足をのばしたかったが、隊長一行にあまりに遅れるうえ、案内のアイヌにシツカまでと約束した手前もあって断念し、ホロナイ川の下流を見分して西海岸へ向うことにする。

そのさい、武四郎にしてはきわめて珍しい色気のある記述をのこしている。セチエットというところで五軒のオロッコ人集落をたずねたときのことである。

女性や子供は青玉をたくさん衣裳に縫いつけ、耳環を五つも六つも下げ、腕環をはめ、じつに美しく飾っているが、陰部の方はおろそかで、前をおおうものを著けていない。だから、座ったときなど、ふとした折に、股のあいだに「幽を窺ふ事を得る也」なのである。ようやくこのごろはアイヌ語にも慣れ、アイヌどうしの雑談もわかるようになっていたので、せんだってシラヲロを出るとき、シツカまで行きたいといったところ、そこの老人たちがツクニウへ、「オロッコ　ホッキ　スカン[シクアン]テ　アルキ」(オロッコ　陰門　見て　こいよ)といったのを冗談だと思っていたが、こういうことだったのかとわかっておかしかった。

さて帰途は何事もなく、六月二十四日マーヌイまでもどり、そこから峠を越えて西海岸クシュンナイへ出、こんどは北上してオタス(小田洲)で向山隊長の本隊に追いついた。

隊長へ報告に赴いたところ、隊長は顔色がひどく蒼く、「只ならざる様子」であった。

二十七日、糠雨と濃いガスのなかをライチシカ(来知志)まで三里の道のりを行き、そこにある石清水八幡の社に詣でる。しかし、隊長の容態がますます悪化したので、帰路を急ぎ、八月三日にシラヌシに帰り着いた。

この旅のあいだに、隊長向山源太夫の病状は悪化の一途をたどり、八月七日、宗谷に着くまで辛うじて生命はもったが、十一日に遂に、宗谷で病没した。

遺骸は宗谷で荼毘に付されたが、その死去は箱館へ帰りつくまで秘匿せよ、ということになり、駕籠を仕立てて東海岸をアバシリ、クスリ、トカチ、エリモ、とまわって、武四郎と太田為之助は帰ることになった。その命令は、武四郎と太田為之助の以下の旅での「難渋の起元」であった。『廻浦日記』巻の二十二以下はその記録である。彼はこのころからアイヌの戸籍、孤独難渋の者、産物などを意識してくわしく調査し始めるが、それらについて「土人又は支配人、番人等から聞こうとするのを、好ましくないことと思う役人も居るようにみえ」、妨害されることがしばしば生じた。第二十二巻の「凡例」には、場所によって調査に精粗のむらがあるのはそのためであると説明している。「凡例」の末尾には、語勢を強めた一節がある。

「此地を指して不毛と相唱え来り申し候は如何の儀に御座候哉。不毛と申し候は樹木生えず、百穀実らず、菜根繁茂せぬ地を申し候哉と存じ奉り候。然るに当地樹木生長、百穀豊熟、菜根能く漫延〔ママ〕仕り候土地に御座候。其儀は扠置《さて》き申し候。不毛と申し候時は人倫育ち難き域に之れ有り候を、此地においては近年奸商の為に苛責せられ、三十、四十歳にも相成り候まで嫁さず、五十、六十迄娶らず、終に生涯孤独にて相果て候輩も少なからざるに依つて、人員年々に減少仕り候儀には御座候得共、決して人倫住み難しとも育ち難しとも申す可きの域には御座無く候。

右等の儀深く慨嘆仕り候より、先年人家之れ有り候員数等成る可く丈《だけ》承り誌《しる》し置き申し候。実に事過ぎ候を記し候も如何にも蕪雑の様に存じ奉り候えども、全く当島の儀不毛にて之れ無きの証しとも相成り候。又は前々土人住居仕り候地は何れ住居に便にも御座候間、以後人口相増し候はば其地々々へ住居仰せ付けられ候はばと存じ奉り候。

……愚按仕り候に、英邁の諸有司追々降誕致せられ、菜根植え百穀を種にせられ候よりも、洪徳を植種せられ、人員漫延〔ママ〕仕り候哉の時節を鉞《えつ》鋸〔ママ〕［鐫《せん》?］の下に於いて、偏えに盼希《ふんき》［目を輝やかして期待する］奉り候処に御座候。」

明治の初め、開拓に入った人びとの苦労話に必ず出てくるきまり文句に、人跡未踏の原始の森林を拓き、不毛の地を沃野に変え、というものがある。いまにつづく開拓のイデオロギーである。それに比べて、ここで武四郎が開陳しているこの地の見方は、なんとちがうことか。「菜根植え百穀を種に」すること、つまり「開拓」よりも、「洪徳を植種し」、アイヌの「人員漫延」を計れという考え方の方が、どれほど人間的であることか。

このときの樺太から東海岸廻浦の旅が、病死した向山源太夫ならずとも、身体に極限までに近い負担をかけるものであったことは想像に難くない。山野に野宿して冷気にあたり、ほとんど休まずに徒歩と舟とで旅する日々をかさねたため、さしも頑健な武四郎も、樺太旅行中から「出瘡」に悩まされ始めていたが、箱館へ帰ってホッと一息ついた十月末にそれが悪化した。「出瘡」が引くと、今度は「水腫」が顔に出て「余程重き様子に相成」、十二月に入ると武四郎自身も死を覚悟して、

我死なば焼くな埋めるな新小田《にいおだ》に
捨ててぞ秋の熟りをば見よ

と辞世を認めるほどであった。

看病に当った栗山太兵衛が、正月十日に向山栄五郎に差し出した報告文書では、

「時々切歯扼腕し、このような状態では、もう生命もおぼつかないが、黄泉の鬼となっても［樺太の］トッソの嶮岬を廻って、四カ村と四部の種夷［オロッコ、タライカ、ルモウ、ニクブン］を服従させ、是非皇国の良民としたいものだ、と空をつかみ、落涙悲叫しておりましたので、そばで煎薬食事などの介抱していて、あまりに残念の様子に見受けました。」

と、そのときの様子をのべている。

なお、向山栄五郎は病没した向山源太夫の養子で、義父の跡を継いで箱館奉行支配調役となり、安政三年十二月に着任した人物である。黄村と号し、漢詩をよくした。のちに

『近世蝦夷人物誌』に漢文の序を寄せる(第十章)。

「出瘡」「水腫」を引き起した原因は不明だが、疲労と冷湿気と粗食などが引金になったものであることはまちがいあるまい。

若いころから旅で鍛え、気力にもすぐれた彼は、この大患をものりこえ、安政四年二月中旬にはもとどおりに回復をとげた。

第四章　『丁巳《ていし》日誌』の世界

石狩川をさかのぼる

石狩川は蝦夷地第一の大河である。遠く大雪山中に源を発し、層雲峡の渓谷美をかたちづくり、旭川に至る。そこで忠別川を合せ、神居古潭《かむいこたん》では奇岩怪石を嚙む急流となり、滝川で空知川と合流し、やがてひろい平原をゆったりと流れて石狩湾に注ぐ。

海を背にして河口に立つと、南に手稲連山、北に暑寒別岳がはるかに望まれ、前には平坦な土地がひろがる。かつては茫漠とした原野と森林であった。いまは人口百六十一万の大都市札幌をのぞみ見る。

松浦武四郎が初めて石狩川を舟航したのは、弘化三年(一八四六)八月、一回目の樺太旅行の帰途のことである。このときは、河口からエベツブトまで本流をさかのぼり、そこから支流の江別川(千歳川)へ入り、シコツ(現千歳市)をへて東海岸へ出ている。

海から河口へ入ると右岸に勤番所、運上屋、魚見台、いくつもの蔵、弁天社、「夷人小屋」(五、六軒)などがあり、役人六人、医師一人、その従者一人、足軽六人らが夏場は詰めている。

運上屋は南向きで、はなはだ大きく、前に柵が結《ゆ》ってあり、樺太行の往路、武四郎が足をとどめた五月十日には、柳や桃や梅、李などがよく咲いていた。ここの場所請負人は、代々手広く東西蝦夷地の場所を請負ってきた有名な村山伝兵衛(当時六代目)である。

土産は「鮭　一色なり」だが、川筋に産するものとして、鱒、ヒラメ、チョウザメ、アブラコ、ホッケ、カスベ、しいたけ、軽物三品(狐、獺《うそ》、鼬《いたち》の毛皮)、矢羽、熊の皮が挙げられている。チョウザメは上流の方までよくとれ、大きいものは六尺とか八尺もある。

最近では幻の魚と呼ばれたりしているサケ科の淡水魚イトウ(アイヌ語ではチライ)を、彼は毒魚の部に入る、としている。それは、春先、とれる魚が少ないときに、この大型の淡水魚のすりみを使うことがあるが、その折、毒に当ることがあるからで、イトウのすりみの肉の白いのは決して食べるな、と武四郎は松前の友人から教えられてきた。

弘化三年旧暦八月十九日、丸木舟で石狩川をさかのぼり、サッポロからツイシカリ(現在の江別市対雁《ついしかり》)へ出る。途中には、徴発されたアイヌの男女が仮小屋を建てて鮭漁を行なっている。川筋には柳、桑、楢《なら》、椴《とど》(松)などの樹木が陰森と茂って展望なく、野葡萄が熟し、こけもの実が下がっている。ツイシカリは石狩十三場所のなかでもとくに鮭の多くとれる大場所であった。「夷人小屋」が五、六軒あって、家毎にひぐま、鷲、フクロウを飼っている。フクロウはカムイチカプ(神の鳥)といって、これを養えば痘瘡がこないと信じ

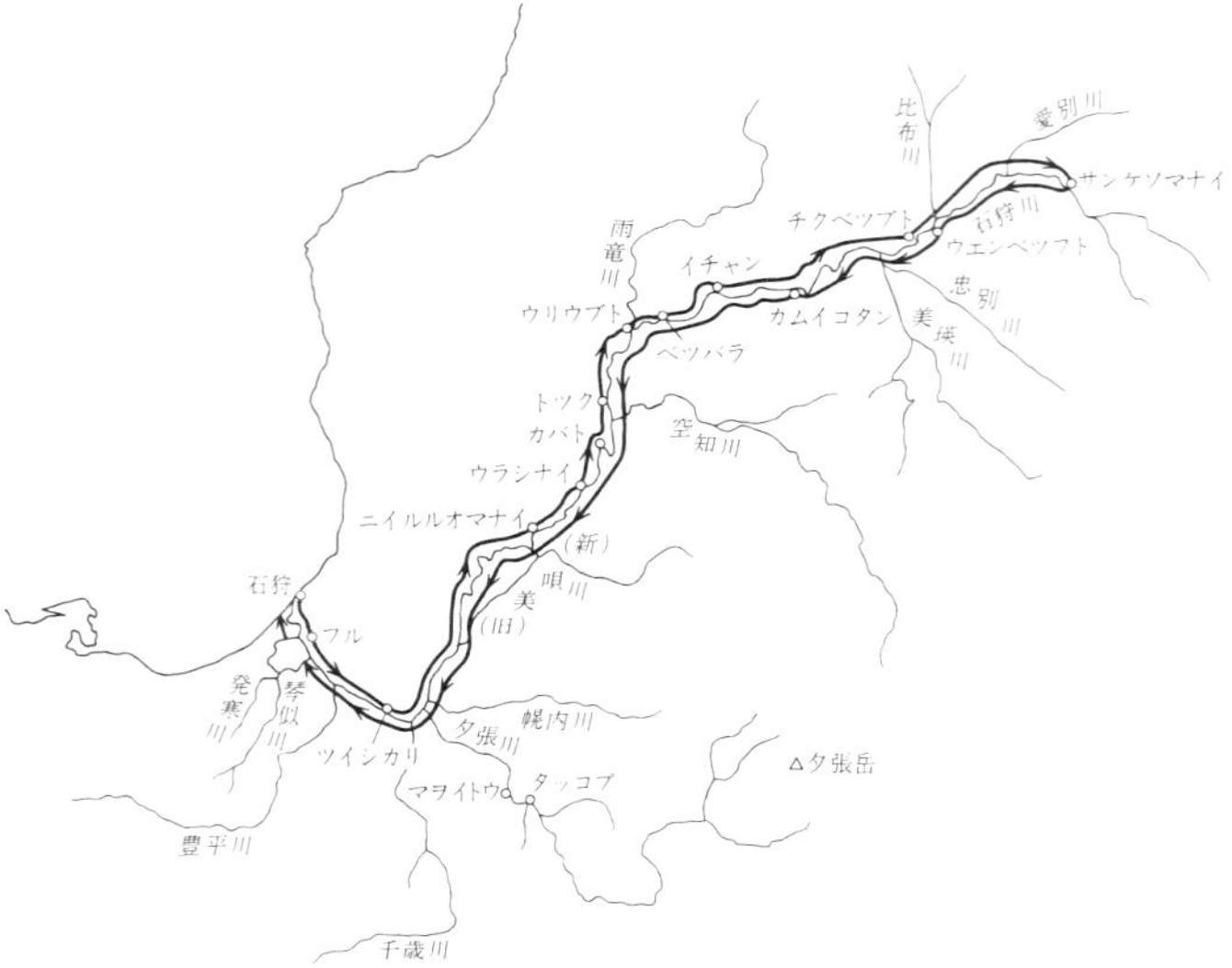

石狩川の舟航

られているほか、和人にとって鶺鴒《せきれい》が交合の道を教えた鳥とされるように、アイヌにはフクロウがそれを教えたときかされる。

このとき彼は、石狩川本流をいずれぜひ調べたいと思いつつ、その様子を知る番人の話を書き留めただけで、江別川へ入っている。

さて、その念願が果されるのは、それから十年後の安政三年と翌四年の旅の折である。以下では安政四年(一八五七)の旅の記録である『丁巳《ていし》日誌』をもとに、前年の記録である『廻浦日記』もときに援用しながら、その旅の模様をえがいてみよう。

『丁巳日誌』について

実際の旅の記述に入るまえに、その原記録である『丁巳日誌』について解題しておきたい。

安政四年は、松浦武四郎四十歳。不惑の年である。前章でのべたように、安政三年の樺太・知床の旅の疲れで年末から年初へかけて大患に罹り、死を覚悟して辞世の歌をよむほどであったにもかかわらず、四月にはまた四ヵ月に及ぶ石狩・天塩地方への大旅行に出かけている。

箱館奉行村垣淡路守から、蝦夷地一円の山川地理等を取調べ、新道や新川の切開き場所の見込を報告するようにとの辞令を受けた彼は、旧暦四月二十九日に箱館を出立し、石狩、上川、天塩といった道央、道北地域を見分して、八月二十七日箱館に帰った。その旅行の日誌形式の詳細な復命報告書が、『丁巳東西蝦夷山川地理取調日誌』である。

この日誌の箱館奉行所への呈上本は失われてしまっており、「武四郎総目次に題号だけ残る幻の日誌と目されていた」と、右日誌を解読し、出版した武四郎研究家秋葉実氏は、その「解題」にのべている。同氏は函館図書館所蔵の写本を見つけ出し、東京の松浦本家に秘蔵されていた稿本と校合の上、一九八二年に公刊して、私たちが近づけるようにしてくれたのであるが、その秋葉氏の言によれば、武四郎の本心はこの原日誌を世に出したかったらしい。

しかし、当時の幕政の事情では、このオリジナルな日誌は、到底出版されるべくもない内容を含んでいた。そのため、彼はみずから探検読物風のダイジェスト版を作って、それを世に供し、原日誌の方は「門外不出他見無用」としたのである。松浦本家では、百二十年ものあいだ、その遺志を重んじて秘蔵してきた由である。

原日誌が出てすぐ、私はそれを手にし、右の摘抄本とくらべあわせてみて、なるほど、と納得するところがあった。

『丁巳日誌』とそれにつづく『戊午日誌』は、以前の二つの日誌(『三航蝦夷日誌』と『廻浦日記』)とは、記述される内容においてかなりはっきりしたちがいがある。さらに、紀行文形式の摘抄本(従来は、これが武四郎日誌として流布されていた)とは、その質において歴然たるちがいがある。

『廻浦日記』前半三分の二までは、地理・風景・風俗の記述が主で、アイヌの困窮やその訴えは従のかたちで綴られている。つまり、旅のあいだに出会うたびに、そこでのアイヌの現況についてのべているにとどまる。これに対して前章末尾に引いた『廻浦日記』第二十二巻の「凡例」が示すように、同『日記』の終りごろから、そして『丁巳日誌』からは、地理は別として、文化や風俗は後景にしりぞき、あきらかに方法的な自覚のもとに、

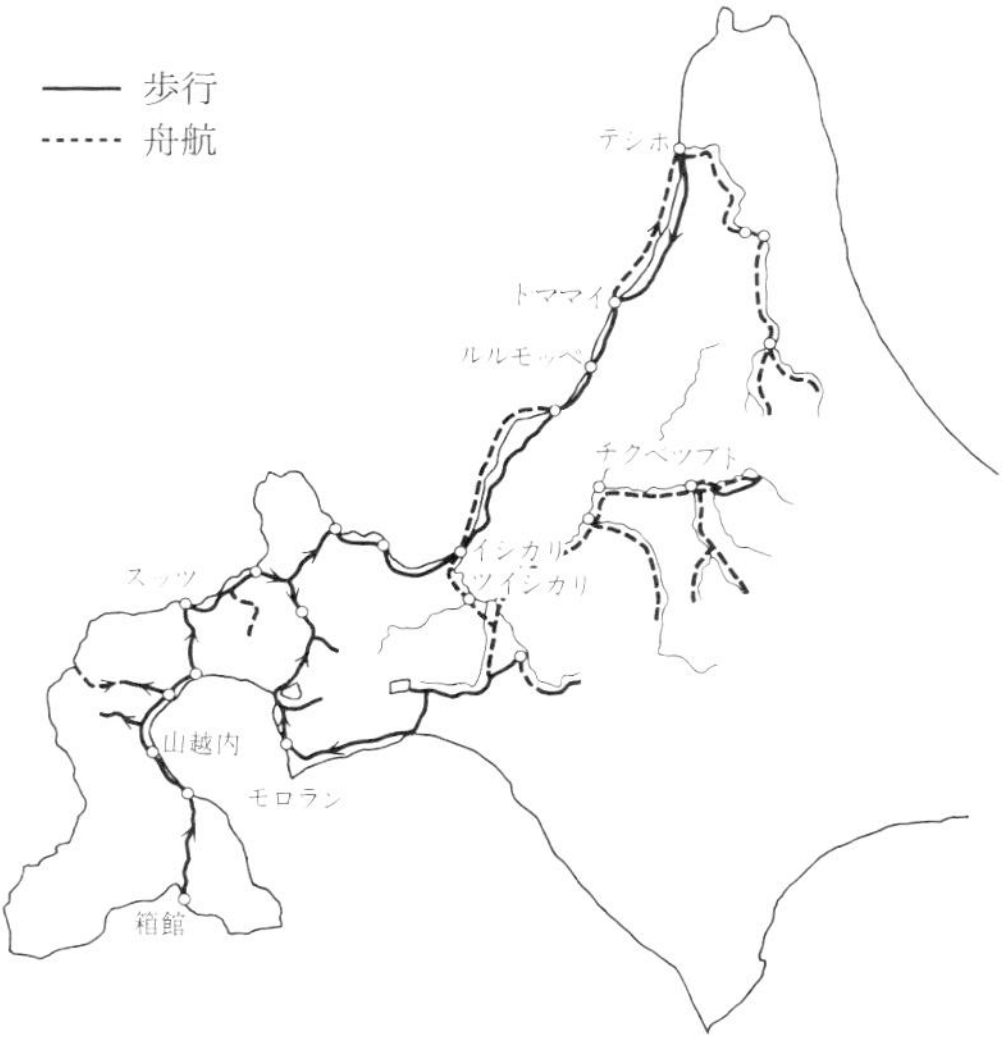

安政四年(『丁巳日誌』)足跡図

人別帳と現住民との照合を克明に行ない、民族としてのアイヌ総体が滅亡の淵に立たされている状態を、その下手人である和人の所業の告発と共に記録し、奉行所上部に訴えることが前面に出てくる。

公刊された摘抄本紀行日誌では、そうした現実の暗黒面は大幅に省かれてしまっており、いずれのちにのべるように白を黒とかえる正反対の表現すら見受けられるのである。あきらかに権力の検閲を意識した言葉と内容である。

両者をひきくらべてみると、そのちがいはおどろくばかりであり、序章で言及した後年の武四郎の諦観はすでにこんなところから始まっていたのかもしれない、という感想を抱かせられもした。

人別調べへの情熱

安政四年五月十七日(旧暦)、石狩川の河口にある石狩運上屋に着いた彼は、翌日、支配人能登屋円吉(当年四十六歳)に、石狩川上流、上川方面の調査のため、地理にくわしいアイヌの案内人を四人ほど借り受けたいと交渉する。前年の旅では、甚左衛門(四十五歳)という番人を案内人という名目で監視役につけられてなにかと行動に不自由したため、今回は番人は不用、とあらかじめ釘をさした。そして、人間言《シシャモ》(和人語)のよくできる者をえらんでくれとたのむ。彼としては、昨年同行して上川近辺の山の様子をよく知っているうえ、人間言もできるイワンハカル(四十歳ぐらい)を当てにしていたのに、今度は彼は貸せないと断られ、同人は、一日早く他のアイヌたちと一緒に、上川へ追い上げられてしまった。

イワンハカルが支配人や番人の目の届かないところで、知られてはまずいことを、武四郎に話すのではないか、との懸念からである。

十九日早朝、四人のアイヌと共に、荷を積んだ丸木舟で出発しようとしたところ、番人小太郎という者を、案内にと差し向けてきた。武四郎が番人はつれて行かないといったはずだ、と断ると、「いや、この者は上川へ樺の木の皮剝ぎに遣る者で、別段、付添をさせ

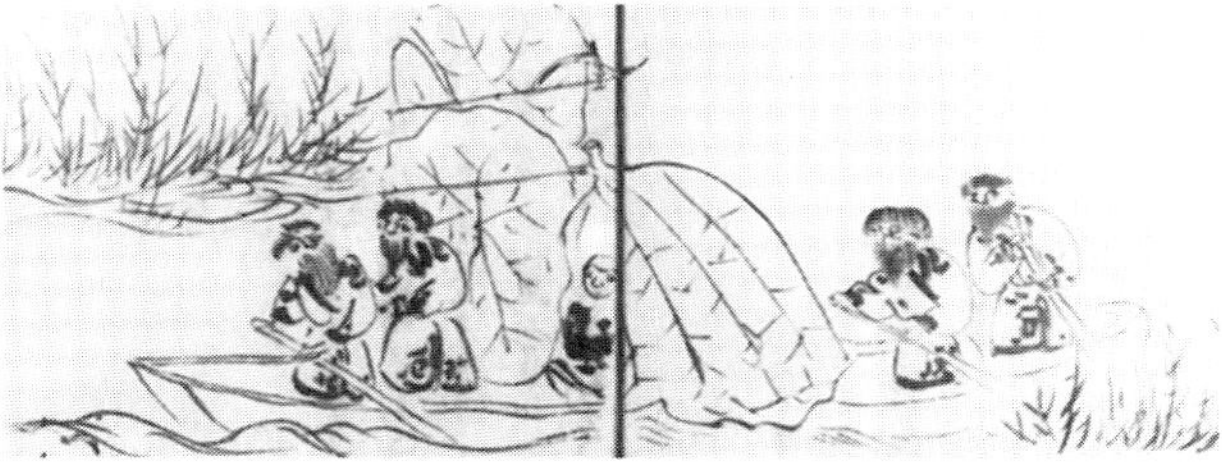

石狩川をさかのぼる（『石狩日誌』）

るわけではありません」という。彼は「辞するに物《すべ》なく」、同行を認めざるをえなくなった。

　このあたり、地理取調べだけでなく余計なことに鼻を突っ込みたがる、目ざわりな出張のお役人と、さぐられたくない腹をもつ地元場所の支配人らとの、虚々実々の駆け引きである。

　しかし、今回は武四郎の腹は決まっていた。『丁巳日誌』の「凡例」を読むと、「去辰上流の節は、番人等を召連しによつて十分に地名並風土の事等聞得ざる事多かりしが、今度は土人等計《ばかり》を召連行候事故、土地の風土の儀は申すに及ばず、人別人情等の事十分に記憶する事を得た」と記している。番人小太郎が渋面を作ろうと文句をいおうと、委細かまわず徹底調査をしたようだ。

　河口から、四、五キロ奥のフル（現在の北生振《おやふる》）という元運上屋があったところで、「土人」小屋四軒を見るところから記述は始まる。その四軒の住人の家族、身元を調べた記録が早速でてくる。四軒ならびの端に、支配人円吉の去年までの妾カアリン(二十九歳)の家がある。彼女は、もともとクウトエという夫のある身であったが、支配人円吉の妻イヌイシャムが死んでから、円吉の妾に取られてしまう。夫クウトエは当然にも立腹し、病気と称して雇いにも出ず、浜の雇蔵に引き籠ってしまった。それを仮病だとなじって番人らが引きずりだして打擲《ちょうちゃく》し、疵を負わせた。彼はその疵がもとで死んでしまう。カアリンは円吉の子を産むが、近ごろではその円吉は、よそに十八、九のうら若いコレイハンという娘を妾として囲い、カアリンをかえりみなくなった。

カアリンはその日その日の暮しが立ちゆかなくなり、先夫クウトエの残した息子カリサン(九歳)といっしょに、トレフ、トマなどを掘って食べ、ようやく日を送っている。「実に身の毛の戦慄する計《ばかり》のこと」である。トレフはオオウバユリ、トマはエゾエンゴサクでそれぞれ塊茎を食用にする。ウバユリの球根は搗いて澱粉を採り、その搾り滓を干し固めて餅にする。実際に作って食べたことがあるが、ポクポクした味でおいしい。トマの根はまだ試していない。

彼が重大な決意を秘めて調べているのは、人口減少とその原因についてである。文化七年(一八一〇)と安政三年(一八五六)の二つの人別帳が彼の参照する基礎資料である。それらと安政四年の実際の居住者とをつきあわせ、移動や死亡などの動向をこまかく追求するのである。道筋からはずれて立ち寄れないところは地域の事情にくわしい者から聞いて記録している。

下サッポロ(現琴似川、創成川沿いの札幌市内)は、文化七年には人口百九十一人であったが、安政三年には二十六人(五軒)に減っている。しかし、この帳面上での五軒、二十六人も、実際に聞き調べてみると一人もいない。二十六人中死亡者六人、浜へ下げられた者八人、上川など他所在住十一人、あと一人は不明である。

舟行第一日は、旧豊平川が合流するツイシカリ(前出)泊りである。ここは文化七年の人別では近隣五ヵ所あわせて千百七十人が記載されているが、やはり激減の様子が見られる。

上ツイシカリ(現札幌市東区、白石区あたり)は、現人別で六軒二十一人とあるが、「其処の土人と云もの皆浜え下げ有、一軒として(此)処には無」、「一人も此地に住するもの無ぞ、実にあわれむに余り有ることとなり」である。

石狩川べりの番屋のうしろには、下ツイシカリの乙名ルヒヤンケ(六十八歳)の住む家一軒がのこっている(十年前には五、六軒あった――前出)。妻と娘はこの春、死亡し、息子(十八歳)は浜へ下げられ、九歳と七歳ともう一人、三人の子供(孫?)を、畑を作ってほそぼそと養っている。

ここで上サッポロ(現真駒内あたり)の聞き取りもしている。文化七年は百九十四人。安政三年は七十九人、軒数二十軒となっている。しかし、現に在るのは二軒だけである。一人一人、人別記載の人びとを調べていくと、十九軒は当所と関係ない上川などよその居住で、二十余人はすでに死亡、十余人はトカチへ行ってしまっている。そのでたらめさに武四郎はあきれはて、「遺恨の余り……軒別の相違を」記す、と詳細に書き上げている。そして、いかに「土人」たちとはいえ、「天地造物者の民」をこのように支配人や通辞らがほしいままにし、生死の別もなく人別帳として役所に差し出すことは、詰合の役人をあざむき、法をないがしろにし、眼前の私欲を急ぐことであって憎むにあまりある。あと十年もすぎて、志有る者がここの人別を「精算」したら、現在の帳面の半分にも不足することであろう。この言葉がはずれたら、自分はいのちと引きかえにして罪を謝してもよい、と。

この発言は、各巻毎の概要を解説している「凡例」での決意表明とひびきあっている。そこで彼はいう。自分は石狩誌のあちこちで粗暴の言を書きとどめていることが多い。また人別について心を苦しめること年久しく、眼前の個々の相違にこだわっていささかの暇もないが、そのつねづねの思いを残すのも目的がないわけではない、「若此編を熟閲なし玉ひ、罪を我が身に下し玉ふとも宣[豈《あに》?・]敢て患《うれ》えん。国家経済の疎意を懐《いだけ》る男児として実に是幸甚也」と。

彼のこの予見は、巨視的な人口統計によってその適中が裏付けられている。石狩場所を含む西蝦夷地の人口減少は、東蝦夷地と比較してとくに著しく、文政五年（一八二二）に九千六百四十八人であったものが、約三十年後の安政元年（一八五四）には、五千二百五十三人とほとんど半減し、さらに三十年後の明治六年（一八七三）には、三千五百八十一人と、二十年間に三割を減じている。

とりわけ減少が顕著なのは石狩場所で、文政五年には、西蝦夷地中で最大の人口千六百八十五人をかぞえたものが、安政元年には六百七十人に、明治六年には三百八十一人に激減している(高倉新一郎著『アイヌ政策史』)。

節女 ウエテマツ

五月二十日(陽暦六月十一日)早朝、ツイシカリ出発。両岸の趣は「丙辰記事」にあるので略すとある。そこで、丙辰の紀行である『廻浦日記』を引いておく。川幅はおよそ百二、三十間、樹木や熊笹の生え茂る川筋を丸木舟で漕ぎのぼる。

鹿が十頭、十五頭と群がって川端へ出てきてこちらを見ていたり、熊の姿をたびたび見かけたり。そのうち三度ほどは、熊が川を渡るところだったので、同行のアイヌの男たちは大いに喜び舟を速めて追いかけたが、熊の方が一歩でも早く岸に着いてしまえば追いかけるのはむずかしく、三度とものがしてしまう。山犬もこのごろは多く出てくるようになったという。

丙辰の折(前年)も今度も、第二夜は美唄川合流点付近のニイルルオマナイである。

五月二十一日、暁方から風が蘆《あし》の下葉をそよがせて吹き始めると、水面に枝を垂れる柳もそれにつれてなびき、雨かと疑うほどの下露がおちてきて、川面に水煙が立ちのぼり、あたり一面けむったようになる。鹿が妻や子を呼ぶ鳴声があちこちから聞えるなかを、朝食をとって出発する。

途中、ウラシナイ(現浦臼町)に寄る。去年はここで宿泊し、番人の甚左衛門とエンリシウ(シノロ乙名)が釣糸を垂らしたところ、わずかなあいだにウグイを五十尾ほども釣り上げたことを思い出す。近年までは、ここにも五軒のアイヌコタンがあったが、去年は一軒になり、今年は一軒もない。ここに住んでいたイコンラマ(四十二歳)は、妻が死んでから三人の子供を育てていたが、浜へ下げられ、一人で雇いをさせられている。姉娘のヲトンナ(二十四歳)は下サッポロのヤヱサッコロ(二十八歳)の妻となっていたが、番人藤吉に奪われ、妹のシヲリは、イチャン(現深川市)のハシロクテ(二十一歳)の妻となっていて、夫婦ともハッシャフ(現札幌市発寒)へやられ、弟マタセチ(十六歳)は、浜の勤番所の飯炊きに使われている。

武四郎がこの石狩川上流への旅から石狩の浜にもどった折、浜で一人淋しく使われているイコンラマが、人目を避けて追ってきて、ウラシナイでの先祖供養を何年もできないでいると訴え、さめざめと泣いた。

いま名前の出た番人藤吉は、このヲトンナのほかに、上サッポロの彫刻の名人モニヲマ(三十七歳)の妻クスリモンをも奪っている。

五月二十一日、カバト(現砂川市付近)泊。カバ(パ)トは和名こうほね(河骨)。水草の名でこの根茎も食用になる。ツイシカリからここまでが下カバトで、文化七年人別では百二人、安政三年人別では三十一人、十軒となっているが、他所同様、すでに一軒もなく「有丈け浜え下げ有」である。

ここからウリウブト(現深川市)までの上カバトも、文化度三百七十二人、安政度百一人、二十四軒とあるが、実際はトック(現新十津川町)に三軒、ヲシラルカ(尾白利加)に一軒だけ。上下カバトあわせて三十四軒あるはずの家がやっと四軒しかない。ここでも人別帳記載の人名一々に当って詳しく調査している。

五月二十二日、トック着。トック(徳富)川の合流点である。同行の案内人の一人セツカウシは、ここの乙名であり彼の家が泊りの宿である。隣りは小使トミハセ(三十七歳)の家。妻ヤエノマツと子供三人が住む。トミハセは父母を敬慕し、二人が五、六年前に死んでからというもの、朝に夕にさめざめと涙をこぼし、父母の霊に何事か語りかけていた。石狩運上屋へ雇いに行かされているときも、朝な夕な山の方へ向って何かいっているので、仲間のアイヌが「何をいうのか」と聞いてみた。

すると彼は、なにも特別なことではないよ。今日は寒かった、今日は暖かかった、何の仕事をした、どこへ行った、今帰ってきた、と一々親へ告げているのだ、と答えた。それを聞いて、たずねたアイヌたちはその心ばえの深さに感じ入って沈黙したと、『近世蝦夷人物誌』に記されている。

セツカウシもこのトミハセも、前年の旅のさいに案内役をつとめてくれた旧知の仲であった。今回、石狩の浜で会ったとき、トミハセは、チタラペ(模様の入った草ござ)一枚を、去年いろいろお手当をもらったお礼です、と持ってきてくれた。武四郎はその篤実さに感銘して、こんども山行きの案内をしてくれるようたのみ、土産に酒一升をあげたいが、ここでがいいか、樽に入れて山へもって行って、そこで渡すほうがいいか、と聞くと、「では、山でください」という。その理由をたずねると、山でもらったら親の墓所へ供える、と答えた。武四郎が、苦労してかついで行ってそんなことをするよりは少しでも早くもらって飲んだらいいのに、とからかうと、黙って答えずに去った。

トックに着いてから、約束どおりその一升を渡すと、すぐにそれを親の墓所にもって行って、ややしばらくその酒を手向け、また自分でも飲んで、いとうれしげに拝礼して帰ってきた。そのイチャルパ(先祖供養)のあと、隣人たちを招いてのこりの酒を振舞い、この酒は武四郎からもらったのだというわけを、「いともいとも叮嚀に申し聞かせ」、酔うほどにシノチ(シノッチャ＝即興の唄)をうたって喜びあった。

アイヌ民族ほんらいの宗教的習慣としては、墓参はせず、その代りに自宅とその傍にしつらえてあるヌササン(幣場《ぬさば》)において祖霊の供養祭(シヌラッパまたはイチャルパという)を行ない、儀式が終ってから親類縁者、近隣の人びとが酒を酌みかわし、唄をうたい、踊りをおどってたのしみあうのが通常である。前後の関係から判断すると、武四郎が「墓参」とのべているのは、この供養祭のことであろう。

この酒宴の折に、武四郎がこのあたりは土地も肥えているようなのに、なぜ畑を作らないのかとたずねると、運上屋から畑作はきびしく禁じられています、という返事。

しかし、このたびの御処置(再直轄)では、畑を作り人間言《シシャモ》も使えというお達しではないか、とかさねて問うと、一同は大笑いして、ニシパ、松前領のときでも、親に孝行せよとか軽物(鷲の尾、毛皮、熊の胆など藩の専売品)を精を出してとるようにとの申渡しがありました。しかし、その軽物をとりに行こうとすれば行かなくてもよいというし(軽物は請負人の利益にならない)、病人や親は浜から山へ帰してしまって、雇いができない者などを大切にして飲み食いさせることはないといいます。

病人が出たら早々に申し出よと読み聞かせるから病人があるというと、せんぶりやいぼたを煎じ、とうがらしを茶に仕立てて飲めといいます。お上の御趣意というのはうそばかりです、と心ひらいて真相を教えてくれた。

『滝川市史』所載の系図によると、セツカウシは天保元年(一八三〇)に生れ、明治二十四年(一八九一)ごろ死んでいる。すると安政四年は数えの二十八歳である。ウリウ、カバト、ソラチ三地方の惣乙名で、大兵、美髯、「絵に書いた鬼のような」と形容される偉丈夫であったらしい。詳しい家系がわかっている。

その妻ウエテマツ(一八三七―一九〇五)は「節女　ウエテマツ」として『近世蝦夷人物誌』に登場する。

このとき、芳紀二十歳の彼女は美貌に恵まれ、挙措たおやかなうえ、アイヌ女性の美徳とされた織物、刺繡にもすぐれ、勇気もある女性であった。この春には堅雪の上で大きな夫婦熊がまだ小さい熊の子に乳をやっているのを見つけ、親熊を追いはらって子熊を獲ってきたといい、家の傍で近ごろつかまえた一頭を飼っていた。

この若妻に番人某(『丁巳日誌』では利七と明記されている)が横恋慕し、夫のセツカウシともども浜へ下げ、夫を漁場へ行かせておいてウエテマツの閨房へやってきた。しかし彼女は少しもその意に服さなかったので、利七は、おれのいうことをきかないとおまえの夫を痛い目にあわせるぞと脅し、セツカウシをいろいろと責め使った。彼女はそれにも屈せず、その後またぞろ閨《ねや》へ利七が忍んできたときに、陰嚢を締め上げたという。

今年、その利七は陰嚢が痛んで(このあたりは武四郎の推測か)人間地《シシャモチ》より稼ぎにこないので、夫婦睦まじくすごし、一人の男の子をもうけた。

その番人の言動はどうだったかというと、衣類などをいろいろともってきて「これをやるから」といったり、それでもなびかないと「責め殺すぞ」と脅しにかかる卑劣さ。それに対してウエテマツは毅然として、「衣食はこれで足りていてなんの不足もありません。殺されてもいのちなど惜しくはありません」と少しも動じなかった。

アイヌの女性の夫への愛情の深さと節操のつよさについては、多くの人がつたえるところであるが、武四郎も、「いと尊しともたとえるにものなし」、と感銘している。

三女の困窮

五月二十三日は、昨夜の宴会で心身を休め、朝はゆっくり十時ごろに舟を出した。当時の旅は、通常、朝六時ごろ出発して夕方四時ごろには宿営地に着くよう計画されたものである。この日の旅程は短く、夕方四時すぎに雨竜川のプト(合流点)、ウリウブトに着いた。

あたりにシャク(ハナウド)、ニオ(エゾニウ)など食用の野草が皮をむいて干してあり、人の住む気配である。だれの仕業かと聞くと、ヒシルエ(七十歳位)とヤエコエリカ(七十七歳)、それにヤエレシカン(三十九歳)という黴毒で身体腐爛した者、いずれも女性がいっしょに暮しているのだとのこと。いまどこにいるかと聞いてみると、フシコ・ウリウ(旧雨竜川)の川すじにきっといるだろうが、彼らの家というものは定まっていないので、はっきりとはわからないと一同が答えた。

ヒシルエ婆は、去年、案内をたのんだリコチウシ(三十三歳)の母で、リコチウシが妻と娘ともども雇いに取られてしまったので、たった一人、この山中に残され、野草などを食べていのちをつないでいる。

ヤエコエリカ婆は片目を失い、病気がちの身、子供二人、孫五人あったが、姉娘ヘラトルカはシロサンという夫をもつ身であったのに、番人寅松に妾に取られてしまった。妹娘も夫をもち、孫ができたが、その全員を雇いに下げられてしまったので、どうにも飢えるほかないありさま。

ヤエコエリカ婆の家はもとイチャン(現深川市一已)にあったが、そこでは暮せなくなり、「只草の根の有るを限りと」山へ入ったところ、おなじ身の上のヒシルエ婆に会ったのでいっしょに草の根を掘っている由。

武四郎は、米と烟草を同行のニホウンテにもたせて彼女らを探しにやるが、ニホウンテは夜になって見つからなかったと帰ってきた。

「其夜は彼等の難義〔ママ〕に、此度の御処置もかゝることをなす支配人や請負人が有てはと思ふに、少しの夢も結ばれず、明易き夜なるに其天明をも待詫《わび》たりけり。」

このときは会えなかった彼女らに、武四郎は帰りに会うことができた。閏五月十一日(陽暦七月二日)、現旭川市の北方まで川すじを調べての帰途、ウリウブトに着くや、ふたたび彼女らを探し、フシコ・ウリウの川すじにふきの茎で形ばかりの丸小屋を作って住んでいるヒシルエ、ヤエコエリカ、ヤエレシカンの三人に会うことができた。彼女ら三人の悲痛な物語は、『近世蝦夷人物誌』に「三女の困窮」として再録されており、そこでは、ヤエレシカンは黴毒で全身が腐爛し、「其辺りに近よるも臭気に堪がたかりし」と、記されている。

「如何とも中々我等一人の事にて及がたく候まま」、武四郎は、烟草一把、米五合、針五本、糸五繰ずつを各人に手渡して慰めた。

彼が、今度の御処置でこれまでのような事はなくなるだろうから、あと一年も生き延びれば子供や孫の安堵を見て死ねることになろうよ、というと、ヒシルエは次のように泣きつ叫びつ、延々と口説いた。

私は子供が五人あって、育てるのに苦労したけれども、年をとったら養ってもらえるだろうと思って育ててきました。とりわけ長男のリコチウシは毎年熊の二頭三頭を獲らない年はなく、二男のイコチウシも熊獲り上手の名を得た者でした。そのほか娘が三人、当時は若い盛りでしたが、皆浜へ下げられ、一人も老衰の私を見るためにのこしてくれません。なかでもヤエレシカンは夫のエルシがあったのに、番人寅松に妾に取られた上、黴毒をうつされて身体全体がこのように腐爛してから山へ帰され、一貼の薬も一粒の米もくれません。「此難病を親の目にては見る計《ばかり》にても老の波皺は寄るべし」と。

またヤエコエリカも七人の子供や孫など、血気盛んな者がおり、嫁たちもいたのに、一人も自分の老養をしてくれる者がないまでに皆浜へ下げられ、ヘラトルカ(前出)には夫をもたせたのに、これも番人寅松に奪われたためにその夫も今は自分の世話をしてくれない。せめて七人の内一人でも帰して自分の面倒を見させてくれたら、と嘆き悲しむので、武四郎ももらい泣きしてしまう。

『人物誌』の記述もほぼおなじであるが、ヤエコエリカ婆の次女とその夫(シトルンカ、イナヲカントリ)の夫婦がいちど五人の子供を祖母に会わせたいから故郷へ行かせてくれ、と支配人にたのんだところ、「稼業の出来ざる老婆等山に在るとも何のその見舞に行くこともも何も有るべし。山に居らば山にて自が気儘に一生を送りて死《クタバリ》仕舞えかし」とののしったなど、記述がさらに具体的である。ヤエレシカン(『人物誌』ではヤエレシカレ)は「両三年前迄は美面よろしくして頗《すこぶ》る艶色有りし」だったが、番人の毒牙にかかって黴毒をうつされ、それがひどくなると米も薬もあたえずに、浜の雇蔵に放置された。飢えるまま、あちこちから生魚などをもらっては食べていたが、いよいよ病が重くなり、鼻落ち、前部爛れ、身体も次第に腐ってきたので、自分でも人目を恥じて山へ入ろうと、上川へ上る舟に乗せてもらって近くまでやってきたが、この姿では故郷へも帰れないし、縁者にも会えないという思いに駆られ、ウリウブトの手前のユウベツカという淵で投身して死のうとした。しかし同船の者になだめられ、ようやく思い直して母といっしょにここで永からぬいのちを養っている、と。

このように番人の毒牙にかかったアイヌ女性の事例を、武四郎は『丁巳日誌』の石狩川沿いだけで、ざっと数えて二十四、五人、記している。

カムイコタン紀行

五月二十四日、快晴。未明のころから川ではチョウザメ、フカザメなどが水面に躍る音がしきりで、「其音実に山岳にても動ずるがごとく聞ゆる程なり」とある。

次第に流れが急になる石狩川を漕ぎ上って行くと、前方に四艘の舟が見えた。これは石狩浜を武四郎一行の前日に出発した、イワンハカルを含む総人数十五人ほどの者たちであった。この日はベツバラ(現妹背牛《もせうし》町)泊。ベツバラは、ペッ・パロ(川の・口)。次の日はイチャン泊。イチャンは鮭が掘る産卵の窪みのこと。

ここでも人別の詳細な調査。

五月二十五日(テキストではイチャン泊も二十四日になっている。武四郎の日付の記憶が一日ずれたのであろう。他の日誌にも同様の日付の矛盾がままあるが、日付はテキストのままにした)、快晴。夜明けにウユイチチリ(アカショウビン)の高くとおる美声を聞く。次第に両岸とも山がけわしくなり、山一面とどまつの森である。流れはますます急になり、川のなかへ大岩が突き出していて、そこに当る水は渦巻き、白浪立ってごうごうと鳴り、「いかにもおそろしくなりたり」である。

やがてシキウシバに着く。シケ・ウシ(バ)は「荷物を背負う・いつもする・処」の意味である。語尾のバは和語の「場」とも、アイヌ語のパ(端)とも解しうる。つまり、ここで丸木舟を陸へ揚げ、荷物は背負って岩づたいに渡渉するところである。この上手が有名な旭川のカムイコタン(神居古潭)なのだ。函館本線の新しいトンネルができるまえは、このあたりの北側に神居古潭駅があり、渓谷と岩石の美を列車の窓から楽しむことができたが、いまはもう見られない。

カムイコタンの図(「戊午・石狩日誌」)

ここで清酒二升を出して、一同で、この渓谷に住まう神々にカムイノミ(祈り)を行なった。一同、思いがけずアブラサケ(純良な酒)をえて、神々への祈りの言葉にいうには、

「ここの神々よ、このような本当の酒はいつも呑んだことがないのに、このたび、このニシパがきてこのような真に芳醇な酒を差し上げていますので、ニシパもわれらも一同怪我あやまちのないようお守り下さい。」

そしてイナウ(柳の枝を削って神に捧げる木幣)を立てて慇懃《いんぎん》にオンカミ(礼拝)してから、荷物を分けて背負い、徒歩で岩をのりこえ、すべり下りて進んだ。

岩は青くて雲母の気があり、その岩の滝のようになっているところを遡る鱒やアメマスの姿、ここまではやってくるチョウザメやフカザメの躍る姿は「蛟竜でも潜むかと怪しき気色」である。蛟竜は想像上の動物で水に潜み、雷雨を呼んで天に昇るといわれる。

カムイコタンに鎮座する岩々には、それぞれ名前といわれがある。武四郎はチュクベツ在住の乙名クウチンコロにそれを教えてもらっている。ホロレフシへは、ポロ・レフン・ウシ・ぺで、「大きな・沖(川中)に・いつもある・もの」。鬼の足跡、ニッネカムイ・オ・ラオシマ・イは、「ニッネカムイ(鬼神)が、そこで・ぬかった・ところ」。岩にその足跡のくぼみがのこる。エムシ・ケシ(刀の・端)は、サマイクル神がニッネカムイに切りつけた刀の端が岩に当った跡だそうで、岩上に筋が刻まれている。

イナウを削る(『蝦夷漫画』)

やがてカムイコタンを抜けてハルシナイ(春志内)に着き、宿泊。夜、大勢が樺の皮の篝火で魚を集め、もりで突いて、鱒、アメマス、ウグイなどを少しのあいだに五十尾ばかりも取ってきた。セツカウシはウニンテク(オニノヤガラ)の根を、「これはアイヌのさつま芋」といって焼いてくれた。焼いても味噌汁にしても旨かった。

五月二十六日、チュウベツブト(忠別川合流点)の大番屋元に着く。川の右手は縦横三里、一里ほどもある広い笹原で、茅葺の小屋ひとつ、板蔵が二つポツンと建っている。

ここを起点に、彼は石狩川支流の美瑛川、忠別川の川すじを舟で行けるところまで行き、いったんチュウベツブトへもどってこんどは石狩川本流をサンケソマナイ(中愛別あたり)までさかのぼるなどして、旭川周辺で十二日ほど費やしている。各居住地では例のごとく人別を調べ、道がけわしくて行けないさきは、地理に詳しいアイヌの猟人たちから地形、地名を聞き書きして書きとどめている。

十勝岳のふもと、ベベツ、ビエイ両川すじには、むかしかなり多くのアイヌが住んでいたが、いまは皆、浜へ下げられている。ここの先祖はトカチアイヌだということだ。近ごろ、だんだん石狩場所の番人、支配人が不法の始末をするので、トカチへ逃げて行く者も追々あるということだが、それはさして悪いことではない。

「天地造物者の眼より見る時は、石カリに居て段々苛責せられ人口を減じさせ候よりは、トカチへ行て人口のます方如何計りよろしき哉と覚侍りけるなり」と、逃亡の教唆とも受けとられかねない言葉を綴っている。

また、閏五月四日(この年は閏年で五月が二度あった)、石狩川本流のアサカラ(現永山付近)で、前年案内してもらったニホウンテ(三十一歳)の家で休息をとった。彼は、弟のアエヒリカ(二十四歳)と共に猟の名手で、この春は熊を九頭も獲ったといい、家の前に二頭を飼っていた。

弟アエヒリカは、この春変死というが、彼の死様を聞いたところ、そのときの始末は「其番人(幸三郎)こそ八ツ裂にして醢醢《けいかい》(肉の塩干)とも致し、其汁を喰いまほしくぞ覚えける」と、どのような処置だったのかは書いていないが、憤怒をほとばしらせている。

その変死のことは早くから聞いていたので、彼の家へは入らず、まずお互いに涙にむせび、武四郎としてはこのたびの有難き思召(幕府再直轄)を申し聞かせたく思っていたのだが、「如何にも演舌いたし難く」、病いに苦しむ老父タサウリ(六十二歳)へみやげ物を渡し、孫娘に、自分の帯の上に締めた布二尺を解いてあたえ、アンラコロ(黒ユリの鱗茎)とトレフ(オオウバユリの塊茎)を煮てチエトイを加えた練ったものを振舞われて出発している。

チ・エ・トイ(われらが・食べる・土)は、食用粘土(硅藻土)で、第三章で紹介したように、野草のアクを抜き、風味を添える調味料としてアイヌの料理に使われた。右の料理は、このチエトイを水に溶かし、その水で乾燥させたアンラコロの鱗茎を煮る。煮えたものを深鉢でよくつぶし、アザラシの油とチエトイの水で練る。コケモモの実を加えるともいう。チエトイはアザラシの油の臭みを和らげる役もする。

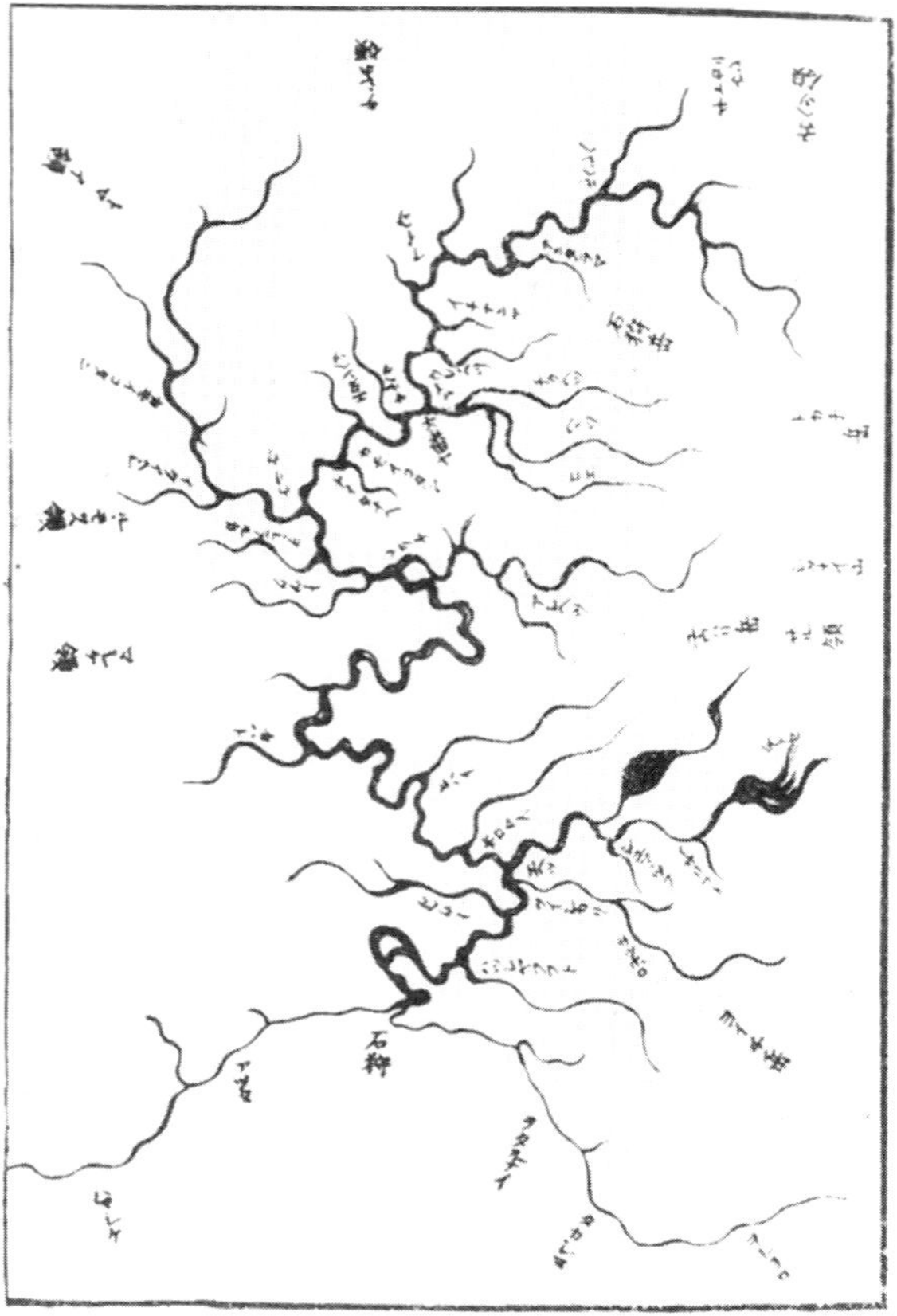

石狩川地理取調図(『石狩日誌』)

この日はピップ(比布)川の合するウエンベツフトに泊り、翌日、徒歩で上流へ向い、イチラシケプ(現愛別町)で泊る。夕方にシリアイノが一頭の大鹿を射て帰ってくる。トミハセは二升炊きの鍋一杯、いろんな魚を突いてくる。旭川から本川すじ上川への案内に加わったイワンハカルは明日歩く道が歩きやすいようにと草焼きをした。折からの夕風で火は天を焦がすほどの勢いで燃えひろがり、日が落ちても四方の山が赤く照らされるほどであった。

一行は鹿の肉を焼き、夜明けまで四方山話をたのしんでいる。

閏五月八日、チュウベツブトへ帰り着く。この夜は、多くのアイヌウタリが一行の到着を待ち迎え、庭に火を焚いて喜びあった。翌九日、別れを惜しんで帰途につく。各人が思い思いにいろいろな贈物をもってきてくれる。シリアイノはサラニプ(草で編んだ手提袋)、クウチンコロはチタラベ(模様入りのござ)とチナナ(干鮭)一束。返礼に武四郎は、それをもってきた彼の息子モシュサンに自分の古い犢鼻褌《とくびこん》(ふんどし)一本、手拭一筋を贈る。モシュサンは十六歳になるのにまだふんどしがなく、時々一物がのぞくのがいかにも恰好よくないのでとの気くばりからである。

シリコツネは寒塩引二本とトレフ一イキリ(一列)、ハリキラもサラニプとトマ一連(二十個位)、タレカ婆がケリウンペ(木の皮の足袋)一足、シュンコトイがトマ一連、アンラコロ一連、サンハコ婆はアツトツクツ(しな皮の・紐・帯)一筋、タサヲリはキナコダシ(草編みの小物入《コダシ》)一口、エナヲアニは干鮭三本と干しウニンテㇰ(オニノヤガラ)五個、シイヒラサからチナナ一束といった具合である。

イワンハカルは早起きして鱒二本をもってきた。桃太郎の前に鬼が島の小鬼が何とも名の知れない宝物を供したように「我が前えぞ並べしさま可笑《おかし》さいわん方なし」と武四郎はその純情無骨な姿を喜んでいる。

大勢の者がカムイコタンまで送りたいというので舟二艘で出発、シキウシバへ荷をはこび、陸に揚げてあった舟をおろして翌朝の用意をし、宿泊用の丸小屋を樺の皮で丁寧に作り、岩の窪みへ湯を入れて武四郎に行水をさせてくれるなど、至れりつくせりの世話をしてくれる。

翌閏五月十日、雨中を出発。皆の者は別れを惜しみ、さまざまな事を彼に何度も何度もたのみ、この分では石狩上川の私たちの種は絶えてしまいます、と嘆きの言葉をくりかえした。それはまことにもっともなことであったので、自分もはからずも涙してしまった。すると彼らは、武四郎が掛け値なしに彼らのことを案じている気持をたしかめえたと思ったようで、艫を押して舟を出してくれた。

往路泊まったイチャンでもベツバラでも、舟が着くと人びとは干魚やトマを餞別にくれ、昼にはキトビロ(春の野草でもっとも美味なもの、ギョウジャニンニク)や鱒を煮て出してくれる。

「此間一度泊りしに其因(縁)によって我が今日帰り来るも、親類のものにても帰り来る哉の様に帰りの日数を指屈《おり》算えて待居たりしとかや。是等の事にても彼等の人情は感ずるに余り有ことぞ。」

と、彼は述懐している。

石狩川上流の調査を終えた松浦武四郎は、往路同様、丸木舟で川を下り、閏五月二十二日(陽暦七月十三日)石狩の浜に帰り着いた。

翌閏五月二十三日、小樽方面へ出向いて、出張巡回にきた箱館奉行堀織部正(利熙《としひろ》)一行を迎え、銭函で一泊している。堀の信任が篤かった武四郎は、その夜、長時間にわたって石狩場所の事情を報告すると共に、天塩川筋への調査を願い出て許可を得ている。石狩運上屋元へわずか五里ばかりの銭函で一泊したのは、前後の事情から考えると、石狩の支配人らに邪魔されずに実情を詳しく聴こうとする堀奉行の判断であったのかもしれない。

二十四日は、堀奉行に随行してハッシャフ(現札幌市発寒)の開墾地をたずね、川を舟で下って石狩の本流に出ている。川べりには蒲《がま》が穂を出し、かや、あし、萩が生え茂り、あやめが今を盛りと咲き、かわやなぎの綿に似た白い花が飛んで木かげを埋めている。

鱒は産卵のために腹を赤くして瀬に近づき、ウグイその他の雑魚も岸辺に姿を見せる夏景色であった。

堀奉行が石狩運上屋元を足場に近在を巡検しているあいだ、武四郎も同所に一週間ほど滞在し、トクヒラ(現石狩町)の人別調べに精を出している。人別帳片手に、こちらの仕事蔵、あちらの雇小屋、船蔵、細工小屋と、たずね歩いては、そこで働かされているアイヌの出身地、家族などを問いただしている。

人別帳では、ここに五十八軒、二百二十七人(男百十九人、女百八人)が住んでいるはずになっている。日誌にはその全員の名前と年齢が書き上げられ、一々の所在が追求されている。

そうしてみると、当所に実際に居住する者は、惣乙名サピテアイノ(三十歳)ほかわずか二十三、四人にすぎず、その者たちも「家なし」、つまり浜の雇小屋住まいがほとんどで、「当所家あり」は二軒にすぎない。

のこりの二百人余のうち、すでに死亡している者三十九人、あとはすべて他所の者を石狩の人別帳に入れているのである。圧倒的に多いのは石狩川上流地域の出身者であった。

このように調べ上げてから、トクヒラの「土人と申候もの」が皆上川あたりの者なのはどうしてかとたずねたところ、次のようなことがわかる。

もともとこのあたりはトクヒラ、ハッシャフ、上下サッポロ、上下ツイシカリ、上下ユウハリ、上下カバト、シノロ、シママップ、ナイホの十三場所に別れていて、各場所毎に請負人がいたのだが、文化十四年(一八一七)、六代目阿部屋(村山)伝兵衛のときに、村山家の一手請負になり、文政元年から経営に着手した。

阿部屋は、三代目伝兵衛が、カラフト、クナシリ、ネモロ、ソウヤ、イシカリなど、ほぼ蝦夷地全域の漁場開拓に従事した大事業家だったが、松前藩内の暗闘の結果、一時、場所請負を罷免され、闕《けつ》所町払いとなる。しかし、ほどなく許され、三代目の孫になる六代目伝兵衛の折にあらためて石狩十三場所の一手請負を許可されたのである。

この六代目は苦労知らずのお坊ちゃんだったらしく、家系の記録に、「些少だも人生の辛酸を嘗めたることなく所謂艱難の何物たるかを知らずして、飽食暖衣の間に成長したる身は活世界に立ちて家を治め、請負其他各種の実業を経営するに臨み其当を得ざるは豈《あに》怪むに足らんや、況んや斯の経験なく世故に通ぜざる一青年の下に狡獪老黠《かつ》、私を営む支配人等ありしに於てをや」(石狩場所請負人村山家記録、石狩町史資料第三号)、と誌されている。

さてそこで、この阿部屋の十三場所一手請負がどんな結果をもたらしたか。武四郎の証言はいう。運上屋の我儘はこれまでとはちがい、他場所請負人の批判やら文句やらの「憚《はばか》り候事ども無レ之候様に相成候まゝ」、いいがかりをつけてはおどし、昼夜の別なく酷使し、病人には食をあたえず、老人は山へ追いやり、幼い者も労働可能になれば呼び下ろして責め使った。

「婦女は少しにても面よきは番人・働方等の者等己が妾となし、夫有も我が意に任して是を奪取等し、其婦女が妊娠する時は、己が子供と永く名を残すを憂えて脱胎させ、また土人等の妻にして己が意を拒まば打たゝき、不レ着レ産《うまれもつかざる》不具とし、また其が為に死せしも多く、他郷へ走りし等は前々にも云置がごとし。また辛き責を受て縊死したる等もあり。(中略)返す〲も大息の他は無かりけり。」
「浜に居て家なしと志るし有は、雇蔵といへる大なる小家〔ママ〕を立て是え何軒分をも接《まじ》え追込有ることとなり。依て浜へ出る者皆家なし。実に牛馬を飼ふの所置にもまさりしこと「まさって酷いこと」なり。」

十三挺の鍬

堀奉行は、六月一日(陽暦七月二十一日)まで石狩、札幌地方を見分したのち、旧石狩十三場所の乙名十三名に鍬一挺ずつをあたえ、幕府の方針として漁業の妨げにならないかぎりで開墾に精を出すようにと説示した。

そして、貧窮の者には米二、三俵ずつをあたえ、乙名・小使ら二十六人に酒をふるまった。とくに彫刻の名手モニヲマには焼酎一陶、烟草三把をあたえた。

そうした処置に、集められたアイヌの人びとは、あちこちにかたまって、前幕領時代の話を老人からかねて聞いていたが、こんどはまたそのときの振《ブリ》(やり方)になるというのはほんとうだろうかと低語しあい、鍬を賜ったからには田畑を耕しても支配人・番人は邪魔すまい、と喜びあっていた。日が西に傾くころには、浜中に喜びが盛り上がり、老若男女、病人、孤独の者らみなの表情が活き活きするさまが見られた。

ところがその晩、武四郎がまたあちこちで話を聞くうちに、支配人・番人らが、乙名たちから鍬十三挺全部を取り上げてしまったこと、モニヲマへ贈られた焼酎も通辞が奪ってしまったことがわかる。いったん喜びに燃え立った火に水をそそぐさまになったことを、彼は「なさけなしとも何とも言なき次第になりたりけり」と嘆く。

翌六月二日早朝、彼は天塩への出発の挨拶に奉行の旅宿へ赴くが、その折、昨晩、鍬や焼酎を支配人らが取り上げたことが供の衆に知れ、彼らが呼び出されて返却を命ぜられたと聞く。武四郎は、まだ「造物主の巧み」は鈍っていないということかと少し喜んで、塀の外から正庁の辺りへ頭を下げて出立する。

しかし、この鍬の一件にはまだ後日談がある。七月五日に、彼が天塩地方から帰って石狩の浜を散策していると、七、八人のアイヌが呼びとめ、口々に番人・支配人の耐えがたい処置を訴えるうちに、この鍬の話が出る。

奉行一行の出立後、この鍬はまたまた取り上げられていたのである。

奉行には返すと口約束だけで実際には返さず、場所詰の同心広田八十五郎の引渡し勧告にも応ぜず、武四郎らが帰ってくるとの先触れがくると、アイヌを呼び出して古鍬十三挺を渡した。それがこれです、とあちこちからもってきて見せてくれた。雇蔵の炉の明りでよく見ると、刃先が欠けたり、柄が折れたりの使い古しで、一挺もまともに使えるものはなかった。見せられた武四郎もどうにも仕方なく、なにかくふうはないかと考えあぐねながら、二十七人ほど集まってきた人びとの願いの向きを一々書き取って座敷へ帰った。

すると深夜二時過ぎ、座敷の格子をそっと叩く者がある。さては彼らだなと戸を開けてみると、案の定、七、八人のアイヌがやってきていて、またまた番人たちの言動を一々通報した。その内容は、もう一人の箱館奉行村垣淡路守へ奉った武四郎の長文の書簡にも詳しく出てくるので、『丁巳日誌』の記述にそこでの表現も加味してのべることにしよう。

番人らがいうには、鍬はやるが役人衆には一切見せるな。すぐ山へ上げてしまえ。おまえらは魚を喰う者で畑を作る者ではない。「蝦夷人」共が畑を作ればアイノカムイ(アイヌの神)が怒り、悪疫流行し、おまえらの種が絶えてしまうぞ。なあに、以前もいったん江戸ニシパの領分になったが、六、七年のうちにまた松前領にもどった。今度も三、四年でまた松前領へもどるのだから、いま江戸ニシパのいうことを聞いて畑など作ったらアイノの神霊が怒るぞ。死にたければ畑を作り、江戸ニシパのまねごとでもしろ。なお、江戸ニシパは人間言《シシャモ》を使えというが、人間言を使うならひげをそってからにしろ。そうでなければ人間言は使うな。もし使う者があれば、その名前を紙に書いて弁天様の前で焼き捨てる。そうすれば祟りでそいつは病気になるんだ。

この話は「ションかシュンケか」(ションはソンノでほんとう、シュンケはスンケでうその意)と問われて、武四郎ははなはだ困ってしまい、そんなことはないとよくよく話してきかせた、と記している。

ついでに、類似の脅しをもうひとつ。このあとすぐ次の朝、夕張への旅に出発した折、石狩川の川べりで川上から七人ほどのアイヌが一艘の丸木舟で下ってくるのに出会った。彼の連れのアイヌとしばらく相談していたが、やがて武四郎の前へきて慇懃に礼していうには、先日、ハッシャフ川（現札幌市発寒川）すじに流木が多く、舟が通れなくなったので、その除去に、アイヌ十六人を支配人が引き連れて行き、十五日かかる予定を休みなしに働かせて九日で仕上げた。その折、支配人がいうには、「其方共我が意にかなはずば、首を詰合の衆[役人]に切らそうとも叩き殺そう共、我が気儘なるべし。其方等は筆が出来ぬ故に、我が一筆書て詰合え申遣し候はば直に詰合が首を切（る）なり。其書附を其方等に持せ遣し候共、何が書て有候哉其は我（汝）等はわかりはすまじ。依て其方の命は我がもの也」と。ここでも武四郎は、そのようなものなのですかとたずねられて驚きあわてている。

このとき彼には深く思い当ることがあった。「寛政元年クナシリの乱」（これについては第五章でふれる）は、松前から鰯釜をひとつ、船に積んでクナシリ島へ送ったとき、その大きな釜を見て、一人のアイヌがそれは何に使うのかとたずねたのに対し、これはおまえらがいうことを聞かないとき、このなかに入れて煮る釜だと答えたのがひとつのきっかけであった。そのときの騒擾で多くの和人が殺され、アイヌ側も三十七人もの死罪人を出した。元来彼らは「有史以前の」人で「質朴生れの儘にて直なるもの」であるのに、奸吏奸商のために曲直の間に置かれてどちらにも染まりかねないところに立たされている。そうであるところに、このような流言蜚語をとばして為政者を恨む気持を起させるのは憎いにもあまりある。しかし、自分一人がどんなに胆を煎り体で苦辛してもどうしようもないので、天を仰いで長大息して別れた、と。

このクナシリ・メナシの蜂起の原因への武四郎の理解は、まさに正鵠《せいこく》を射たもので、武四郎ならでは、の感が深い。

彫工 モニヲマ

石狩場所上サッポロ在住のモニヲマ(三十七歳)は、さきにちょっとふれたように妻クスリモンを番人藤吉に取られ、当時は独り身になっていた。当歳の息子は、母の乳房から引き離されたため餓え死にしてしまった。彼は母のイメクシュラ(七十七歳)をつれて他所へ逃げようかと思い、母に相談したところ、イメクシュラがいうには、おまえは私がいるので、自分が運上屋に責め使われる姿を見せまいとし、私を安らかに養うによい他場所へ行こうといってくれるのだろう。自分一人のことなら、私は他場所へ行って飢えずに食べて一生を送ってもかまわないが、ここを捨てて他へ行くときは、この家にのこしていく「墓所」(と武四郎は書いているが、前述のように祭事を行なう場、ヌササンのことであろう)へ誰一人お神酒を上げてくれる者もなくなる。それは生きている私には孝行になろうけれど、死んだ父母や祖父母たちは、たとえなにもいわなくともどう思うことであろう、と叱った。

そこでモニヲマは思いなおし、ここに餓え死ぬまでとどまろうと決意し、母と叔母のトシキランと三人で暮していた。しかし、モニヲマ自身が浜へ下げられ、のこされた母は冬のあいだに飢えと寒さで病をえて、翌春餓死してしまった。その死骸は叔母が一人で埋め葬ったとのこと。モニヲマは今にいたるまで一度も母の墓へ詣でさせてもらえず、この浜で昼夜の別なくこき使われている。

彼は木彫の名手で、『近世蝦夷人物誌』では、「性彫物を好みて常日頃、手拭懸、小刀の鞘、膳、椀、菓子器、印籠等種々の物を彫《きざ》み、また短刀の鞘に唐草雷文等を彫み等すること衆目驚かざるはなし」とたたえられている。

根っからの職人かたぎで、依頼があっても自分の気持が乗らなければ、三ヵ月でも五ヵ月でも彫刻刀をにぎらないが、興が乗れば昼夜の別なく没頭する。でき上って気に入ればそれを贈るが、気に入らなければすぐ打ち砕いて捨ててしまう。そのでき栄えは、左甚五郎、運慶、湛慶もかくやと思われるほどの気高い趣をもつ、と惚れ込んでいる。

彼はこの年(安政四年)、ひとつの彫物をたのみ、でき上ったものに年月と銘を墨で書き、このとおり彫ってくれとたのんだところ、ややしばらくじっと眺めてから刀を取って彫り上げた。筆勢の遅速をまちがいなく活かしたその技は、春のみみずののたくりや秋のとんぼのぎくしゃく走りのたぐいではなかった。

「一丁字《てい》も弁《わきま》え(ざる)ものとして如レ此工《たくみ》有る事、衆人驚嘆せざるなし。性酒を嗜《たしな》む。

時として密に彫みしものを持居て酒を募ること有もまた愛すべし。」

武四郎の言葉には愛情がかよっている。

アイヌ民族は、男は木彫、女は織布、刺繡を民族文化として重んじ、伝承してきた人びとである。現代にもその能力と技術は生きており、芸術家として名を成している人もいる。神事に使うイナウの白く巻き削られた飾りの美しさ、イクパスイ(酒を神々に捧げる箸)の上に彫られた彫刻・文様の巧みさ、マキリ(山刀)の柄《つか》や鞘の流紋、椀や盆など日用雑器が示す用益と調和した美などには、武四郎ならずとも嘆賞する人は多い。

近代では民芸の美の発見者柳宗悦が、アイヌの工芸に着目し、昭和十六年(一九四一)に民芸館で展覧会をひらくと共に、機関誌『工芸』の一〇六号(同年十二月)と一〇七号(昭和十七年三月)の二号にわたって特輯を行ない、みずから「アイヌへの見方」、「アイヌ人に送る書」の二篇の評論を執筆している。この二篇のうちの前者で、彼はアイヌの工芸の美についいて卓越した洞察を示している。

「私は過日来民芸館に陳列せられたアイヌの各種の工芸品を見て、感嘆おく能はなかつた者の一人である。それは啻《ただ》に美しいのみならず、立派でさへあり、神秘でさへあり、其の創造の力の容易ならぬものを感じるからである。見て見厭きないばかりでなく、見れば見る程何か新しい驚きを貰ふ。そこに出来不出来はあらう。併し其の美に虚偽はないのである。不誠実さはないのである。こんな驚くべき現象を今の文化人の作に見出し得るだらうか。ありとあらゆる欺瞞と衒《げん》気と変態とにまつはる今の吾々の作物と比べ、どんなに道徳的なものであらう。そこに歴史的発展の差異はあるかも知れぬ。併し価値的に見て、吾々の作こそ寧ろ退歩して了つた数々の面を有つではないか。」

彼はさらに言葉を継いで、アイヌの工芸には「美への本能がそこなはれてゐない状態に於て活々と働いてゐる」から「醜くさが入る余地はなく」、「人の作るものとは云ふが自然の加護が強く加はつてゐる」とのべ、なぜアイヌはあんなにも美しく物を作る力があるのか、と問い、その理由を彼らの信仰に求め、「信が産む美」であるがゆえに、その美しさは純粋なのだととらえている。

そのとおりであろう。とくにいまに伝わる樺太アイヌの木彫の逸品をじっくり眺めていると、柳宗悦のこの見解に素直に従うことができる。

日高の二風谷《にぶたに》在住の萱野茂さんが記録された「木彫の狼」という昔話(ウウェペケレ)は、兄がお守りに彫ってくれた木彫の狼が、そのもち主である若妻を、彼女に横恋慕した熊神から守ってくれる話であるが、その一節に「アイヌの手づくりのものは、何でも魂が与えられているもので……兄の手づくりの狼には……『どうかいつまでも、またどこまでも妹を守ってくれるように』という祈りとともに、人間の守り神である狼神の魂が与えられてある」とのべられている。

彫刻や刺繍の文様も、たんなる装飾ではなく信仰と祈りがこめられていたのである。

『アイヌ民族文化史への試論』(未来社、一九八〇)を著わした評論家山川力さんは、北海道新聞記者時代から、アイヌ民族文化をシャモ(和人)の侵略と抑圧への抵抗と挫折の歴史の地盤の上でとらえかえす努力をつづけてきた先達である。その彼が、右の著書のなかで力をこめて書いている一篇に「木を彫るひと」がある。アイヌと木彫について、過去と現在の双方に目くばりをとどかせた、いかにも年季の入った考察である。

彼は、アイヌ木彫と「固有の民族文化との不可分のかかわり」を感じとり、その証人として、武四郎が『人物誌』でえがいている二人の彫工を呼び出している。一人は、モニヲマであり、もう一人はエトロフ島で会ったシタエホリという彫工である。この勇気ある人物は、漁業での酷使、女性への強姦、淫行をほしいままにする奸商とその手下の命に屈せず、親の代までは肉食皮服だったじゃないか、シャモの米などいらないと一粒の米も食べず、つねに一本のマキリで彫物をしていた。食べる物がなくなると海に入って魚をとり、その貯えがあるあいだはわき目をふらず盆、椀、匙、柄杓を作り、好事家が依頼すれば、筆筒、筆管、小刀の鞘などを作った。「その彫の比するに物なく実に一奇工にして、此奸商抜扈《〔ママ〕》して万民を失ひし中に只一箇の義胆立居ること」は、ため息のなかにもいささかたのもしい気がした。

彼のことを、山川さんは、「シャモ社会にとけこむことをがんこに拒否している」「孤高のひと」、「侵略者にたいする心にくいまでの非暴力レジスタンスである」と評している。この二人の彫刻と彫刻態度には、シャモの権力にぐるりとかこまれたなかで、「せめてここばかりは、シャモの割りこみをゆるすまいという意思」、「民族のぎりぎりの意思のほとばしり」が働いていたのではないか。これが山川さんの意見である。

同書の巻末に、阿寒在住の現代の彫刻家、床ヌブリさんの詩が引用されている。その詩の一節は、山川さんの右の視点を今日において裏付けるものといえるだろう。

私はユーカラを彫る
彫刻を通じて
アイヌにアイヌの心をよみがえらせたい
またシャモにも
現代社会に生きる人間として
日本の一民族として
生きるアイヌを
ながい歴史を越えてわかってほしい
アイヌ自身にも　そしてシャモにも

そうあるべき時代なのだ

この床ヌブリさんは、一九八七年冬の知床原始林の伐採にアイヌとしてつよい抗議の声を放った一人だったが、彼の反対は、あの森がアイヌコタンでいちばん尊い神であるシマフクロウ、コタンコロカムイ(コタンを司る神)の生息の場であるということを主な理由とするものであった。そして床さんは、「ユーカラ」のなかに出てくるそのフクロウ神をくりかえし彫ってきた人であった。

『天《て》之《し》穂《ほ》(天塩)日誌』から

六月二日(陽暦七月二十二日)、武四郎は堀織部正一行と共に、石狩から船で日本海を北へ向った。増毛に上陸して、そこから陸路、留萌をへて苫前へ。苫前からはまた船で六月八日にテシホ運上屋元に到着する。彼はここで、宗谷へ向う堀奉行一行と別れ、舟で天塩川の上流をめざした。

六月九日、丸木舟二艘で四人のアイヌの案内人と共に出発。その夜はヲタシウシに泊る。このあたり、いまは幌延町という。一九八五年来、原子力発電所が出す核廃棄物のうちでも高レベルの放射能を出しつづける危険な廃棄物をガラス固化体として貯蔵する研究施設、要するに核のゴミ捨て場を、この幌延町の町長が過疎対策として誘致し、科学技術庁と核燃料開発事業団が乗り出してきたので、近隣町村のみならず北海道全体をあげての大さわぎになった。いまのところ北海道民の過半数がこの施設の建設に反対しており、道民党を標榜する横路現知事も、こればかりはあくまで反対、との態度を表明している。

地図で調べると、ちょうどヲタシウシのあたりがその建設予定地のようである。この計画が浮上してから、二度ばかり現地へ出かけているのでいささか土地勘がはたらく。

六月十一日、ツウヨイ(現中川町)というところで野宿する。天塩川筋は虻や蚊の多いことで知られており、武四郎は石狩で、友人の早川弥五左衛門(大野藩士)から贈られたカラフト渡来の油紙でできた蚊帳を持参してきていた。夜に入ると大きな蚊が出てきたので、それを吊って眠りについたが、五ツ(午後八時)ころになると露天に寝ていた四人のアイヌが、また寄り木を集めて火を焚き出したので、どうしたのかとたずねると、蚊が多くて寝られないという答。彼は、日中の疲れでうつらうつらしつつその声を聞いたが、しばらくしてはたと考える。

「何ぞ此蚊虻に苦しまるゝこと我独りそれを退けしとて、彼等其為に苦しみ居るをしらぬ顔をして何の楽しきことにやあらん。」

法成寺の入道とやらの詠んだ歌に、

上もなき道をもとむる其路には

とある。「卿公(相)雲客」(貴人と殿上人)であってもこのようなありがたいお思召があるのに、どうにかして「此蝦夷人等」を幸せにしたいものと何年も心にかけてきた自分なのに知らん顔して自分だけ蚊帳に入っているとは……。「我と我にぞ憁《〔ママ〕》らひける」とはね起き、彼ら四人をも自分と一緒に首だけを蚊帳のなかに差入れさせて寝た。日中のくたびれで正体なく寝てしまい、ほんのちょっと眠ったような感じであったが、目をさますとはや朝日が山に昇るころであった。

起きてみると、首は蚊帳のなかにあったが、体は外にあったので、蚊こそ朝になっていなくなっていたが、虻が五人の足にむらがってとまり、血を吸ってふくれあがり、動くこともできないでその辺に溜っていた。

こうしたふだんのふるまいにこそ、その人の思想があらわれる。

この日はトンベツホ(現音威《おとい》子府《ねっぷ》村付近)まで川筋をのぼっているが、そこに二軒のコタンがあった。

一軒はアエトモ(六十二歳)、妻アフシュイ(五十五歳)の老夫婦が住んでいた。この夫婦には、長男(二十一歳)、その妻、次男、娘二人の五人の家族があったが、その五人全部を浜へ雇いに下げられていた。家主のアエトモは永の患いに伏せっていて、それがために家は

ヲタシウシ
天塩川
テシホ
ウェンベツ
トンベツホ
ツウヨイ
ヲクルマトマナイ
フウレベツ
ヘケルル
ナヨロ
トマヽイ
チノミ
サンルベシベ
サッテクベツ
リイヤニ
トナイタイヘ
ルルモッペ
ホロトマリ
(マシケ)
ヘロカルウシ
(ハマヽシケ)
石狩
石
狩
川

安政四年　天塩川紀行

腐れ、なかへ入ってみたが食料のようなものは一切なく、ただ一枚のキナ(草ござ)だけを敷いて老爺が伏していた。武四郎はくる途中、妻のアフシュイが舟で浜へ下っていくのに出会っていたので顔に見覚えがあった。なんの用で浜へ行ったのかと聞いてみると、三女のトウシュイが病気で今日か明日かのいのちだと知らせがあったので見舞いに行ったということであった。

もう一軒はトキノチ(六十五歳)と妻ケセセ(六十一歳)の夫婦に、長男サケノ(三十四歳)がこれも永患いで嫁もとらず寝ているところであった。次男のクウアツは嫁をもらって兄や親の介抱をしていたが、これもまた浜へ下げられてしまった。

この家では、夜にトレフ餅やフキとアンラコロ(黒百合)を煮てチエトイをまぜ、鱒の卵を入れた料理(チカリベ)を一同に振舞ってくれた。

チエトイはどこにあるのかとたずねると、この近くにあるからあなたの帰るまでには必ず取っておいてあげます、とのこと。彼がチエトイの入ったもてなし料理を喜んで食べたので、じゃあまたと気をよくしてであった。

この家には犬三頭が飼われていたが、この犬たちへも一行が焚いた米のかゆを一椀ずつ配分して食べさせるので、犬をも「我が属」として養う態度に感じ入って、彼はこう記している。

アイヌという人びとは、貴重なかゆであっても、一椀ずつを飼い犬にわかちあたえるような質朴な心で、すべてのことをわが身に引きつけて考える人びとである。だから、運上屋や番人や詰合の役人たちがまったくそれとは反対の差別的な取り扱いをすれば、「実に遺恨」に思うにちがいなかろう。海や山の産物の利益も運上屋の一人占めにさせずに、アイヌとシャモとを問わず平等にその利にあずからせたいものだ。

貧者　エカシテカニ

六月十三日(陽暦八月二日)、快晴。天塩川中流の筬島《おさしま》から出発して音威子府をすぎ、ヲクルマトマナイ(現美深町恩根内付近か)まで上ったが、急流があったりして旅程ははかどらず七里ほどしか進めなかった。猛烈なぶよと蚊がたえまなく襲ってくるので、岸に舟を着けるとすぐかやぶきの一軒の小屋に駆け込んだ。小屋に入るや否やタイキ(蚤)が跳び上って、尻をからげた武四郎のすねにパラパラと着いたが、家の外でぶよや蚊に責められるよりは、とその家の隅に座った。

その家は一間半四方ぐらいの小屋で、ふきの葉が敷きつめてあった。十三、四歳ぐらいの子供がタシロ(山刀)をもって外へ出て行き、幅一尺余りの柳の皮を三枚ほど剝いできて座ぶとん代りに敷いてくれた。

家主は鱒漁にここへ下ってきているエカシテカニ(六十八歳)で、妻はテケモンケ(三十八歳)。ちなみに『人物誌』には五十余歳ぐらいに見えたとあるが、末子の年齢からすると、三十八歳という方が信憑性が高い)。子供は十人あり、長女クョンテ(十九歳)は、トンベツホの住人トキノチ(前出)の次男クウアツの嫁である。十人のうち四人まで浜へ下げられ、ここには十二歳以下の六人がのこされていた。末の子はまだ乳呑子であった。

エカシテカニは数年前より両眼の視力を失い、妻のテケモンケも片目を木の枝で突いて目がただれてまだなおらず、隻眼であった。

さてその夜、エカシテカニが運上屋の所業をかえすがえす嘆いていうには、苦労して子供を育てるとすぐに運上屋に取られ、すこしも自分たちのためにはなりません。ただその子が乳房を離れないあいだしか我が家には置いてくれません。三男のホンヌツ(十一歳)がやっと薪取りの世話はしてくれるぐらいに成長したと楽しみにしていたら、今年、その子も焼尻島《やぎしり》の漁場へ飯炊きに取られてしまい、情けないともなんともいいようがありません。近ごろは、木の実であっても腹一杯食べることはありませんが、十人の子を一人も欠かさず育てたので、運上屋さえいない世のなかになれば、また一生のうちに腹一杯食べ、暖かい古着の一枚も着て、子や孫の顔を見ることもあるだろうと、朝夕そのことばかり祈っています。

五、六年前に、カラフト島へ「赤人」(ロシア人)がきて家を建て、運上屋の支配人も番人も家を捨てて立ち退いたとか聞きましたが、この辺りにもロシア人であれきてくれたら、運上屋の支配人も番人も皆、人間地《シシャモチ》へ逃げ退くことでしょう。

彼はこれを聞いて「如何にも」と怒りを共にし、「至極尤もなことだ」と思うばかりで、その言葉がいささかも不当だとは思わなかった、と記している。さらにつけ加えてこう書いている。そう思っているのはこの老翁一人ではあるまい、さだめし他のアイヌもそのことを常日ごろ渇望しているのだろう。

他のアイヌたちはその思いを内に秘めて表には出さないのだが、この者は、子供十人のうち四人まで稼ぎのできる者を取られ、のこっているのはまだ母の背や膝に在る者ばかり。まして自分は眼が見えず、妻も隻眼である。その難儀さの余りに、このように本心を吐露したのか、その心情察するに余りあると、拳を振り上げて、「かの奸商ら奴、われらが一家の栄を欲して数多《あまた》の土人を如レ此まで責(め)遣ふことか」と怒ってみたが、自分は塵や泥にひとしい十把ひとからげの身。力んでもどうできる者でもないくせに、とそしりを受けるだけのことである、と自分の無力さを嘆いている。

こうした嘆息は、諸日誌のうちになんどもくりかえして書きとめられている。ときには受難者たちの涙ながらの訴えに気休めをいわねばならない苦しさを吐露し、ときには怒りを共にしながらその怒りのやり場のなさに沈み込む。そのくりかえし……。彼としては、為政者のうちに理解者を見いだし、そこに訴えて上からの改革を期待する以外に、事態の改善の可能性を見いだすことはできなかった。

彼がせっせと奉行所への報文日誌を書いたのは、そのことに一縷の望みを託す気持からでもあった。それゆえ、明治新政権が誕生したとき、多年の志がこんどこそかなえられるのではないかと期待した彼は、蝦夷地に対する政策立案の中枢に参加した。しかし、その期待はたちまち裏切られる。そこで彼としては最終的に、自分の無力さを知らしめられ、上からの改革を期待する望みを絶つにいたったのではないか。そんなふうに私には、彼の心事が推測されるのである。

さて、ここでもエカシテカニ老に、いろいろと今度の幕府再直轄の処置のことを話し、少しはよくなるかもしれないからとなだめるが、老人はただ支配人が、請負人が、とくりかえしいうばかり。困惑しているところへ、案内人のトセツとトキコサンが十数尾の鱒を提げて月の光の照るなかを帰ってきた。またアエリテンカも大きなチライを一尾取ってきた。

では今夜は、この魚を煮て五、六年ぶりに腹一杯食べよ、米も炊け、といって慰めたところ、エカシテカニ老は、

「わしらはもう死ぬまで今宵のように米を食べることはあるまいと思っていたのに、今夜はこのように二度まで米を食べたのはいったいどういうことなのじゃろう。こんなことがあるのだとしたら、やがては支配人らがいない世になることもあるいはないとはいえぬかもしれん。わしは五十年も前からこの山里に住んでおるが、ここへニシパがくるというのは初めてのことじゃ。昔話に聞いたのは、間宮林蔵とかいう人が一

度上ってきたということですわい。」

こんなふうに語ってやっと少し笑みを含んだ。そして「今はなんとも苦労じゃが、わしには十人の子供たちがある。その子供らが成長したら、それが宝じゃ」というので、武四郎は答える。

「我は今年四十《トホツ》の年に成れども、未だ妻《マチイシャマ》もなし、子供《ホウ》も無。」（ルビはアイヌ語、原注）

するとエカシは同情の念を顔にあらわし、

「それはニシパは心元なくんべ、ニシパの国は何処ぞ」と問うたので「我こそ江戸《えんど》と云処なり」と答え、「是より何日程も行に懸るや」、「凡四十日《トホツテト》も懸るべし」。その答えを聞いて、「さて其は余りに遠し。今少し近くば我が十人の内、此処に残り居六人の内をば壱人何れなりともやるべきに」という。

自分が妻子のないのをいかにも気の毒と思ってくれるその心根に、武四郎は「其一言、余の鉄心石腸にも錐さゝるが如くに徹しける」と、『人物誌』の「貧者エカシテカニ」の項に誌している。

このほかに、公刊本の『天塩日誌』では、テケモンケが五絃琴《トンクル》で鳥音《チカフノホウエ》（チカプは鳥、ハウエは声）という曲を弾いてくれたことを記録している。

興味深いのは、『丁巳日誌』におけるロシア人がこの辺りにもきてくれたら、というエカシテカニ老の言が『天塩日誌』ではまるで正反対に書き換えられていることであり、

『人物誌』では全部省略されていることである。『天塩日誌』ではエカシテカニ老は、近年、外国船がそここに出没して国内をのぞく様子に、官でも深くこれを憂いておられるなどと聞き及んで「もしや天塩の海岸に来らば此毒箭もて魁《さきがけ》せん」と拳を握って語った、というのである。この言葉を聞いて、武四郎は蝦夷地を詠じた菅茶山の詩の一節、「斯地如㆔能帰㆓版籍㆒ 此輩亦可㆑備㆓辺疆㆒」(この地、蝦夷地もすっかりわが国の領土となったようだ。「蝦夷人」らもまた辺境の防備に当らせるがよかろう)を思い出したなど、取って付けた感想を記している。本章冒頭の、『丁巳日誌』の解題のところでのべた「権力の検閲を意識した言葉と内容」とは、このあたりの改作を念頭に置いてのことである。

　このあと彼は天塩川上流とその支流の名寄川の上流を調査して石狩へ帰るのだが、名寄川上流のコタンに泊めてもらったとき、夜になっても月明りをたよりに、子供や老婆が蚊に食われながらおひょうにれ(アッニ)の皮剥ぎをやっているのを見る。どうして夜までもそのように働くのかと不審に思い、その皮を裂いて糸にし、織機にかけて織り、アッシ(厚司)一反にするのに何日位かかるか、と尋ねる。すると、まず山へ行って木の皮を剝いでくるのに一日、裂くのに一日、紡ぐのに五日、織機に仕掛けるのに二日、織るのに六日ほどかかるという。では一反でどのくらいの値になるのかと聞くと、運上屋へもって行って小さなカモカモ(木桶)に米一杯(玄米三升五合)、烟草なら二把、よくて二把半という。おどろいて酒ならば、と問うと、椀に三杯だとのこと。こうして得た酒であれば、じつによだれも垂れるほどの貴い酒である。それなのにわれわれは酒宴などでたわいもなく飲まされるときは、その酒のよしあしもなく飲んでしまううえ、肴のよしあしをあげつらい、酌取は芸者でなければ、などといってぜいたくをつくす。請負人や支配人が一晩で散財する程度の費用を、この一場所へ時折給付するだけで、彼らがどのくらいその徳を喜ぶだろうか、と搾取を嘆じている。

天塩の旅から石狩へ帰着するのは七月五日(陽暦八月二十四日)である。約一ヵ月の旅であった。そのあと休むひまなく、彼はまた夕張川上流へと向って出発する。おどろくべき精力である。

その旅ではタツコプ(現由仁町)で、ユウハリのコタンコロクル(村長《むらおさ》)、コトンリウエカシに出会う。

コトンリウはおよそ七十五歳ぐらい。もと上ユウハリの乙名であったが、耳が遠くなり、歩行も不自由になったので乙名を退いている。息子のニタタシクル(三十四歳ぐらい)は手足が利かず働けない。娘のヘラチン(二十四歳ばかり)も、十年ほど前に浜へ下げられ、六、七年働いていたが、番人に打ち叩かれて右腕を折られて帰されてきた。彼女が左手で病身の母と薪を取り、老翁が古いまさかりに柄をつけて畠を耕し、山菜野草、雑魚や老鮭を釣ったり突いたりしていのちをつないでいた。

公刊本『夕張日誌』では、「此地第一の博識」とあり、このエカシからアイヌの暦や数の数え方などを教わっている。『丁巳日誌』とつきあわせてみると、記述にいささか潤色があるようだが、フクロウ神のユーカラはその語りのままに紹介されていると思われる。天地創造の物語詩である。

太古、まだ国土が生成せず、青海原に油のようなものが浮かび、その気が燃え立つ炎のように上昇して空になり、濁ったものが凝固して陸地となった。その陸地が長い年月のあいだにふとく固まり、その気が集まって一柱の神となった。淡々と清く澄んだ気が上昇してきた空でも、その気が凝結して一柱の神となり、五彩の雲に乗って降りてきた。そして、青い雲を海に投げ入れて水となれといい、黄色い雲で大地の隅々を埋め、赤い雲をまいて金銀珠玉など器財になれ、白い雲をまいて草木鳥獣虫魚となれといって、それらのものをととのえたのち、右の二柱の神の意思を継いで国土を経営する神がいないのをどうしようと案じた。

そのときに二神の前に一羽のフクロウが飛んできて目をパチパチしたので、これはおもしろいと何事かを行なった。その結果、多くの神々が産まれた。そのなかにペケレチュップ(日の神)、クンネチュップ(月の神)といって光うるわしい二神があった。この二神は、この大地《タンシリ》の霧靄《ウララ》深く暗いのを照すために、ペケレチュップは雌岳《マチネシリ》から、クンネチュップは雄岳《ヒンネシリ》から、のこっていた黒雲《クンネニシ》に乗って空に昇った。

さて濁ったものから成った大地《モシリ》の最初のものが今の後方羊蹄岳《シリベシ》である。産まれた神々は、あるいは火を、あるいは土を司る神で、火を司る神は粟、稗、黍の種をまくことを教え、土を司る神は草木の事から木の皮を剝いで衣服を作ることを教えた。その他、水を司る神、金属を司る神、民衆を司る神たちがあって、鮭を取り、鱒を突き、鰊を網でとることを、種々の工夫をこらしてあとから産まれてきた神々に教えた。

このユーカラを夜もすがら炉端で、コトンリウエカシが一同に語り聞かせてくれたというのである。

『丁巳日誌』には、このユーカラの話は記載されておらず、コトンリウ家には、七月八日と十一日、十二日の三晩、止宿しているが、十一日の夜の項に、みなで酒宴をしていると、エカシが、むかしどおりのシノッチャ(即興歌)はこうだ、といって踊りだし、同行のアイヌ三人も踊りをたのしんだ、との記述がある。その踊りのひとつ、うさぎの踊り(イソポ・リムセ)に腹をかかえて笑った。この踊りは、手を額に当てて耳の形にし、「イソポ、何喰て耳ながい。笹喰て耳ながい」とうさぎとびでおどるものであった。

十三日、出立の折に、このタツコプの三軒のコタンに、米、貼り薬、小豆、大豆各一合を渡し、「来年またくるから、この豆を畑にまいておくように」といった。わきから、「またくるのか」と一同が聞くので、「きっと来年またくるから、それまでに豆を作っておけよ」とくりかえした。すると、これまで三晩泊っても一言も口をきかず寝ているので、生きているのか死んでいるのかわからないぐらいだった病人のニタタシクル(コトンリウの息子)が、細く、悲しげな声で、「ニシパ、来年くるときに《ヲヤハルキトラ》、よく利く薬を《ヤエタカクスリ》、少し土産に持ってきて下さいなー《ホシノミヤケニコレナ》」といった(原文はアイヌ語に和語のルビがふってある)。

一同が余りに別れを惜しむので、気休めにまたくる、と嘘をいったのを真に受けてそういったのである。彼は、その言葉が五臓六腑にしみわたるかと思うばかりで、はからずも落涙した。そこへ、コタンの村人たちがそれぞれにみやげをもって集まってきた。昨日、喜んで食べたからと、クッタルアママ(ウラジロイタドリの実)一椀とか、シュナハアママ(ギシギシの穂)二椀とか(いずれもかゆにする野草の実である)、鹿の皮とか心づくしのものをくれるなかで、コトンリウは一張の古い弓を取り出し、これは幼いころから熊の百頭も、鷲の千羽も獲った弓じゃ。獲るたびに獲物の血を塗っておいたものじゃが、もうわしはこんなふうに病気で猟に出ることもできぬ。アイヌというものは、熊を獲ると第一番にその血を弓に塗ってカムイを祭るのじゃ。その血を多く塗った弓は、けっして射損じることがない。それゆえ、血を多く塗った弓は他人に譲るということはせぬもので、もし譲るときは、一生熊を獲ることはできなくなる、といわれてきた。じゃが、わしもこの歳になって、五体が不自由ゆえ、この弓をニシパに記念に贈ろう、といった。

武四郎は、来年、必ず畑のでき具合を見にこよう。それまでの記念に、と手近かに何もないので、エカシに懐中鋸一挺を、薬を求めたニタタシクルに延齢丹一包をあたえて出立した。

その日は、マヲイトウ(現長沼町馬追沼)の端で野宿した。そのときの述懐はつぎのようである。

フクロウ神(コタンコロカムイ)を飼い，朝夕食をあたえ，敬まうの図(『蝦夷漫画』)

「ヤムワツカヒラへ着し、形計《かたちばかり》の丸小屋を作りて是にて宿するに、十三日の月此沼にうつり、蘆、荻そよぐ風身にしみ、千々に物をぞ思ひ出しけるが、身は遥の四海を隔て居る事なれば、たとえ今翼を生じ候ても故郷えは程遠きが故、帰思はさしても無りけるが、只あんじらるゝは此辺の土人のことなりけり。思えどかひなきことゝは思えども、数ならぬ塵の身を忘れ嗚呼如何なるやらん〳〵と。中々此国と云ものは浜辺計《ばかり》ならざるに、此方彼方に在す防守《さきもり》等、山中のことや土人のことは聊も心に懸くれずと、只独言して寝るや、夢もまた上川すじの事等をのみ見、我も土人等と共に働き稼致しける処、番人が来りて我をも叱るかと現《うつつ》に魘驚《えんきょう》せられ[うなされ]、眸を開き見れば上川にはあらで、此処はホロナイにて泊り居たるなりけるが、実に我が旨(胸)のくるしさ、所詮如レ此思ひ候とも其は聊《いささか》通らざるも、何卒鮭魚と成ても後身石狩岳の麓に骸を埋めばや[と]思ふまゝ、風(ふ)と

蓬廬思料不レ能レ報　願化二鮭魚一游二上流一

[粗末な小屋であれこれ思いをめぐらせてもその思いをつたえることはできない。できることなら鮭に化身して上流に遊泳したい]

と案じ帰りしが、未だ其起承を得ざる間に[七言絶句の前半の詩想が得られないうちに]月は恵庭[岳]の巓に落かゝり、妻乞(恋)鹿の此方彼方にて未だ十分の音も無りしがヒユウ〳〵と鳴けるに、東の方には積雲靉靆《あいたい》[たなびき]、月影の消にし頃には暁風荻の末葉を乱し明わたりけるさま、中々筆の及ぶべきことにあらず。」

わが武四郎先生、とうとう夢で、追い使われるアイヌの仲間入りしてしまったのである。

第五章　クナシリ、エトロフ紀行とノッカマップの慰霊祭《イチャルパ》

クナシリ、エトロフ紀行

現在ロシア領となっているクナシリ、エトロフ両島を、武四郎が旅したのは、三度目の蝦夷地行きである嘉永二年(一八四九)、三十二歳の折のことだった。『三航蝦夷日誌』の三航の部(七巻)が、その記録である。「凡例」によると、外敵の侵略は、まず北方からであろうが、なかでもクナシリ、エトロフの二島は「紅夷赤狄」と境を接している洋上の孤島であるから、第一の要所とすべきである。

文章はまずいが、世間がしきりに「防海策禦の事」を説く時節であるから、報国の魂をもつ者に目覚めてほしい一心から記すものである、と「凡例」はのべている。

蝦夷のことに志を用い、去る辰年(弘化元年、初航の折)から、少しの閑暇にも「毛人言」(アイヌ語)を稽古しておいた、ともある。

「箱館出帆何船何丸といふ事をしるさず。我も此度は彼《かの》赤藤被[アッシ]を着、三尺の縄

帯を結び、水主と共に肱枕を致」とあるが、箱館で乗り組んだのは、当時、蝦夷地の北部と東部のほとんどの場所を独占的に請負っていた又十藤野こと柏屋藤野喜兵衛の持船長者丸であった。

この年は、旧暦二月十日に江戸を立ち、四月七日に松前へ着き、閏四月十八日に箱館を出航、まっすぐにクナシリ島へ向った。

十八日早暁に船出したが、恵山岬をまわった椴法華《とどほっけ》村あたりで風が落ちて早くも停泊。十九、二十、二十一日は、海から陸へのヤマセ風(北東風)のため滞留。二十二日、ようやく解纜、夜どおし航行して二十三日の夕刻、エリモ岬に達し、岬の東側百人浜付近に投錨。二十六日までそこで風待ちをする。二十七日に南風となったので帆を揚げて走り、夕方、キイタップ(霧多布)をへて、根室の花咲沖、ユルリ島へ着いた。

二十八日は快晴。西南の風を追手にシコタン(色丹)島に着く。シコタン島は周囲三十里余、霧の日が多く、沼も多い。昔は「夷人小屋」が三十軒もあったというが、今は一軒もない。二十九日正午ごろ、海上二十里をへだてるクナシリ島トマリへ着岸する。箱館を出てから十一日目である。

トマリは低い丘を背にした南向きの小湾内にあり、火薬蔵、勤番所、運上屋が並ぶ会所元である。勤番所詰めは、従者を含めて二十六人。「夷人小屋」も十二、三軒あり、人別は百人と聞く。和人の出稼人がおよそ五百人。

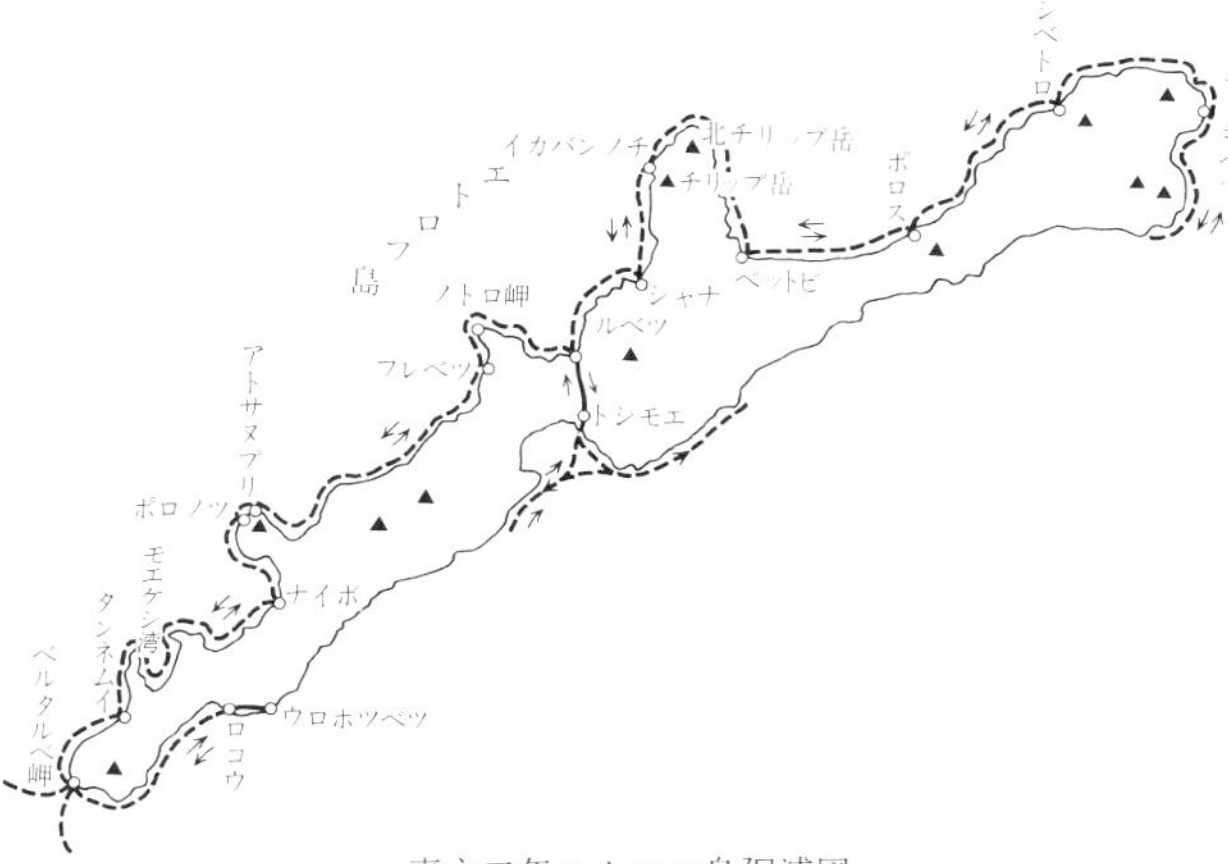

嘉永二年エトロフ島廻浦図

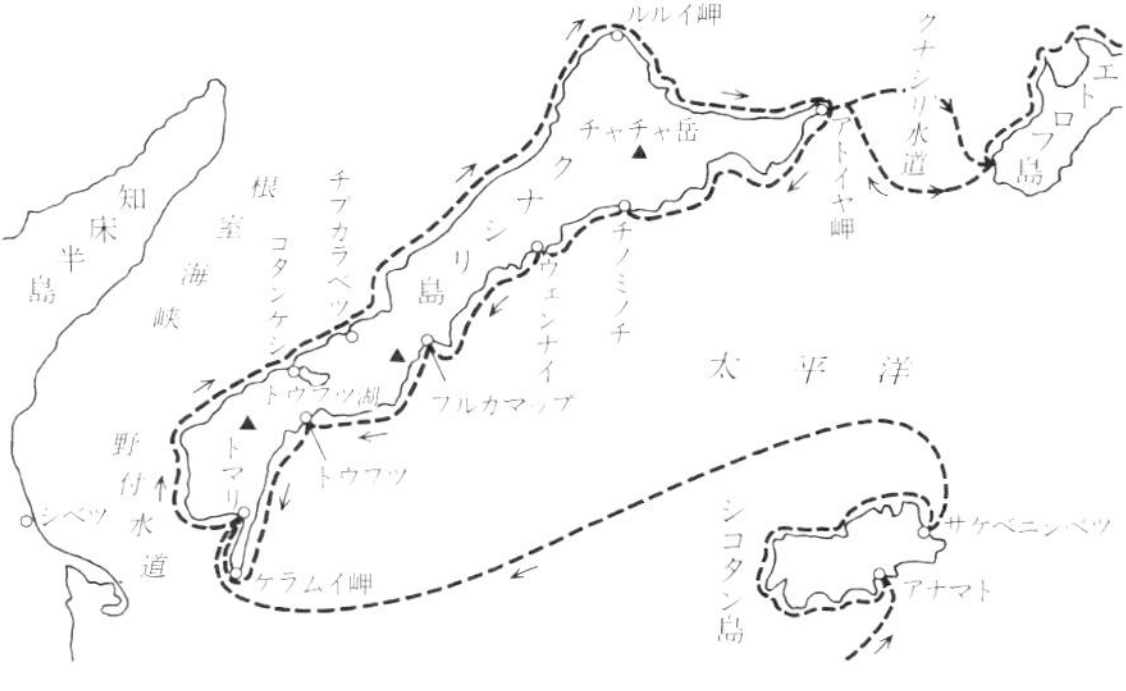

嘉永二年クナシリ島周航図

『三航蝦夷日誌』は、ここで寛政元年(一七八九)のクナシリ、メナシ蜂起の記録『寛政蝦夷乱取調日記』(新井田孫三郎筆)から長文の引用を行なっているが、この事件の説明はあとにまわし、さきに武四郎の旅を追おう。

五月一日、クナシリ島の西海岸、つまり北海道と向いあうオホーツク海側を船で北へ進み、五月四日、北部シベトロに達する。途中トシヨロを通過するが、ここはかつて惣乙名イコリカヤニの住んでいた村で、寛政十年(一七九八)には二十八、九軒の住居者があったところである。イコリカヤニは、クナシリ・メナシ蜂起後、松前軍に従って松前まで御目見得につれていかれたアイヌのなかに名をつらねており、蠣崎波響の「夷酋列像」にもその姿がえがかれている人物である。

この西海岸は、島の脊梁をなす千島火山脈が西に寄っているため山地が海にせまり、平地が少ない地形である。島の北東部にはチャチャ岳(爺々岳)一、八二二メートルがひときわ高くそびえている。五月五日には島の東北端アトイヤ岬に達し、六日風待ち、七日にエトロフ島をめざして出帆する。クナシリとエトロフのあいだのクナシリ水道は潮が荒いことで知られている。武四郎もいやというほど風波にもてあそばれる。

大波が舷を打ち、潮流は矢を射るような早さ。ときには帆柱までかくれるような大波が襲ってきて棚の上のものはガラガラとみんな落ちてしまう。

やがてエトロフ島へロタロベ(ベルタルベ)岬が見えはじめ、舟子は今すこしの辛抱だと、必死の勢いで舟を漕ぐ。岸の近くは暗礁が多く、舷に打ちかかる水煙は雨か霧のようであった。

エトロフ島は、長さ二〇三キロ、幅二九キロ、面積三、〇〇〇平方キロの大島である。クナシリ島とは反対に、西海岸に船泊り場や平坦な土地が多い。

南端のタンネムイに上陸したのち、五月九日から西海岸沿いに船で北へ進む。途中の集落、ナイボとシャナの項では、文化四年(一八〇七)、ロシアの軍艦二隻がやってきて、南部、津軽両藩の駐屯兵と交戦した事件の記録がくわしく引用されている。

シャナからイカバンノチの岬をまわってベットビで停泊。この岬の上には一、五八七メートルのツルツフノボリがそびえている。南宋山水画にある神仙の住むところの風景のようで、アイヌは、この山には山霊が住むので決して登ることはできない、という。

あたりにはアイバカマという草が多く生えている。ロシア人はこの草を好んで食用とする。カムチャツカではツユシムスカ、ロシアではボクシャといい、ゴロウイン(ゴローニン)の『日本遭厄紀事』(『日本幽囚記』)には、敗血病の良薬であると書かれている。

この野草は、私たちも春に好んで採って食べるもので、キトビロ(ギョウジャニンニク)とふつう呼んでいるものである。美味この上ないが、香りがつよく、沢山たべると体中がにおう。

五月十六日に、北端に近いシベトロに到達した。「夷人小屋」が十一軒あり、惣乙名、並乙名、小使、土産取など「役夷人」はみなここに居住している。

五月十九日、シベトロより北のトシラリから単身で、四人のアイヌ水主に案内されて、最北端のラッキベツ岬の大瀑布を見に出かける。この大滝は大岩壁の上から海へ直接落ちる滝で、中腹の大岩に当って水煙が四方に散る有様は、じつに奇観であった。

このあたりから霧の晴れ間に鉢を伏せた形のウルップ島がごく近くに見えた。武四郎は、千島二十四島は決してよその国のものではなく、「本邦の属島」であるとの思いを、ここであらたにしている。

岬をかわして東側へ少しまわり、セヨオロシ岬まで行ってから舟をまわして帰途についた。ところが帰路、風波がはげしく、とうてい出発地のトシラリまで帰るのはむずかしくなった。そこで、ラッキベツ岬のかげにやっと舟を入れて野営することにした。

その夜は岩の上に櫂をわたして苫を葺き、寄り木を焚いて寝たが、明方、すこし雨模様になった。困ったな、どうしたらよかろう、というと、右の四人は慣れたもの。さっさと小屋を掛け直してくれた。まず車櫂を六本立て、上端をひとつにしばって円錐形にし、早物(曳舟などに使う綱)を四段ほどぐるぐると巻く。そしてその上に苫を葺き、苫の根は砂に埋めて強風にも耐えるようにする。なかはらくに四人は入れる。四人のうち二人は、その間に枯れ木をたくさん拾ってきて、これでまず雨やどりの準備完了。

食料は、米を一斗用意してきたが、昨夜一升、今朝一升とすでに二升食べてしまってのこりは八升。これで間にあうだろうか、と武四郎が案じていると、一人がいう。「米八升あればここに十六日間風待ちしても少しも不自由しないよ。わしら四人は毎日、浜へ出さえすれば魚はたくさん取れるからね。ここで五日も漁をすれば一年中の分をとって帰るぐらいだからね。ニシパが一日五合ずつ食べて八升なら十六日間あるべさ。」

これを聞いて、武四郎はいったん安心するがすぐに考え直す。彼も我もおなじ人なのに、彼が魚だけで食事をすますというのは生活の慣れによるものである。「いざ、今日より我も彼等と共ニ同じく其魚を喰せん」と、昼めしは朝飯の残りを皆に一膳ずつ分配し、それ以外は皆といっしょに鱒の水煮を食べた。

二十日、二十一日は風待ちして同所に野営する。すると心やさしいアイヌたちは、「ニシパ、何も案ずることはないよ。米もたくさん、味噌もあるからね」と慰めてくれる。その朝も米五合を炊いて五人でわけ、あとは彼ら持参の干魚と水煮の鱒ですませたら、彼らはあきれて武四郎の顔をポカンと見つめるばかり。その顔を見た武四郎の方は、おかしさがこみあげてきて思わずふきだしてしまう。

ふだん米を主食にしている人が米なしではつらかろうと思いやってくれるアイヌびとに対して、彼らを見下している人間なら、「そうか、彼らはふだん米を食べていないから平気なのだな。そういってくれるのなら、私だけ食べさせてもらおう」というふるまいに出るだろう。

いや、見下していなくても「そうですか、ではありがたく……」とその思いやりに乗っかってしまう人は多いのではないか。私だってあぶない。樺太紀行でも見られた武四郎のこうしたふるまいは、なんでもないように見えるが、なかなかできないことではないだろうか。だからこそ、アイヌの人びとから親しまれ、信頼されたのであろう。

シベトロに帰着して、四人の水主に紺木綿一反、酒一升、烟草二把を労賃代りに贈ると、非常に喜んで、四人から、といって小刀鞘二本、木皿十枚、イ(エ)ブリコ(サルノコシカケ)五、六十匁を返礼にくれた。武四郎は、その純な心に感動している。

帰路は順調で、波荒いイカバンノチ岬も、「イヤサナヱイナ　イヤホイヱイヤナ」の拍子で櫓を漕いで渡り、五月二十九日にタンネムイに着き、六月二日、そこからふたたびクナシリ島へもどり、こんどは東海岸まわりで八日にトマリ会所元へたどりついている。途中フルカマップ(古釜布)では、二十日あまりも風呂に入っていないので久しぶりに風呂に入りたいが、と番屋にたのんだところ、ここで風呂に入るときはこうするんです、と入浴法を教えてくれた。

鰯を煮る大釜に七分目ほど湯をわかし、底に俵むしろを七、八枚も敷いて入り、熱ければその枚数をふやし、ぬるければへらすというのである。そこで、三人で舟を降りて試してみたら大変いい気持だった。ところが、湯から上ってみると体中が赤く染まっている。どうしたことかと底に敷いた古俵を引き出してみると、それも渋染めに染まっている。そこで番屋のアイヌに、もしやこの釜は渋を煮て染料をとった釜ではないかとたずねると、「たしかに二、三日前に渋を煮出した釜です」という。おどろいて底の俵を全部揚げて下を調べたら、渋を取る櫟《くぬぎ》の皮がまだ敷いてあった。

おかげで「三人の者は渋染の身ニなり」、これはかなわん、というわけでまた別の釜で焚き直してもらっているうちに、はや日は暮れてあたりは闇に包まれてしまった。暫くして湯加減がよろしいようです、という声。では、と入り直したら、こんどはひどく魚くさい。面倒臭くなった彼は、えい、ままよと、そのまま舟に帰って寝てしまった。

翌朝、起きてみると、顔といわず体といわず魚のうろこだらけ。彼の言い草がいい。

「此度は又銀箔をおきし如くなりたるぞ又一笑とすべし。」

ひどい目にあった、ではなく、おもしろかったと思う心のしなやかさがあってこそ、こうした旅の経験は活きる。

クナシリ出帆は六月十一日。同月十五日に箱館に帰着している。ほぼ二ヵ月の旅であった。

クナシリ・メナシ蜂起の顚末

彼はこの旅行中、寛政元年のアイヌの蜂起について関心を寄せ、クナシリ島の諸所でその跡をたずねている。

この事件は、アイヌ民族が武器をとって組織的に和人と戦った最後の戦いである。アイヌ史、北海道史には、和人の侵略と抑圧に対して戦った三つの大きな闘争が伝承され、記録されている。ひとつめは、第一章で言及した、道南地方でのコシャマインの戦い(一四五七)である。二つめは、日高の静内を拠点に、ひろく各地のアイヌを糾合して松前めざして攻めのぼったシャクシャインの戦い(一六六九)である。これがアイヌ民族の歴史上で最大のいくさであった。この戦いについては、第九章でふれよう。三つめが、このクナシリ・メナシの蜂起(一七八九)である。

私には、この歴史的事件にまつわる忘れがたい記憶がある。それは一九八三年の夏のことであった。オーストラリアから、一人のアボリジニーの反核運動家が北海道を訪れた。彼は、オーストラリア政府と先進国多国籍企業とがウラン鉱開発を進め、そのため先住民族の聖地が冒されていることを訴える目的で、ヨーロッパをまわって日本にやってきたのだが、北海道へは、おなじ先住民族で、同化を強いられて苦しんできたアイヌとの出会いをつよく希望して訪れたのであった。

私は、一夜、彼と数人のアイヌの人びととの対話の仲だちをつとめた。彼は、その席で自分たちの歴史をこう語りはじめた。「一七八八年に、イギリスから千名余の流刑囚をのせた船が、私たちの地に着きました。それまで、私たちアボリジニー諸族は、平和な暮しをたのしんでいたのですが、その白人船の到来以後、私たちは狩猟の標的とさえされるようなひどい扱いを受け、人口は減ってゆきました。その年から、私たちの不幸の歴史は始まったのです。」

これを聞いたアイヌは、「その翌年の一七八九年は、私たちの先祖が、和人の暴虐に抵抗して立ち上った最後の組織的蜂起の年だったんですよ。私たちの抑圧の歴史はさらに昔からのものだったんですよ。でも、近現代の歴史はおたがいにほんとに似かよっていますねえ」と涙を流した。アボリジニーの彼も、おたがいの歴史の共通性の「発見」にいっそう心をひらき、両者抱きあって涙にくれたのである。

おそらく、こうした被差別、被侵略の歴史の同時性は、被差別民族同士が歴史を語りあってみれば、まだまだいくらでも見いだされることだろう。そうした歴史の共有にもとづく被差別、被抑圧民族の復権の営みこそ、これからの民衆の世界史の核心となるべきではないか。そんな着想を、私がえたのは、この出会いに同席して受けたつよい感動からであった。

このクナシリ・メナシの蜂起について、日本歴史の概説書はふれることはなく、学校教育においても教えられることはほとんどないので、ここで、そのあらましをのべておくことにする。

寛政元年(一七八九)五月七日(旧暦)、クナシリ島トマリの運上屋をはじめ、三ヵ所の番屋を、同島フルカマップの首長マメキリを先頭に、数十名の武装したアイヌ(のちの松前藩調べでは四十一名)が襲撃し、足軽竹田勘平、飛驒屋の支配人であった左兵衛など、役人、支配人、通辞、番人ら二十二人を討ち果した。五月十三日ごろには対岸のメナシ地域でそれに呼応した蜂起があり、シベツ(標津)、チウルイ(忠類)、クンネベツ(薫別)、サキムイ(崎無異)、ウエンベツ(植別)の各地で、やはり和人三十六人を殺し、チュウルイに停泊中の交易船大通丸の舟子十三人も四十艘ほどの蜂起勢の舟にかこまれて討ち果された(合計七十一名)。メナシ側の蜂起者は、松前藩調べで三十二名となっている。

蜂起勢は山に入って防塁を築き、濠を掘り、武器を集めて抗戦に備えたが、ウルップ島の猟から、知らせを聞いて急いで帰ったクナシリアイヌの長老ツキノエの説得により、武器を置いて根室半島の船着場ノッカマップへ集結、交渉による穏便な解決をはかろうとした。

メナシ勢も、ノッカマップの長老ションコの慰留を受けて丸腰になり、同所へ集まった。この間の事情を「間諜の秘計により」と記した松前側文書(「夷酋列像」付録)もあり、謀略が用いられた可能性がある。

七月十五日にメナシ一統百八十余人が、十六日にはクナシリ一統百三十一人が、ノッカマップに集まった。

一方、松前藩は六月一日に急報をきき、ただちに鎮圧隊の派遣に取りかかる。隊長新井田孫三郎以下総勢二百六十余人が六月十一日より順次松前城下を発し、閏六月二十七日厚岸に着き、そこで情勢を把握し、蜂起の原因などを調べてから、七月八日ノッカマップへ進駐。クナシリ・メナシ一円のアイヌが集結するのを待って長老たちに調べさせ、シャモ殺害に関与した三十八人を特定し、その全員(三十七人。一名は逃亡)を斬首して見せしめにすることに決めた。

七月二十一日、陣屋の囲いの陰で、外部のアイヌ同胞の目を避けて、マメキリを筆頭に五人まで首をはね、六人目を引き出しに行ったところ、たばかられたことを知った牢内の虜囚たちが騒ぎ立ち、一同でペウタンケ(後述)を始めた。隊長らがかけつけてみると、牢の錠前は破られ、すでに脱出しそうな様子であった。陣屋の外にいあわせるウタリも仲間の危急を知って色めき立ってきた。

ただちに鉄砲隊が外を制圧して内外を分断したうえ、

「鐘、銅鑼、貝、太鼓等を打鳴し、入替り／＼鉄炮にて打留、逃出候者

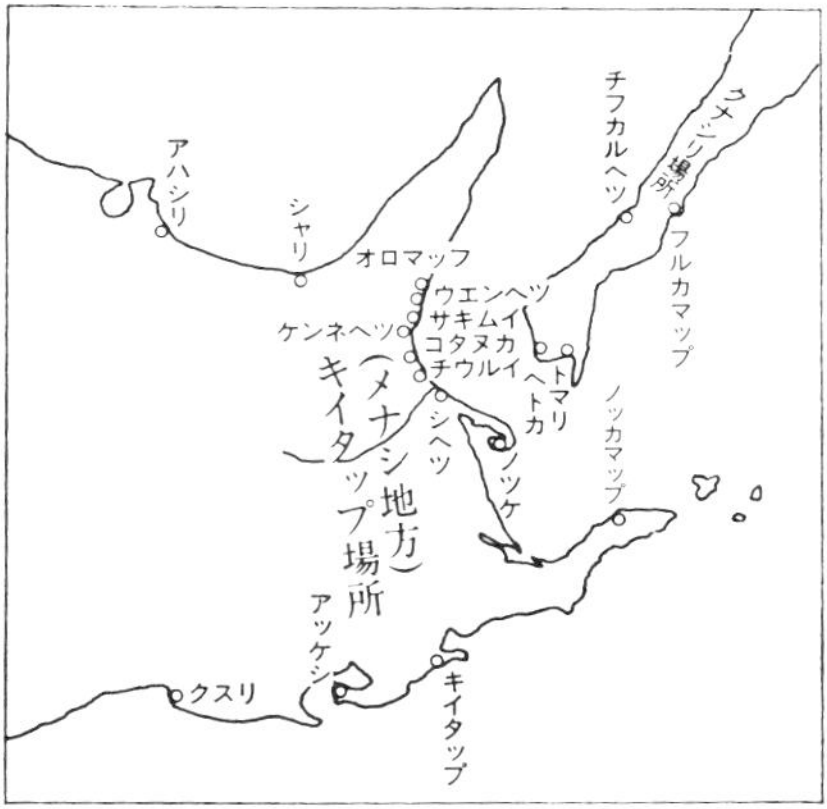

クナシリ・メナシ蜂起関係図
(『松前町史』通説編第1巻上)

は鑓にて突留、大半打鎮め候て牢内を引崩し、相残り候者は鑓、刀等にて不レ残打取首を刎《はね》、洗候て不レ残箱え納塩詰に致す。」(『寛政蝦夷乱取調日記』)

という血みどろの惨殺劇が行なわれた。

集められていたのこりの者たちは、のこらずメナシ方向に逃げ去ったが、その夜おそくなっていろいろな「怪事」が起ったという。いったん逃げ去った人びとが再結集し、肉親の身を案じ、怒りと呪いの声をあげたり、復讐の気配を示したのであろう。七月二十二日夜も同様であったが、二十三日、厚岸のイコトイ、ノッカマップのションコ、クナシリのツキノエら長老が、あとは取り鎮めるからと約束して事件は落着した。

松前藩兵は、「御目見得」の名目で連行するアイヌ四十三人を引き具して、九月五日に帰還。首謀者八人の首は、松前城外にさらされた。

蜂起したアイヌ勢からのべられた蜂起の理由は、何通かの口書として記録されていて、ほぼどれもおなじ内容である。一言でいって、和人役人、支配人らの圧政と搾取である。

クナシリ場所は安永三年(一七七四)から、厚岸、霧多布と共に飛騨屋久兵衛の請負に入ったが、クナシリ島のみは、頭領ツキノエの統率の下、交易を拒否し、交易船を追い返すなど、天明元年(一七八一)までの一時期は和人が立ち入れない独立の地の観を呈していた。ツキノエはロシア人とは交易し、ロシア人を案内して厚岸にもきている。

天明二年(一七八二)から、ツキノエは松前との交易を再開する。飛騨屋は、天明七、八年ごろから同地での鮭鱒漁の規模拡大のため、アイヌを労働力として酷使し、従前の「自分稼ぎ」の生活形態を破壊してかえりみず、その暴虐に不満が高まると、逆に強権と威嚇をもって臨んだ。トマリ運上屋支配人左兵衛は、アイヌをのこらず毒殺して、江戸から大勢のシャモ人を移住させ、シャモ地同様に商売するつもりだと公言し、寛政元年五月には、その言葉を裏付けるかに見える出来事が起った。

同島の首長の一人サンキチが病臥中、勤番所の役人勘平から「これは暇乞の酒だ」といって贈られた酒を飲んだところ、すぐに死に、フルカマップの首長マメキリの妻が運上屋で飯をもらって食べたところ即死した。母を殺されたマメキリの息子ホニシアイヌらは、このままでは皆殺しにあう、と憤激して蜂起の意志を固めた、というのである。

二番目の理由は、アイヌ女性への支配人、番人らの姦淫・陵辱行為の頻発である。既婚、未婚を問わず、勝手次第に慰み者にし、その夫が抗議すれば逆に打叩いたり、ひげをそるぞといったぶったりの無法ぶりが、とくにメナシ側に多く訴えられている。

さらに、メナシのチュウルイ(忠類)では、魚を煮る大釜を三ヵ所に据えて、男、女、子供をそれぞれの釜で煮殺すとおどし、実際に赤ん坊を背負った母をつかまえて煮殺そうとしたとか、土蔵の底に針を植え、その上に板を吊っておいて、メナシ一円の首長を呼び集め、そこで酒盛りをし、酔ったところをその板を切り落して残らず殺す企てを、自分の囲い者にしたメノコに洩らしたとか、その非道ぶりはすさまじい。

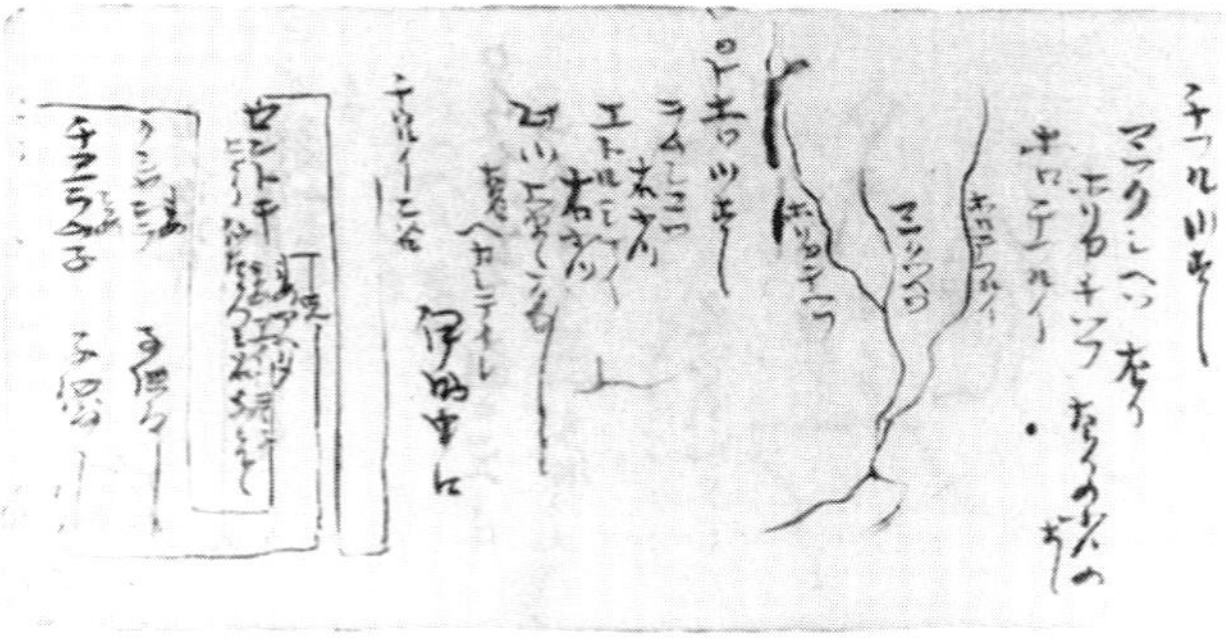

チュウルイ乙名，セントキ系図，メナシ場所根室標津付近(「安政五年野帳」)

ただのおどしで、まさか実際には……と思いたいところである。たしかに、このかたちの皆殺しは起っていないが、蜂起の後始末は、かたちを変えた民族皆殺しを意味するものだった。蜂起後、クナシリアイヌは絶滅させられたといわれ、労働力として、シャリ(斜里)、アバシリ(網走)など宗谷場所のアイヌが強制連行されて同島に送られたのである。

さらにつけ加えると、アイヌをみな毒殺してシャモの移住地にするとの発言は、必ずしも末端無頼の者が頭のなかでひねりだしたそらごととみなせない面があるのである。蜂起の四年前、天明五年(一七八五)に幕府から派遣されて蝦夷地を調査した一行が、調査の報告として老中に差し出した「蝦夷地一件」(佐藤玄六郎執筆)は、蝦夷本島、カラフト、クナシリ、エトロフ、ウルップ各島の周囲里数を記し、広大な土地にわずかなアイヌが居住しているだけなので、まず蝦夷本島から田畑の開発を急ぐべきであるが、アイヌだけでは労働力が足りないので、本州から移民すべきであると献言している。

そして、具体的な移民の案が記されている。関東一円の「穢多」取締りである江戸浅草の弾左衛門に「長吏、非人」のうちから開拓移民をつのらせれば、彼自身の手下だけで七千人、諸国の頭分に話をとおせば、六万三千人、計七万人ぐらいは移民が可能である、というのである。これは筆者佐藤玄六郎が、弾左衛門と下相談ずみのこと（狡猾にも移民地がどこかを教えずに答えさせている）として提案されている。このようにして蝦夷地を開発し、御威光をもって西は山丹、満州、東はロシア本国まで御国に服属するよう取り計らったらどうか、というのである。

このような献策が成案となるまでには、さまざまな案が、彼ら一行の蝦夷地旅行中に論じあわれたことであろう。現地の支配人や番人に、右のような案を示して意見を徴したりしたかもしれない。クナシリ島など東部アイヌは「剛強なり」と評され、自主の気風があったようである。容易に屈しない彼らを押さえ込む手だてを欲していた支配人らにとって、数万の「長吏、非人」を送ってシャモ地にするという話は、恰好の材料となりえたはずである。あくまでも想像の域を出ないけれども、そのような推理が成り立つ。右の献策は、時の老中田沼意次の失脚で画餅に帰したものではあるが。

ノッカマップのイチャルパ(慰霊祭)

一九八六年の秋は、私は、ノッカマップ岬で毎年行なわれるクナシリ・メナシ蜂起処刑者を弔うイチャルパ(慰霊祭)に初めて参列した。

このときは日高の静内町マウタの丘で毎年九月二十三日に行なわれるシャクシャインの慰霊祭に出かけた足で、エリモ岬東側の広尾町にある知り合いの牧場に泊めてもらい、そのまま根室へ向った。シャクシャイン祭については、あとで日高を扱うときにふれるが、このときが三度目の参加であった。

九月二十四日、国鉄(当時)広尾線で帯広へ出、そこからバスで十勝川の河口の大津まで下った。ここも昔番所があったところである。そこから引き返して浦幌町のひなびた温泉に一泊。

九月二十五日、釧路をへて厚岸まで。厚岸で国泰寺などを見て宿泊した。

厚岸国泰寺は、幕府が国策上、直接に建立した蝦夷三官寺のひとつ(あとの二つは有珠善光寺と様似等澍院)で、文化二年(一八〇五)完成。文化元年の掟には、全四条のうちの第二条に「蝦夷をして本邦の姿に帰化せしむる事」とあり、建立の目的がどこにあったかを明示している。バラサン岬の見晴しのよい位置にあり、山門のみ昔のままの姿をのこしていた。

九月二十六日、朝九時半のバスで厚岸から霧多布へ向う。十時すぎにビワセ(琵琶瀬)の展望台で降りる。ここは、太平洋が東の眼下にひろがり、霧多布湿原が西に見わたせる高台である。ここまでのバス車中は、観光シーズンでないため、乗客は終始私一人だけであった。バスは秋色を帯びた林のあいだをひた走る。家もなく人もない。その〝無人であること〟に意味があるように思える。木々がそれ自体として存在し、秋の輝かしい陽とたわむれている姿に心打たれる。こうしたなかに在ると、淋しさといったものは吹きはらわれて自分がカラッポになり、無に帰していく解放感を味わうことができる。

ビワセは、アイヌ語のピパセイ(ピパは川貝、沼貝、セイは貝殻)で、このあたりの川にピパが多いためと、『戊午日誌』にも記されている。

霧多布湿原は、釧路湿原より小規模だが、親しみやすい感じで、茶褐色の湿原のあいだを川が蛇行し、あちこちにりんどうの小さい紫の花が点々と咲いていた。

霧多布大橋から島の岬の突端まで、往復約八キロを歩いた。陽に照らされ、汗になりながらゆるやかな登り道をへて台地の上へ出た。台地の上は原野である。突端は展望台になっていて、南が琵琶瀬湾、北が浜中湾である。キイタップとは「矢柄に用る茅が有ると云儀。キイは蘆荻の事也と」(『戊午日誌』)。キイはそのとおり。柄はオプ。タはなんだろう。矢はアイだから、キイ・アイ・オプだろうか、などと素人考えをめぐらして遊ぶ。

元文四年(一七三九)に書かれた『北海随筆』(板倉源次郎)には、「キイタップは東海商船通路のかぎりにて、猟虎《らっこ》も此処にて交易するなり」とあって、当時交易船の行ける限界とみなされていたが、次第に、根室半島のノッカマップへ、クナシリ島へ、と交易路がのび、場所がひらかれていった。また、「惣て東蝦夷は剛強にしてややもすれば松前の令をないがしろにせり。キイタップ、アツケシ、クスリの当りは別て取扱むづかしきとなり。去々年もキイタップに事有りて去年は商船行事をやめられたり」とも書かれている。元文二年(一七三七)のことである。

前述のように、これから三十七年後の安永三年(一七七四)から、松前藩の御用達商人飛驒屋久兵衛が、この地方一帯、アツケシ、キイタップ、クナシリ三場所を一手に請負い、その搾取のもとで、蜂起が発生するのである。そのときのキイタップ場所は、道東オホーツク海沿岸のネムロ・メナシ地方をも含む広い範囲をなしていた。

いまは、むかしの交易地や漁業繁栄をしのばせるものはなにものこっていない。武四郎が歩いたときすでに、漁業はその名もアシリコタン(新しい村)という浜中湾内の北の方へ移り、漁夫は、日高のユウフツ(勇払)、サル(沙流)両場所のアイヌを百人ずつ交代に連行してきて労役に服させている状況であった(第九章参照)。

岬から霧多布の町へもどり、バスと列車をのりついで、夕方、根室に着いた。列車のなかで、二人のおばさんの会話が耳にはいる。二人共、朝五時ごろの一番列車で釧路まで行き、市立病院の午前中の外来診療を受け、根室へ帰るところである。水産業の不振で、根室市の人口流出が進んでいることは新聞で知っていたが、医療などのサービス面でも、こうした不自由さが進んでいるらしい。駅近くの市役所前で、国鉄(当時)の民営分割・合理化、ローカル線廃止反対の署名と座り込みが行なわれていた。立ち寄って話を聞くと、根室本線は廃止されないが、根室から厚岸までのあいだの駅はすべて無人駅になるらしいとのこと。病院がよいのおばさんの話を出すと、そういう人たちにはますます不便になるだろうという答えだった。

九月二十七日、午前中、市の郷土資料室をのぞいてから、ノッカマップをめざした。地図でノッカマップを調べ、バスの時刻表を見て、一時のバスで北方領土館のあるノサップ岬まで行き、そこから二時間半ほどかけて歩いて南下するつもりであった。

根室駅前でバスを待っていると、阿寒から同地へ向うアイヌウタリがバスや乗用車で到着した。札幌に本部がある北海道ウタリ協会理事長の野村義一さんほか顔見知りの人たちが降りてきて、おやおやということになった。いっしょに車に乗りなさいとすすめられて、祭主をつとめる阿寒の秋辺今吉さんの車にありがたく便乗させてもらった。

ノサップ岬はよく晴れていた。原野はすでに秋深く、丈の低い草々はすでに黄色く枯れかけていた。岬の左手にクナシリ・メナシ蜂起で殺された和人の墓碑があった。

この墓碑自体、数奇な運命をもっていることで知られている。墓石には文化九年(一八一二)四月建と刻まれているが、実際にはその運搬中、積んだ船がノサップ岬と水晶島のあいだのゴヨウマイ(珸瑶瑁)水道で難破、水没した。それがちょうど百年後の明治四十五年(一九一二)、漁師の網にかかって海底から引揚げられ、大正十三年珸瑶瑁の墓地入口にまず建てられ、ごく近年、ここノサップ岬に移されたのである。墓石の表には横死七十一人之墓と刻まれている。裏面の碑文は漢文で次のように誌されてある。

「寛政元年……此地に凶悪な蝦夷有りて党を結び賊事を為す。起るや不意にして士庶(武士と平民)にして害に遭う者すべて七十一人なり……茲に合葬して石を建つ」

脇に「寛政の乱和人殉難墓碑」と墨書された根室市教育委員会の立看板と説明板が建っている。説明板の文面にも、碑文の「凶悪な」とか「賊事」とかの文言を訂し、民族としての加害を反省する言葉はない。和人に反抗した「乱」であったという認識が維持されているのに心が痛む。わずかに蜂起の原因を告げる部分に「和人の圧制に抗し」という言葉があるだけである。

昔はここがクナシリ島への往復便の発着地だったというノッカマップは、平坦な台地を背にした小さい入江である。

よく晴れた秋空に陽は美しく輝き、草原や灌木を黄金色に染めていた。濃紺の海は波音も絶えて静まりかえり、黄昏へとすべり込む時の移りが静けさをいっそう深くしていた。

入江の左手の小さい岬の突端にヌササンが設けられていた。

九月二十七日の夕方から、番屋にしつらえられた炉をかこんでカムイノミ(神々への祈り)が始まった。アイヌウタリは、男女共、あの独特の模様のついた着物(チカルカルペ)を着、男はサパウンペ、女はマタンプシを頭につける。サパウンペは、ぶどうづるを巻き、柳の削りかけをつけ、前にクマなどの彫像をつけた祭儀用の冠。マタンプシは布製の鉢巻。

祭主の秋辺エカシが威儀を正して〝オンカミアンナー〟(ご一同拝礼を)と声をあげて式の始まりを告げた。アイヌ語での祈りの詞《ことば》(イノンノイタック)がのべられ、火の神(アペフチカムイ)を筆頭として天地自然の神々に、イクパスイ(捧酒箸)でお神酒が手向けられる。

列席者は、阿寒、根室、釧路地方を中心に、旭川、札幌、登別などからも集まったアイヌウタリのほか、関東、関西の部落解放同盟の青年たち、その他の和人、あわせて九十名ほどであった。

このイチャルパは、一九七三年に始まったもので、十三回目に当っていた。最初にこのイチャルパを呼びかけて実行委員長をつとめたのは故結城庄司氏であった。また、そのきっかけを作ったのは、クナシリ・メナシ蜂起の歴史をひろく世に伝え、慰霊の必要を説いて、結城氏と行動した故新谷行氏(和人)であった。

その夜、親睦の宴が果てた深夜十二時を期し、一同、岬の上のヌササンの前に集まり、往時、予期しない(多分、たばかられての)全員の斬首に直面した蜂起参加者たちが、獄屋のなかから発したペウタンケを行なって、犠牲者に祈る儀式があった。

ペウタンケとは、危急の折に、危害を加える敵を霊的に攻撃する(悪魔祓い)ためにあげる叫び声をいう。「体中の水分が涸れ果てるまで」腹の底からの声をウオホホーイと出しつづけると言い伝えられている。

漆黒の闇のなか、焚火のわきにあぐらをかき、腕と腕とをしっかりと組みあわせ、高く低く叫び唸るペウタンケは、かつての惨劇を心に思いうかばせるものであった。

翌朝九時すぎから、屋内のカムイノミにつづいて、ヌササンで犠牲者三十七名にイナウを捧げる慰霊祭があった。クナシリのマメキリ殿をはじめに一人一人の名が呼ばれ、参列者の一人が犠牲者一人ずつにイナウと神酒を捧げる方式であった。私もメナシの筆頭者ポロエメキに次ぐシトヌエ殿の番に呼ばれ、手渡されたイナウをつつしんでシトヌエの霊に捧げた。

一九八九年は、このクナシリ・メナシ蜂起からちょうど二百年になる。二百年祭を期に、記念碑を建てる計画があることが、その席で発表された。

抜けるような青空とひろい台地。静もる海を背に、削りたてのまっしろなイナウに飾られたヌササン。全体がよく調和した美しい風景であった。暁方、原野に遊ぶ野生の鹿に出会った人もあり、寂寥と畏敬と至福の感情があらわれては消え、生と死の境界線がうすれるふしぎな陶酔を経験した。

阿寒からのアイヌの人びとは、心やさしくもこの場での祭りを終えると、ノサップ岬の和人墓碑の前でも慰霊の祈りを捧げるのを恒例にしているとのことで、ノサップへ向って行った。

第六章　『戊午日誌』と道東の旅

『戊午日誌』解題

安政五年(一八五八)は、松浦武四郎、四十一歳である。この年、六回目の蝦夷地調査旅行を行なった。そして以来、七十一歳で没するまで、二度と蝦夷地へ足をはこばなかった。晩年、馬角斎(馬鹿くさい)という号を用いたりしているところにもうかがわれるが、明治新政権の蝦夷地政策に対して深い失望と諦念があったようである。

最後になった安政五年の旅は、前年同様、蝦夷地の山川地理を調査し、それをもとにして新川新道などをつけるのに適当な場所を見立てるため、という趣旨で許可された官費出張旅行であった。新年早々の一月十五日、その許可がおりた直後、箱館奉行所調役《しらべやく》下役元締の梨本弥五郎に差し出した「書付を以て歎願仕り置き候一条」という長文の書がある。

この文書は、武四郎研究の先達、吉田武三氏によって武四郎の文稿中でももっとも重視すべきもののひとつ、と評されているものであり、この調査旅行に際して彼が抱いたなみなみならぬ決意のほどが示されている。

今度の調査旅行を、数ならぬ身の私にお許しいただき誠にありがたく、早春より準備をすすめておりましたところ、無謀な計画だからやめよとか、無益なことに多くの人夫や多額の費用を浪費することだとか非難中傷する者が出てまいっております。そこで、その出所をただしたところ、東西の場所請負人どもやこの箱館へ帰村した支配人、番人らより起ったことで、その動機は、彼らがこれまで不法にアイヌを苛責してきた所業や強姦、奸奪などが露顕するのではないかとの懸念、人別不正の筋、新道の開鑿を彼らの場所一元支配の崩壊につながるものとしてきらうこと、その他隠し財産にしていた諸産物が知られることなどへの心配からにほかなりません。

したがって、わたくしの旅をなるべくじゃまするしくみもほぼでき上っている由を聞いております。しかし、わたくしは出立いたしましたならば、先日絵図面でお願いしただけのところは取り調べずには帰らないつもりでございます。とはいえ「私領の流弊」になじんだ商人、請負人などは、従来の支配のやり方をわたくしが知っていることを気に病んで、今回の御用もやりとげさせないように仕向けると思われます。それゆえ、どうか出立後、どのようなことを申し立ててきても、さきにお願いしたところを取り調べるまでは、ぜひ「踏遍」させてくださいますようお願い申し上げます。

また、途中で番人らに襲われることもありうると考えていたようで、こう書いている。

「途中も、なるべくだけの儀は過激の振舞等あい働き申さず候えども……私領の仕振

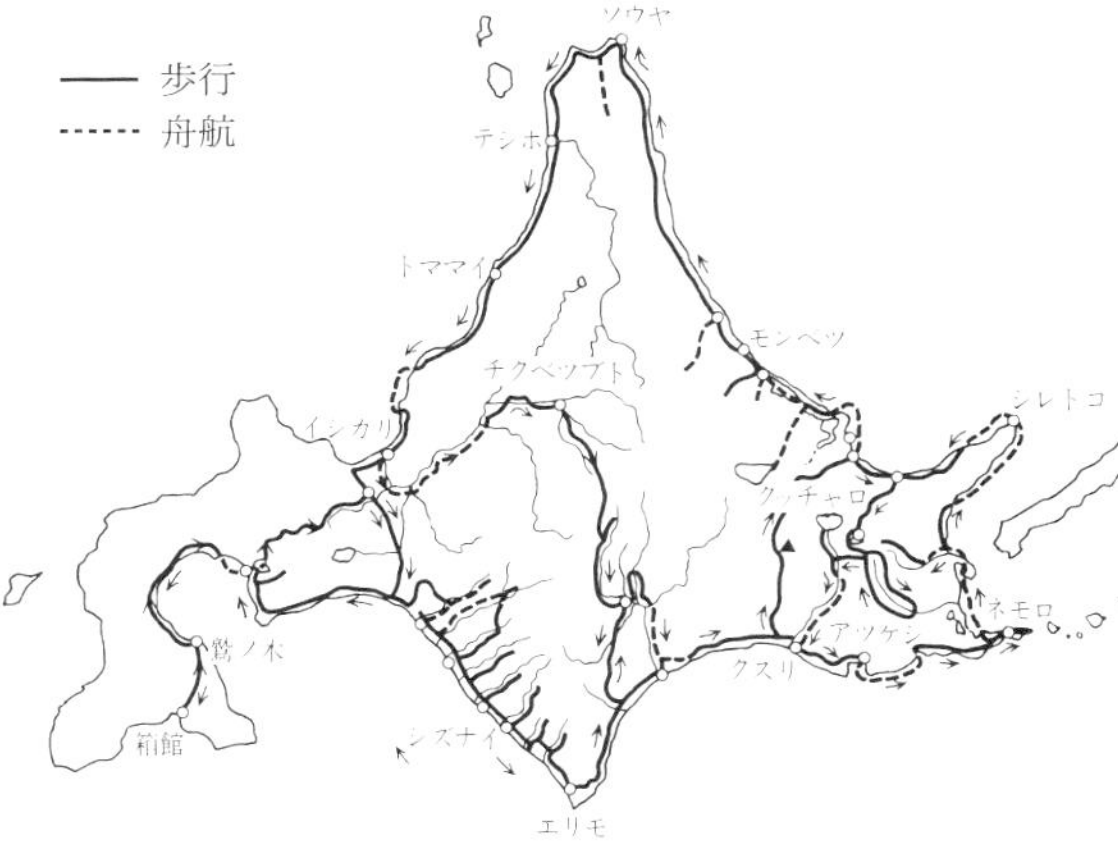

安政五年(『戊午日誌』)足跡図

りに相染候輩は、如何の姦計等仕向申さず候やも存じられ申さず候。」

今度の旅は氷雪の山岳を目標として踏み入るので、生命の安否もおぼつかないが、死を覚悟して出立する。それも「御所置の模範を辱め」まいとの赤心からにほかならない。もし生命をまっとうして帰ってこられたら、「私領の糟粕を喰ひ、土人の膏血を相吸り候輩」がどんなことを申し立て、流言を行なおうとも、一々御糾問くだされればお答えするつもりである。もしまた申し開きできないようなことがあれば、どのような厳刑に処せられても「微臣の本懐」である。

これは掛け値なしの決意であったろう。このときの旅の足跡図(安政五年『戊午日誌』足跡図)を見れば一目瞭然であるが、ほんとうに疲労や病気で倒れてもおかしくない大旅行であった。一月二十二日(陽暦三月七日)、箱館を出発し、八月二十一日(同九月二十七日)に帰着する二百三日の旅で、日本海まわりで銭函までの海岸(主として和人地である)をのぞいた北海道島の全海岸、十勝、阿寒など道北、道東の内陸部を縦横に踏みわたり、日高沿岸の主要な川は一筋一筋遡行してはもどる徹底ぶりである。

この足跡図を見ると、「よくもまあ」とため息が出る。ほんのちょっぴり、それも主としてバスや列車にたよって武四郎の足跡を追ってみて、この旅がいかに大変だったか、私にも少しは想像できるからである。

このときの報告の日誌(略称『戊午日誌』)は、公刊本で上中下三巻、各巻六百ページをこす大部なものである。筆者自身によって地域別、旅程順に全六十一巻に編集されている。第一巻、第二巻は、箱館から噴火湾へ出て、湾岸沿いに有珠まで行き、そこから山へ入り、洞爺湖、中山峠をへて札幌へ。現札幌市内を通過して石狩にいたるまでである。

それから石狩川をさかのぼって旭川まで行き、美瑛川上流を詰めて十勝へ山越えし、帯広をへて十勝川河口の大津に達する。大津からは太平洋岸に沿って白糠、釧路と歩く。釧路に着いたのが三月二十二日(陽暦五月五日)。ここまで二ヵ月の旅であった。第三巻から第七巻までが、その記録である。

この十勝の山越えは、第九章十勝・日高路にゆずり、この章では、第八巻「東部安加武《あかん》

留宇智之日誌《るうちし》　壱」から、第二十二巻「安婆志利日誌《あばしり》」までを取り上げる。

第八巻の題名にあるルウチシは、ルウ(道)チシ(窪み、低み)の意味で、山道の鞍部、峠をさす。アカンルウチシは、アカンの峠越えという意味である。

雌阿寒岳に登る

彼は釧路から阿寒川をのぼって阿寒湖へ出、雌阿寒岳に登ってから網走川水源へくだり、美幌峠をへて斜里へ抜ける道をたどろうとする。例によって、地理にくわしいアイヌの案内人の世話を会所にたのむが、支配人や通辞たちは一切世話してくれない。やむなく直接にさがしてナイポソ以下十一人を雇う。クスリ(釧路)詰の若い同心小田井蔵太(二十八歳)が同行を希望したので、一行十三人となった。

玄米四斗、烟草二十把、味噌、塩、まさかり、鍋二つなどを馬二頭に積んで、三月二十四日(陽暦五月七日)に出発した。あとで紹介するクスリの惣乙名メンカクシやその弟のムンケケらが渡し場まで見送りにきた。

アイヌたちは、案内人や人夫として大勢つれだって山中を歩くときは、それを苦にせず、むしろたのしみにするふうで、途中、手をうってヤアホー、ヤアホーとシノッチャ(即興歌)をうたって歩き、その声がだんだん高くなった。一行の前方を、なにか獲物をとろうと弓矢を構えて進んでいたナイポソとアペウツヌカの二人は、歌の声に熊も鹿もおどろいて逃げてしまい、一頭も仕留められないため、大いに怒って足をとめて一行を待ち、弓を振りあげて叩こうとするので、とめるのに苦労したという道中譚がしるされている。

三月二十六日に、マチネシリ(雌阿寒岳)に登る。ルベシベ(山からの道がおりてくる沢のところ)から一気に登りはじめ、中腹までくると四、五十センチから一メートルほどの高さのハイマツが、青い毛氈を敷きつめたようにすきまなく生えている。その美しさはたとえようもない。

東海道の水口と草津のあいだに、うつくし松という名の原があり、昔から官人、貴人がたくさん歌を詠んでいてだれも知らない者はないほど有名であるが、実際に行ってみるとそれほどでもない。それにくらべて、この山腹のハイマツ原は、爪の入るすきまもないほど緑がそろっていてまことにみごとだ。

見とれていると満身の汗が乾いてきて肌が粟立ってきた。それもそのはず、その松の下は氷雪がうず高く、周辺のあちこちにも鹿の子まだらに雪がのこっている。

いよいよ山はけわしく、風もきびしい。その風をついてマチネシリ山頂をきわめた。山頂からは阿寒湖、ピンネシリ(雄阿寒岳)、釧路海岸、十勝の山々などが一望に収められたが、風がはげしいのと、すぐに雲海におおわれてしまったのとで、その山頂に霊あることを感じとって下山にかかった。

「扨是《さて》より雪路に尻を突て辷り下るに、土人等は凡十丁とも思ふ処を只一息に辷り下

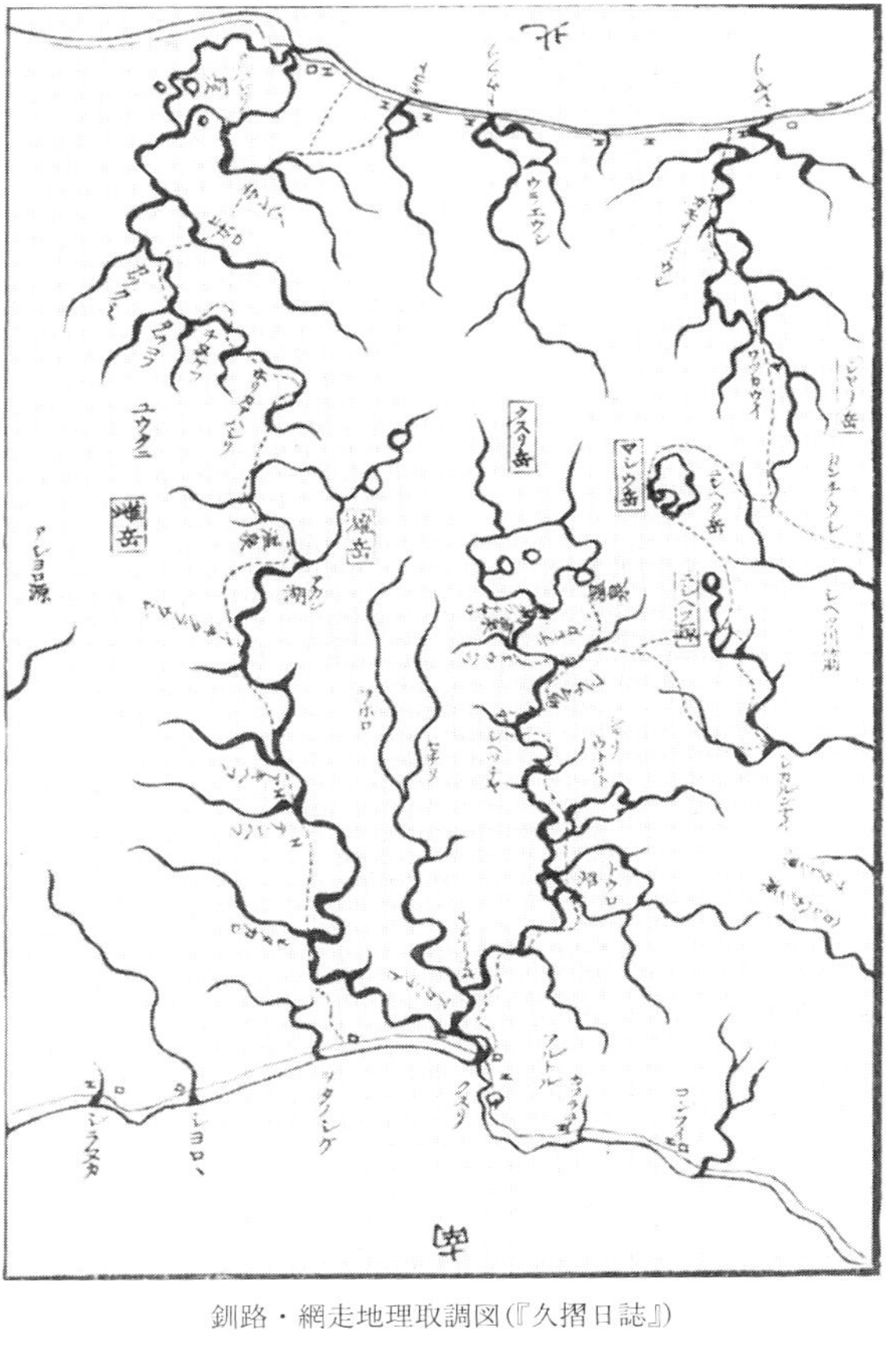

釧路・網走地理取調図(『久摺日誌』)

りぬが、我は如何にも恐しくて、左え転び、右へ転等《ころびなど》して、如何にも暇取りしが、漸々の事にて雪路を離れたり。」

そして阿寒湖畔で温泉につかり、疲れをいやしてその夜をすごし、翌二十七日は丸木舟で湖水を見てまわった。

さらにそこから一行は釧北峠をこえ、網走川の源流から川沿いにくだり、美幌のアシリコタン(新しい村)をへて、四月二日モコトウブト(藻琴湖の川口)へ到着する。

途中、タツコプというところで同行の役人小田井蔵太の人となりについての小話がある。

「此度同道の小田井は、頗る帰俗好みの人にて、只何と云ふか無理無法に、去年よりとらへ候ては月代《さかやき》を剃《そら》せ、和人名を附《つけ》られしが故に、近来此処の者半《なかば》は和人名を附られ居れども、其和人名は支配人もしらず、自分もしらず。また詰合[役人]は当気一通り[その場かぎり、気まぐれ]にて、一寸已暗《もうやみ》の夜にてなしたる事故《ことゆえ》しらず。和人名を聞かんとせば会所え行、帳面を見よと必ず答ける。」

この風俗改めは、日高など太平洋岸ではあまりしつこく行なわれておらず、ロシアと近い釧路、根室、標津地方などでもっともきびしく強いられたものである。

タツコプの小使ムンコモフは和人名を古茂六とつけられたが、本人も知らず、武四郎が尋ねると、一行のなかの宗吉というアイヌが、どういうわけか彼の和人名をおぼえていて教えてくれた。ここで休憩中、小使、土産取両人が出てきていうには、

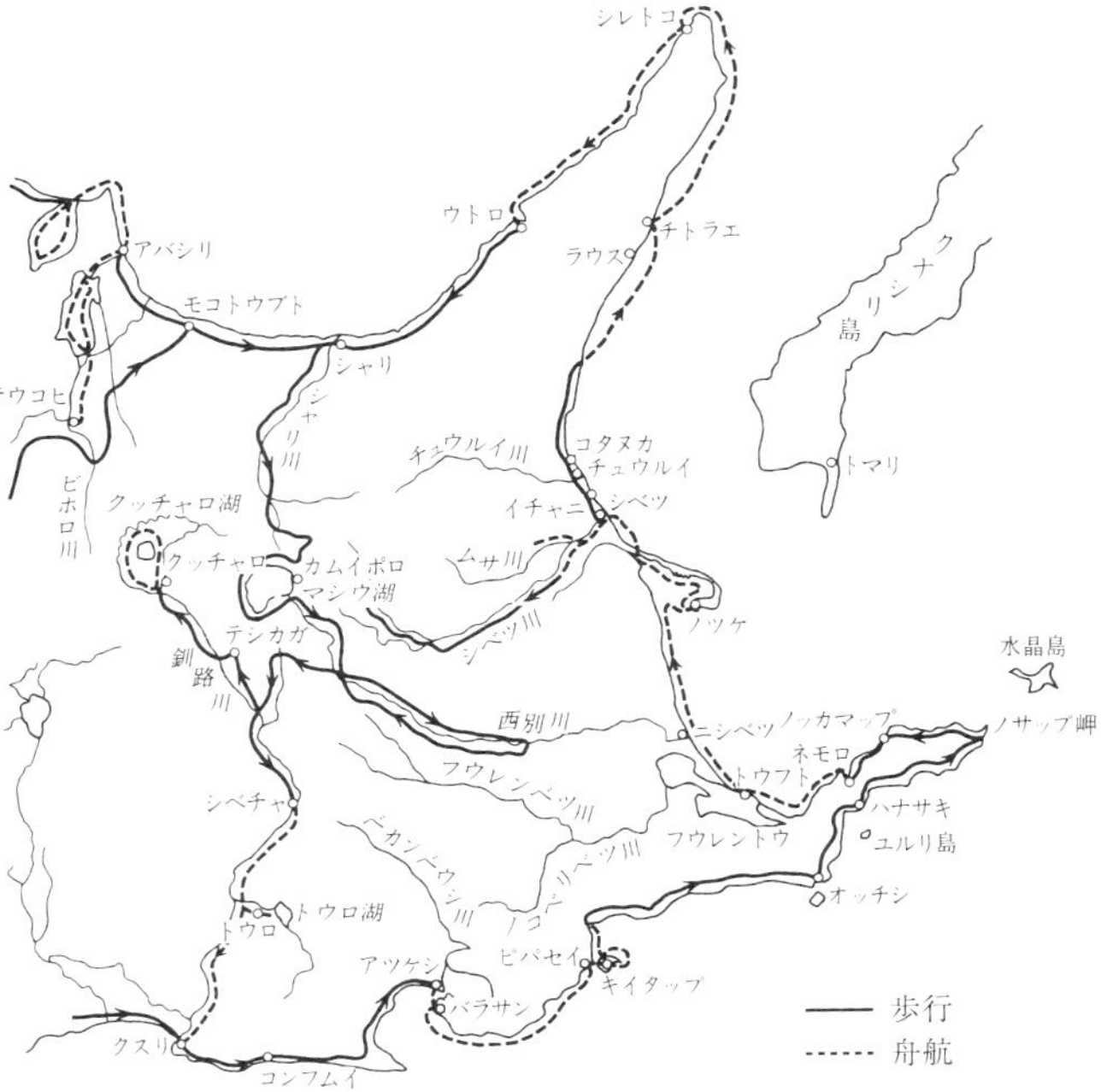

根室・知床・阿寒足跡図(安政五年)

「どういうことなのでしょうか。ニシパがこのたび小田井さまとこんな山のなかまできなさるのは、またまたわしらをつかまえて帰俗させるためじゃなかろうかと、このあたりの者みんなおどろいて山へ逃げる相談をしておりました。けれども、シタカロやアキベツあたりではそったらこともなかったという話を、ゆうべ聞きましてなあ。わしらみなほっとしました。」

帰俗好みの小田井は顔を青くして、「拙者もこれからは帰俗を勧めぬことにしよう。いらぬこととして多く酒をおまえたちに飲まれてしまった」といったので、一同、笑いとなった。

摩周湖からふたたび釧路へ

武四郎一行は、網走から斜里へ、海岸を東へ進み、斜里川に沿ってふたたび内陸へ入った。こんどはマシウトウ(摩周湖)をめざしてである。北海道の地名研究の第一人者である山田秀三氏は、マシウの意味は不明、とのべているが(『アイヌ語地名の研究』)、武四郎が案内のアイヌから聞いたいわれはこうである。

マは泳ぐ、シュウは鍋。この湖は川口がなくてまるい鍋のようであり、岸辺の山が夕陽を受けて湖面に影をおとすと、そのかたちが人の泳ぐようであるところから、泳ぐ・鍋と名がついたのだ、と。

一行は湖岸の大きな岩窟(高さ、奥行ともに五丈ばかり)で宿泊する。ここは猟にくるアイヌの宿り場で、入口にイナウがたくさん立ててあり、カムイポロ(カムイは神、ポロはポールゥで岩窟)と名づけられている。

この沼にはアメマスのようで、口のなかが赤い大魚が棲んでいるという話を聞く。六、七尺ぐらいのものはいくらもいるが、去年、クスリの惣乙名メンカクシらが二月初旬に、湖中で見た死魚は一丈近くもあったとか。

四月七日、岩窟を出発、西別岳へ登り、西別川の水源を見きわめる。水源は周囲三丁ほどのまるい沼で、深さは三尺ぐらい。水は透明でにごりなく、一粒の米をおとしてもありありと見える。底一面から砂を噴き上げて湯が湧き出ているので水はぬるい。アイヌの言い伝えでは、この水は摩周湖の水と地下でつながっていると信じられている。

ここから流れ出る川は、けわしい岩のあいだをぬって急流をなし、あたりはかしわやかえでの林である。下草はトクサに岩すげ。この川は夏は鱒、秋は鮭が多くのぼり、このヌー(ぬる湯)の底の砂が見えなくなるほどだという。冬には大小の鷲が集まり、じつに「蝦夷第一の富貴なる川すじ」かと思われる。

川の名まえニシベツは、ヌーウシベツ(ヌーの多い川)がなまったものらしい。

この川すじを、ネモロとクスリの領分境であるシカルンナイまでくだり、川の上流下流の漁猟区の境界争いの歴史をくわしく聞いて書きとめている。

このシカルンナイという川の名のゆかりがまたおもしろい。春になると、この川が第一番に氷が解け、チライ、ウグイなどをとるのによいので、冬のあいだこの川のことだけを思い出している。そこでエシカルン(思い出す)ナイ(川)というのだそうである(思い出す＝エシカルンは『アイヌ語方言辞典』による)。きびしいなかにものんびりした生活のたたずまいがうかがわれる名のつけ方である。ちなみに、前記山田秀三氏は、いろいろ考えてもこの地名はよくわからなかったと記している。武四郎のこの日誌は、地名の由来を知る上でも貴重な資料である。

四月十一日、西別川をはなれ、釧路川の川すじに入り、クッチャロ(屈斜路)湖をめざし、テシカガ(弟子屈)のコタンに着く。人家八軒。在籍者四十一名。浜へ下げられている者七名。在村者三十四名である。

この村の人びとは、秋から冬にかけて西別川すじで魚や動物をとり、それをここへ背負いあげて一年の糧食とする暮しを日常としてきたが、近年、根室方面のアイヌが場所請負人にそそのかされて下流数ヵ所に川幅一杯の留め網を仕掛けるようになったので、魚が一匹も川上にのぼらなくなった。そのために、一年の糧はおろか、その日その日の食べ物にもこまるようになり、人間ばかりか、熊や狐や鷲や鷹まで飢えて下流の方へ行ってしまった。家で飼っている猟犬も飢えて死に、その犬の肉までも食べてしまったという。

川の留め網が上流に住むアイヌを飢えさせたという話は、ここだけでなくあちこちにのこっている。アイヌ仲間では、そういう根こそぎ資源をさらいとるやり方を、先祖からのいましめとして、決してしないように昔話でつたえてきた。日高につたわる昔話（ウウェペケレ）の「狐のチャランケ（談判）」はその、典型である。

支笏《しこつ》湖ちかくのウサクマイというところに、鮭や熊をとって平和に暮していた一人の心がけのよいアイヌがいた。年をとり、村の長老となっていたが、ある晩のこと、いつものように彫刻の仕事を終えて寝床に入ると、とおくで人の声がする。

だれかと思って、家族を起さないようにそっと抜け出してさがしてみると、人ではなく一匹の狐が人間の言葉で、アイヌに向ってチャランケをしていた。そのチャランケを聞くと、鮭というものはアイヌが作ったものでも狐が作ったものでもなく、鮭を食べる動物全部が仲好くわかちあって食べるようにと、石狩川の河口をつかさどる男神、女神が、必要なぶんだけちゃんと数をかぞえてのぼらせてくれているのだ。

それなのに、今日の昼ごろ、アイヌがとってあったたくさんの鮭のうちから一本だけとって食べたら、そのアイヌがわたしに悪たいをつき、神さまにも、狐がアイヌの国に住めないようにしてくれとつげ口をした。そうされては大変だから、神でもアイヌでも、わたしの言い分を聞いてくれ、という趣旨であった。

これを聞いたそのアイヌは、狐の言い分がすべてただしいと認め、夜が明けると、その狐の悪口をいったアイヌを叱り、狐の神にはていねいにおわびをのべ、同胞には次のようにいましめの言葉をのこした。

「だから、これからのアイヌよ、川にいる魚や山の木の実でも、すべての動物たちが、みんな仲好くわけあって食べるものだから、けっして人間だけが食べるものと考えてはいけません、とひとりのアイヌがいいながら、この世を去りました。」(萱野茂著『キツネのチャランケ』)

この昔話は、近年、自然保護運動やエコロジー運動が盛んになるなかで、次第にひろく知られるようになってきており、アイヌが自然の生態系の再生産循環そのものをストック(蓄積)として大事にしてきた範例としてあげられている。

風俗改めへの抵抗

武四郎一行は、屈斜路湖を舟遊し、大きなコタンのあるトウロ(塘路)湖畔(人家十六軒、人別百六人)をへて、四月十七日、アカンブト、現在の釧路市へ帰着した。クスリ会所元である。当時アイヌは、漁場の雇いとして人家七十五軒、人別三百八十五人の大きな集落に集められていた。

釧路川渡し場から二キロほど東側の小山の上にチャシコツ(砦跡)が見える。当代の乙名メンカクシの先祖が築いた砦の跡ときく。伝承によると、メンカクシ家の始祖ヲニシトムシは、その名の示すように(ヲ＝乗る、ニシ＝雲、トモオウシ＝下る)、雲に乗って天から地上へ下り、アイヌの女性を妻とした。そしてこの地方を統率し、トミカラアイノ、トミチャアイノという二人の息子をもうけ、このチャシに依って、トカチやシャリのアイヌの攻撃を防いだ。

三代目のタサニシは、クナシリ・メナシ蜂起のころの乙名であった。メンカクシはその孫、すなわち五代目の乙名である。彼の豪勇についてはあとでのべる(第十章)。メンカクシの家系は、今日までたどることができ、八代目の山本多助さんは、八十四、五歳になるが健在で、全道のアイヌから尊敬されている長老である。

このチャシコツには、いま釧路市公民館が建っている。

メンカクシの一族、ムンケケは、生命を賭して風俗改めの強制を中止させた義勇の人物として『人物誌』で賞揚されている。『人物誌』と後掲(二二八ページ)の野帳では、メンカクシとムンケケは別々にあげられ、前者が五十一歳、後者が五十四歳と記されているが、『戊午日誌』に記載された家系図ではメンカクシ、ムンケケの順の兄弟のように記されている。

当時、クスリ(クシロ)場所詰の役人がやたらにアイヌをつかまえ、酒や米、烟草などを餌に髪型を改めさせようとしていた。がえんじない者は手足を押さえつけてむりやりにひげを剃り、髪型を変えさせ、今日はあいつをやった、明日はこいつをやってやろう、などと慰み半分。それをきらって、妻を置いて逃げる者、子を捨てて山へかくれる者などがしきりであった。すると山狩りをしたり、要所に見張りを立てて、髪型を改めていない者を見つけしだい老若の別なしにつかまえるので、毎日のようにつかまる者がおよそ五、六十人にもなり、五、六百人はアイヌが住んでいるはずのクスリ会所元に居残る者はほとんどいなくなる始末。

妻や母たちは、私の夫はもう剃られたか、息子はどうなったかと心を痛め、魚一尾も取ってくれる人がいないため三日も食べず、爺婆はこの乱暴はいつやむのかと床の上で涙にくれるばかりであった。

厚岸では大半の者が剃られたとか、根室でもほとんどが召し捕られてやられたといったうわさが飛脚の口から伝えられ、不安はつのるばかりとなり、女たちのあいだに、もう世に永らえてなんの甲斐もあろうか、飢えて恥を世にのこすより海なり川なりに身を投げて死のうと決心する者がふえてきた。

そのとき、コタンの長であるムンケケは、心に期するところあって単身、役人の前に出て、われわれアイヌにとっては、ひげを剃りおとし、月代《さかやき》をつくり、髪型を改めさせられるのは先祖に対して相済まないことなので、ぜひ中止してほしいとくりかえし申し立てた。しかし、当の役人はまるで聞く耳をもたなかった。ムンケケは、かくなるうえは生きている甲斐なしと、その場を退き、とぎすました小刀を左の脇腹へ突き立てようとした。

彼が退席するさいの顔つきがいかにも死を決したかのようだったので、そっと跡をつけ物陰から見張っていた番人の重兵衛が、とびついて押しとどめ、そのことを役人に報告した。役人は役人で、付焼刃の慰みわざが大事を引き起し責任を問われることになりかねないことにようやく気づいたもよう。五十日か百日でクスリ場所のアイヌをのこらず和風に改めさせようとの「手柄に立つ身の思いの縄も大(い)にはずれ、左程もあらば髪を剃(剃)り落し候事斗《ばかり》は赦し遣《つかわ》すべしと、顔色青ざめ答ひ(へ)られしもいとおかし」ということで一件落着。

このムンケケの義勇によって、千三百二十六人の人別のうち四百八十三人まで髪型を改めさせられ、名も和人名に変えられたように帳面上はなっていたが、今春(安政五年)クスリ場所へ行ってみたらわずか十三人しか髪を結った者はなく、あとはみな、もとの髪型にかえてしまっていた。「いとおかしくぞ覚(え)ける也」と武四郎はむすんでいる。

この帰俗強制の役人は、前出の小田井蔵太らしい。この小田井蔵太は、明治二年(一八六九)の草稿「明治二年東海道山すじ日記」(『松浦武四郎紀行集』上巻所収)にもちらりとあらわれる。おもしろいのでちょっと引いておこう。

明治元年(戊辰)閏四月六日夜半すぎ、雨降りに、武四郎の下谷の寓居の戸を叩く者があった。そのころ、上野の山には彰義隊が立てこもり、夜な夜な通行人の持物をうばい、物持ちの家に夜となく昼となく押し入って、軍用金調達と称して金子をゆするなどぶっそうなことをよく聞いていたので、私の家にもいささか貯えなどありはしないかと物色にやっ

帰俗強制の図(『近世蝦夷人物誌』)

てきたのかとうたがった。彰義隊の「賊長」小田井蔵太という者は、奥州二本松の産で、江戸へ出て青山あたりの小田井検校《けんぎょう》の手引きをし、「盲人」らの官金の催促などして渡世し(小金貸しの取立役か?)、生まれつき情け知らず(「不仁不慈」)なこと人一倍だったので、検校に非常に気に入られ、二十両もらって幕府御家人の家へ養子に行き、安政三年、箱館の同心を命じられ、釧路詰になった。そのころ、私が同地の山中を調査旅行したさい同道したが、いかにも腹黒い男で、「蝦夷人等の難儀に及ぶことのみ致し」、また、請負人がアイヌから調度品などを奪っているのを見て見ぬふりをし、取り返してやらないので、武四郎は深く意見を加えた。小田井は、そのことを逆うらみしていたということだったので、賊党を引きつれて私を捕えにきたのかと怖気《おぞけ》をふるいつつ雨戸を開けた。

しかし実際には、官軍の大総督参謀からの呼び出しで、東海道の間道調査をたのまれることになったのである。

この小田井は、彰義隊が敗れたあと東北地方まで落ちのび、庄内で降服し、のちに水戸県大参事に出世した。世わたりの巧みな人物であったようだ。

この帰俗をめぐるアイヌ側の有形無形の抵抗を、武四郎自身、ここクスリ会所元で直接に経験している。

今回のひとめぐりの旅の主案内人だったナイポソが、万事によく働いてくれたので、喜多野という厚岸詰の役人に話したところ、それなら百姓代(旧名土産取)にしてやりましょう、という。武四郎も、そうすれば当人も喜ぶでしょう、と応じた。そこで、支配人、通辞にその旨を伝えると、「ナイポソは昨春帰俗しましたが、近ごろは髪を結わずにいますので、そういうことなら髪を結わせてつれてきましょう」ということになった。

「帰俗の名はなんというのか」と武四郎がたずねたところ、「名はわたしどもも覚えておりません。行って詰合に聞いて申し上げます」といって出ていったまま帰らず、八ツ半(午後三時ごろ)になって「名前は鈴吉というそうです」といいにきたが、本人はつれてこない。催促すると「少々お待ち下さい」といい置いて帰り、とうとうその日は音沙汰なし。

翌日(四月十九日)、朝起きて、喜多野がまた催促したが、「もう少し、もう少し」ということで、昼ごろようやくつれてきた。見ると、髪を結い、綿の羽織を着ている。その姿はいかにもおかしかった。広庭に呼び出されて、「このたびは山道取調べ中、大変骨折りであったので、今日より百姓代を申しつける」と役人からいわれ、ナイポソは「いかにも赤面の顔色」で退出して、事はすんだ。

武四郎は、この日コンフムイ(昆布森)番屋まで行きたいと出立しようとした。すると、ナイポソはアツケシ(厚岸)まで送っていきたいという。そこで連れだって午後の二時ごろクスリ会所元を出た。道中、彼はナイポソに話しかけた。「さてナイポソ。この度は我が案内を致し候に付、百姓代仰せつけられ、定めて有難く有るべし哉。」

ナイポソ答えて、「まあ百姓代になって、これから土産を取るのはうれしいのですが、今日のように和人の真似をさせられて、髪を結ばれ、こんな羽織など着せられるのがいやでなりません。ですから昨日は山へ逃げたのですが、夜のうちから今朝まで、大勢のアイヌを使って探し、とうとうわたしを見つけだし、こんなさまにさせられ、こんな着物を着せられてしまいました。どうにもいやなのですが、無理やりつかまえられ、髪を結ばれたのでいたしかたありません」。

そしてすぐに髪をほどき、羽織をたたんで馬の背にふとんがわりに敷き、コンフムイ番屋までうっぷんを晴らすようにひと駆けに駆けて行った。武四郎の結びの言葉、

「是非なき次第なりける也」

には、自分の温情主義《パターナリズム》が的を外れて鼻白む思いと、自分がいまだにアイヌの心を理解しきれていないことを知らされた苦い気持とが入りまじっているかのようである。

メナシの浜

根室半島のノサップ岬からオホーツク海側を西へ行くとノッカマップ岬などをへて根室市街にいたる。そこから根室湾をめぐって北上すると風蓮湖、ひろいひろい別海原野、そして野付半島と尾岱沼《おだいとう》(トウはアイヌ語で湖沼の意)である。

このあたりを、武四郎は三度(初航、四航、六航)訪れている。

私はといえば、風蓮湖、別海方面はまだ歩いていないが、尾岱沼から根室標津《しべつ》、羅臼あたりは縁あって何度か訪れている。

メナシ(東)と呼ばれたこの沿岸地域は、今日でも屈折したアイヌ差別意識がのこっているところで、つい近ごろまで「アイヌ」という言葉は裏でひそひそささやかれても、表立っては禁句に近かった、とこの地で育った人が教えてくれた(ウタリ協会の標津支部は十数年前にできたが)。

クナシリ・メナシ蜂起後、この地域とその周辺(斜里、宗谷)に、人口の激減が見られるのは、抵抗の根を徹底的に枯らす暗黙の政策のためではなかったか、といわれる(更科源蔵著『アイヌと日本人』)。

一九八六年六月十一日、釧路から釧網《せんもう》線で標茶《しべちゃ》へ。そこで乗り換えて標津線の終点、根室標津まで約三時間である。蛇行する釧路川と湿原は春から初夏への踊りをおどっているかのようであった。

根室標津はアキアジ(鮭)漁が盛んなことで有名なところで、私がいつもお世話になる知人も鮭の定置網専業の漁師である。標津川へ群をなして帰ってくる秋鮭が川面にはねる姿は見るたびに興奮をさそわれる。ここで武四郎は、

　　秋もはや日数へにけんしべつ河
　　　せにつく鮭の道さびにけり

とうたっている。

しかし、いまは初夏、そろそろ秋の漁の準備にかかる季節である。

翌日は好天。ベタナギの海の向うに国後《くなしり》島をのぞみながら、羅臼の先までドライブにつれていってもらった。伊茶仁《いちゃに》を出発、忠類《ちゅうるい》、古多糠《こたぬか》、薫別《くんべつ》、崎無《さきむ》異《い》、植別《うえんべつ》と海岸に沿って走る。

今回の旅は武四郎取材が主目的であったから、彼の最後(六回目)の旅日誌である『戊午日誌』と五万分の一の地図を携えて、行く先ざきで引きあわせながら、あたりを見る。

「メナシ、訳て東と云儀也。東部の土人此辺をさしてメナシと云。寛政元蝦夷乱の時をして此邦内にて蝦夷乱と云を忌みて、是をメナシ乱と云。此辺りよりシレトコサキ東え突出するを以て号《なづく》る也。」(同書「東部女奈之《めなし》誌」)

安政五年五月五日(陽暦六月十五日)、シベツからウェンベツまで行く折の記述である。『戊午日誌』では、各地の人別調べが、『丁巳日誌』よりもさらに徹底的である。

シベツでは、惣乙名のカモイサンケ(六十八歳)に、改名した和人名はなんというかとたずねると、「わしゃ知らん。会所へ行って帳面を見たらわかるべし」と、木で鼻をくった返事。帳面を見ると力助という名だった。このやりとりに風俗改めへの不満やあらがいの気持がのぞいている。

彼の人別調査を見ると、この地域は、他所にくらべて和名への改名者が断然多い。世帯主と若い者はほとんど全部であり、アイヌ・レヘ(名前)と和名と二つをもっている。会所から案内人として派遣されてきたアイヌも改俗名で引きつがれたが、本人は自分の和名を知らない(あるいは知らないふりをする)ので、小さい木札に和名とアイヌ名を書いて首にかけさせておぼえた、と武四郎は書いている。

イチャニ(伊茶仁)は、鮭の産卵するくぼみがあるところという意味。そこから四キロほど北がチュウルイ(忠類)で、流れが急な場所という意味である。安政五年(一八五八)に、武四郎がここの河口のコタン(七戸)を訪ねた折、その乙名の家系が、七十年前のクナシ

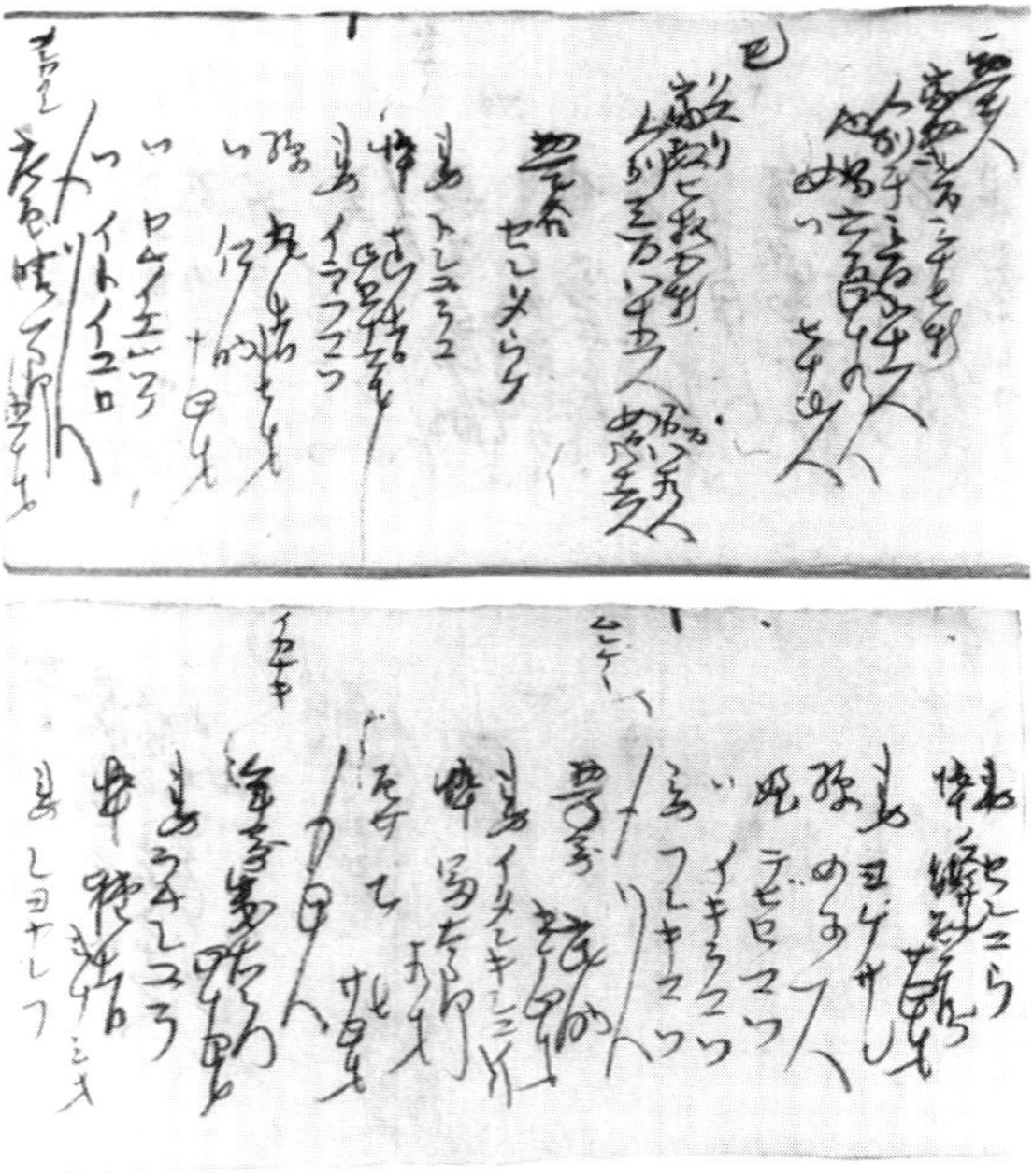

庄屋
メンカクシ(晴太郎)
五十歳
妻 センニウ
悴 ノスイサン
(能知蔵)廿四歳
惣年寄
ムンケケ(武助)
五十四歳
妻 イタンキシュイ
悴 富太郎 一九歳
など帰俗名が記載されている。

クスリ場所人別調査(「安政五年野帳」)

リ・メナシ蜂起の中心人物につながることを聞いている。

乙名ケンチロ(源次郎、四十七歳)の四代前、つまり曾曾祖父が、メナシ蜂起の筆頭者ポロエメキで、このポロエメキとその息子の一人が、メナシ側の蜂起に加わっている。

しかし、ポロエメキのもう一人の息子セントキ、すなわちケンチロの曾祖父は、蜂起の折、山へ猟に入っていて知らず、数日後、山を降りてきて事後収拾に奔走する。彼は、チュウルイ停泊中の大通丸乗組員でただ一人打ち洩らされた南部大畑村庄蔵を助命、介抱したうえ、松前藩へお味方の印に太刀一振りを差し出して恩賞を受けた人物で、のちに仙右衛門と改名している。

ウェンベツ(植別)川を渡ると羅臼町である。海岸に沿った道を行くとシュムカルコタン(春刈古丹)というところがある。シュムカルコタンとは、魚油《シュム》を製する村。武四郎はウェンベツから舟で北上したので、このあたりは海上から地名を教わっただけである。私たちはここで車をおりてチャシ跡を見に行った。

海に面した崖の突端がその場所で、弧状の空堀の跡がのこっている。海へ張り出した見張台といった小さい砦であった。そこから凪いだ海を眺めやると、海と山を生存の場として暮していたアイヌ民族のながい歴史への想像がかきたてられる。

ここ道東オホーツク海沿岸、とくに標津町伊茶仁の海岸から一・五キロほど奥の丘には非常に大規模な竪穴住居跡が発見されている。イチャニ・カリカリウス遺跡である。この住居跡は千五百余も見つかっており、林のなかの竪穴が密につづくさまは壮観である。この住居跡は、約八百年前の擦文文化時代のもので、近世アイヌのチャシとは直接にはつながらないといわれているが、詳細はまだわかっていないらしい。

羅臼漁港を見渡せる船見町の小公園に立つとクナシリ島が水平線一杯に細長く横たわって見える。左手奥の高い山はチャチャ岳(チャチャは老爺)だろう。空はあくまで大きく、昼の漁港はしんと静もっていた。

羅臼の町なかを通り抜けてさらに二キロほど行ったチトラエは、岩窪にヒカリゴケがひっそりと生きているところ。そのヒカリゴケの岩窪の前に、松浦武四郎野宿の地と看板があり、歌碑が建てられていた。横長の大きな石に、

仮寝する窟《いわや》におふる石小管〔ママ〕
　葺し菖蒲と見てこそはねめ
　　安政五年五月四日　　武四郎

と彫ってある。

そこからさらに先へ、羅臼岳からのサシルイ川、オッカバケ岳からのオッカバケ川を越え、ルサ、トッカリモイ、セセキ、アイドマリといった地名を、五万分の一地図に落しな

がら走った。山が海にせまった崖っぷちに道がついている。セセキは湧き湯、つまり温泉の意味で、海岸の岩場に湧き湯があるところだが、昨今は涸れてきたらしく、ぬるい水程度だった。セセキからのクナシリ島の眺めも縹渺として心にしみた。

アイドマリで羅臼側の道路は終りである。そこにあるラーメン店でトドの焼肉を食べて引き返してきた。

武四郎は、五月六日にチトラエをたち、舟でシレトコ岬に至り、啓吉湾に上陸、そこのコタン(三戸)をたずね、通行屋に宿泊し、神呑《カムイノミ》して夜をふかした。

シレトコ(陸の端)岬は、岩の上一面に茶緑色のがんこうらん(岩高蘭)が延びひろがり、かわらまつば(川原松葉)、いわなずな(岩薺)、小桜草などの草花が美しく咲いていて、その風景は筆紙につくし難い、と書いている。ちょうどその時期、がんこうらんは紅紫色の花をつけていたことだろう。

第七章　シャリ・アバシリの惨状

二つの顕彰碑——その造形思想

一九八六年秋、私は、第五章でのべた根室半島ノッカマップ岬でのイチャルパ(慰霊祭)に参加する旅の途中で、釧路市に立ち寄った。新しく建て直された市立博物館を観覧し、同市公民館前の松浦武四郎記念像を見るためであった。

厚岸行きの阿寒バスの時間を気にしながら、かけ足で博物館の展示を見て、武四郎像へと急いだ。記念像は思ったより小さく、場所も目立たない公民館敷地の端で、道路角の石垣の上にあった。

見るなり「ああ、これもか」と思わずひとりごとが口をついて出た。記念像は、老齢のアイヌのエカシが立て膝あぐらで座り、阿寒の山々を指さしている像の左脇に、野帳と筆を手にした小柄な松浦武四郎が立ち、エカシの指の方角を見つめている構成をとっている。

台座の碑文は、「松浦武四郎蝦夷地探検像」と題され、安政五年の阿寒地方調査から百年目を記念して、一九五八(昭和三十三)年に建てられたものであり、建立の場所は、「クスリ酋長メンカクシの砦跡たりしヌサウシチャシコツ」であることが記されている。「アイヌ民族の協力を得て」調査に当った「北海道開発先駆者阿寒の父」（傍点は引用者）としての顕彰であり、建設主は阿寒国立公園観光協会である。

私が「ああ、これもか」とつぶやいたのは、旭川市常盤《ときわ》公園にある「風雪の群像」をめぐる批判と論争を思い出したからである。この彫像は、北海道開拓百年を記念して、開拓の底辺をになった無名の人びとを顕彰しようという趣旨で建立されたもので、制作者は、戦没学生記念「わだつみ像」などモニュメント彫刻で有名な、札幌出身の本郷新であった。

この制作過程で、旭川在住の作家三好文夫と制作者本郷新とのあいだでひとつの論争があった。三好文夫は、波濤、大地、沃野、朔風《さくふう》、コタンとそれぞれ題された五体の群像のうち、コタンと呼ばれる老アイヌの像が、試作下絵ではひざまずいて彼方をゆびさす姿であるのを見、雑誌『あさひかわ』で本郷新に公開状を発し、アイヌを立たせるべきだと主張した。

この公開状がもとになって、三好と本郷の論争が北海道新聞紙上で行なわれた（一九七〇年五月二十七日付夕刊）。そこで三好は、あらためてコタン像の試作下絵に見られる造形感覚は「過去の不遜な感覚であり、適切ではないと思った」とのべ、制作者に蔑視の考えはなかったにしろ、「その屈んだ像をながめるものに対して、それが構図上の出来事であると理解させることが可能であろうか」と問いかけた。

それに対して本郷は、本像では老アイヌを切り株に腰かけさせ、左腕を横にひらいて「堂々と和人を導く姿」に変更し、前記新聞紙上で次のように反論した。

まず、制作途中の下絵を批判されたことへの不快感をあらわにし（しかし、すでに募金などのポスターにはその下絵がもちいられ、私も目にしている）、「和人と同様にアイヌを立たせることが、人間としての平等の扱いであり、贖罪的な姿勢であり、アイヌが腰をおろしていれば不平等で贖罪の意識がないとするあなたの観念論を、私が受け入れなければならない理由はどこにあるのでしょう。私は理解に苦しみます」とのべている。

そして、この構成は「十分に配慮された私の意識的な表現であり、それは必ず人々に解ってもらえるものと確信しております。アイヌは開拓前から北海道に定着していた民族であり、和人は後からこの地にきて開拓の仕事をはじめたという歴史を知っている人なら、私がアイヌの古老だけを切り株に腰かけさせていることの象徴性と寓意性を感じてくれるものと思っております」（傍点は原文のもの）と自負している。

しかし、三好の投じた一石の波紋はひろがった。一九七〇年八月の除幕式前後には、彫刻家砂澤ビッキが、アイヌの名においてその造形思想に抗議するビラを一人で作り、旭川のまちかどで市民にくばった。

「何故アイヌはコタン（部落）に坐らなければならないのか！」

「朔風、波濤、沃野、大地というテーマは、なんと洋々とし蕩々とした空間の中でのびのびしているかにくらべ、何故アイヌはコタン（部落）という偏狭な地点に座しなければならないのか！　この大自然と大地はわれわれアイヌのものではなかったか！」「アイヌは、コタン（部落）という偏狭な地点に坐らされている限り、過去のいまわしい亡霊をぬぐい去れないモニュメントである。」

このビラを、私は直接には見ていない。一九七〇年十一月十日と日付の入った三好文夫の評論「アイヌ人が滅びるというのか」（旭川人権擁護委員連合会刊『コタンの痕跡』所収）によって引用した。三好のこの評論は、彼の「風雪の群像」批判をさらに深め、ひろげた力作である。

こうした賛否の論議を負ったこのコタン像が、一九七二年十月に爆発物を仕掛けられてこわされる事件が起きた。その後、原型どおりに復元されたが、その復元にさいして、ふたたび砂澤ビッキと結城庄司が連名で反対のビラを作ってまいている。その趣旨は五つの項目にわけられていた。一、この群像の造形思想は差別的で、アイヌ民族全体を過去の者と位置づけている（老人、コタン、姿勢）。二、この像の制作発想が北海道を百年という歴史の流れできめつけるものであり、制作過程にアイヌは一人も参加しておらず、アイヌ民族に対する相談的態度もなかった。その結果、アイヌ像には未来への希望の感覚が否定されている。三、この群像を復元するなら和人像のみにせよ。アイヌ像の表現は、アイヌみずからにゆだねるべきである。四、和人の一方的視野で「アイヌ像」に見られるような定義づけはやめよ。五、この群像が〝爆破〟された原点をかえりみて反省せずに、ふたたび同じ思想や造形で復元する制作者と関係者の態度を問う、というものであった。

すこしながく「風雪の群像」をめぐる一九七〇年代の論議を紹介してきたのは、釧路で見た松浦武四郎像とのかかわりからであった。本郷新が反論のなかでいうように、コタン像は彼自身の独自の「十分に配慮された意識的な表現」であるのなら、どうして、それより十二年前に建てられた立つ武四郎に坐した老アイヌを配した釧路のモニュメントと構成がおなじになってしまったのであろうか。彼の反論は、感情的で威丈高なぶんだけ、その思想が通俗的で、和人中心のイデオロギーにとりつかれたものであることを暴露してしまったといえる。

自民族の過去の歴史を顕彰するさいに、侵略され、虐待された民族への贖罪と民族の尊厳の回復を同時に視野に収めるという思想が、この日本列島社会にゆきわたり、根づくまでには、まだながい道のりが必要なのであろう。

シャリ・アバシリの惨状

前章は、武四郎がシレトコ岬のコタンに、安政五年五月六日(陽暦六月十六日)に到達したところまでで終った。そこからの道程を追っていこう。

その翌日、五月七日、一行はそこからウトロまで行き、八日にオンネベツ(遠音別)、ウナベツをへてシャリに着く。

大木をくりぬいて舟底にし、脇に厚板を波よけに蔓縄で綴《と》じつけたアイヌの魚取り用のイタオマチップ(板付け船)——武四郎は「縄綴《と》じ舟」と書いている——に一行五人がのりこんでの海上行である。

知床半島の陸地は、峨々とした岩壁が海中に突き出し、沿岸には暗礁も多い。海中へ落ちる滝をあちこちに見ながら進む。いわつばめが舞う大きな洞窟もある。

八日早朝、ウトロ番屋を舟出する。霧に視界をさえぎられて苦労しながら、昼ごろオンネベツ(遠音別)に着く。ここには、人家八軒のコタンがあり、土産取アクパアイノ(三十三歳)が出迎えてくれる。母ヱテケシュレ(六十三歳)と妻ヒトルシのほか、妹、弟夫婦がいるはずだが、この三人は雇いに取られてしまっている。

その隣りはヱトムシ(七十九歳)と妻モヱシャム(七十三歳)の老夫婦が住む。長男夫婦と次男は孫ともども雇いに狩り出され、隣家の世話になってようやく暮している。自分の子供がありながら朝夕の薪切りや水汲みまでも他人の世話になって……と涙を流して話すので、のこった米や烟草などを渡して慰める。

その隣りは、家主マウラシ(五十五歳)。妻イコフと二人暮しというが、雇いに取られて空家。

次の家もからで、炉端には草が生え、荒れ放題になっている。家主ヨタロ(五十歳)、妻クルトル、娘チナナセ、弟夫婦の家内五人のはずが、家主はリイシリ(利尻)島へ、弟夫婦はクナシリ島へやられているという。

五軒目はサンマウ(四十歳)が家主であるが、当人は雇いに取られて去年から帰らず、あとにのこされたのは、今年七十五歳になる老母ケコマツと妻チャレヌカ、それに六、七歳と二歳ぐらいの男の子二人である。

六軒目は家主シシマラフト(六十二歳)、妻ヲコワンケ(六十歳)の老夫婦がトツケという倅をたよりに暮してきたが、その倅が去年死んでしまい、娘のヲサレが孫二人と老夫婦を世話している。

七軒目は、家主ハウニケケ(四十六歳)をはじめ、妻、長男、次男、同居人一人の五人家族であったが、みな雇いに取られて空家。

八軒目も夫婦と弟の三人家族全員が雇いに行かされて空家。

じつに八軒のうち四軒が空家であった。このあとたずねるアバシリ、モンベツ、ソウヤなどの諸コタンの状況はどこもおなじようで、あるいはクナシリへ、あるいはリイシリへ、と働ける者はみな雇いに狩り出されている。

ウナベツの三軒のうち、土産取エトメアン(五十歳)夫婦のところでは、弟夫婦が三年もクナシリへやられて帰されず、娘二人は番人の妾にされている。隣りのアママフラ(六十一歳)の家では、妻は死に、同居の弟夫婦は雇いにやられ、一人で暮している。その隣り、エショフショ(五十一歳)の家は、弟と娘との三人家族だが、全員雇いへやられ、家は空家。

「爰《ここ》も無人の里となり居たり。」

刊行本『知床日誌』のウナベツの叙述は、この地方のアイヌの惨状を眼前にありありと浮かばせるものとして知られている。

干潮の浜に上陸して歩いて行くと、浜には砂が盛り上って椀を伏せたようになったものを見た。これは天塩の浜辺でも見られたものだが、アイヌ語でオタイタンキ(オタは砂、イタンキは椀)というものであった。海底の粘土が打ち上げられ、砂の上で凍ると、泥は乾いて縮み、砂は縮まないので椀のようになるのだという。

干潟の浅瀬には、カレイ、小イワシ、七ツ星イワシ、サヨリ、ホッキ貝などがあがっており、それを腰がふたえに折れまがったじじばばや、見るかげもなく破れてただ肩にかかるだけのアツシを着た、まっ青な顔色の病人などが、セカチ(男の子)、カナチ(女の子)らにまじって採っている。

武四郎一行を見つけてみな近寄ってきたので、話を聞くと、シャリ、アバシリ両場所では、女は十六、七歳になって夫をもつべきころになると、クナシリ島へやられ、諸国よりきた漁夫、船方のために身をもてあそばれ、男子は妻をめとるころになると、やはり雇いに送られて昼夜の別なく責め使われ、人生の盛りを百里の外の離島ですごすため、ついに生涯無妻ですごす者が多い。男女共に種々の病に冒され、生れもつかぬ体にされたうえ、働けるうちは五年も十年も故郷に帰してはもらえない。

また夫婦で島へやられるときは、夫は遠い漁場へ送られ、妻は会所や番屋に置かれて番人、稼人の慰み者とされ、いつまでもへだて置かれ、それをこばめば痛い目にあわされるため、ただ泣く泣く日を送るのである。

このような無道な酷使にあうので、人別も寛政年間には二千余人あったが、いまは半分にもみたない人数になってしまっている(文政五年人別で、三百六十戸、一千三百二十六人。安政五年の人別改めで百七十二戸、七百十三人)。

達者な者は毎年クナシリへ百人、リイシリへ五十人ずつ引き上げられるため、このあたりの漁場では人手不足になり、あちらの者をこちらへ、こちらの者をあちらへと少ない人数をうごかしてようやく間にあわせている由で、このままでは、あと二十年もしたらアイヌは絶滅させられてしまう、と心配している。

それゆえ、ここにはじょうぶな者はおらず、猟や魚とりができないため、その日の暮しにもこまり、毎日、干潮を待って小貝をひろい、満潮になれば野山へはいって草の根などを掘ってかろうじていのちをつないでいるありさまである。話を聞くほどに憐れさが増し、武四郎は、一行の貯えの糧米をわずかずつながらわかちあたえた。

こうしてシャリ運上屋へ到着する。そこで、案内してくれたネモロとシレトコのアイヌに労賃として現物(米、酒など)を支給するが、ネモロ領から行を共にした三人には、アツシ一反とタシロ（山刀）一挺ずつを贈っている。その理由は、ネモロはアツシが不足していてとても高価であると聞いたからであり、またタシロは、前にのべたクナシリ・メナシ蜂起のあと、アイヌには渡さない（武器になるため）という規制があったため、必需品であるタシロへの懇望がつよかったからである。クナシリ・メナシ地方の、蜂起後の弾圧の徹底ぶりがうかがえる記述である。

五月九日、シャリを出立してアバシリへ着く。アバシリは当時シャリ場所に属していて、運上屋はなく番屋があるだけであった。

五月十日は網走湖を舟で見分し、網走川にはいり、網走川と美幌川の二股（アイヌ語でペテウコヒ）までのぼって止宿している。ここでは夜に入ると鹿がたくさんやってきた。あたりに細い道が多いのでなぜか聞いてみると、みなアイヌの猟の道だとのこと。夕方、鱒を七、八匹に、チライ二匹をとって食べる。案内人のコタンチシ（アバシリ惣小使）が狐一匹を射てきたので、樹下月陰で料理し、半樽の酒に興を催して、夜八時ごろまでたのしんだ。

安政五年五月十一日（陽暦六月二十一日）、松浦武四郎は、網走川と美幌川の合流点ペテウコヒ（川が二筋に別れるところ）から、ふたたび網走湖口（クッチャロ）をへて網走番屋元へ帰る。

ここでクッコレという八十五歳の老人からむかし話を聞こうと、酒一樽をもって訪ねて行く。妻はマテカイといって七十四歳。二人とも丈夫で、妻はアツシ織り、夫は網を編むことを日常の業としている。クッコレは四十数年前、最上徳内がシャリで越冬したとき、その身のまわりを世話し、アイヌ語を教えたという人物で、そのころ徳内はひげをのばしていたので、アイヌのあいだではレイクシ(レクウシ＝ひげをはやした)ニシパと呼ばれていたとか、山や土地の名前とか、文化四年(一八〇七)、同地が幕府直轄地になる以前、つまり五十年以上まえのもようなど、じつによくおぼえている。とうてい和人の及ぶところではない。

武四郎持参の酒に、近在の者も七、八人集まってきて、「実に神代のままの楽しみをなせしようにぞ覚えたりけり」とある。

アイヌの人びとは、昔も今も、客人をもてなすことに篤い。親しくしてもらっている浦河の遠山サキさんはこういっている。

「昔の人は、旅人を歓待したんだわ。この家も人の途切れない家でね、いろんな旅人が来たよ。夕方、人が通ったら寄れ、寄れって声かけてね。水飲ましてくれっていったら、水よりお湯飲め、お湯よりお茶飲めってね。焼酎あったら焼酎飲め。宿なしみたいな人が来たら泊れ、泊れ、飲め、飲めって、ここの家はそんな家なんだ。なんも立派なもの食わせるわけでないんだ、家族と同じものさ。」(『明日を創るアイヌ民族』、アイヌ民族の現在と未来を考える会編、未来社、一九八八)

一杯飲んで、エカシやフチ(おばあさん)の話を聞いたり、唄を聞いたりすると、心の底からたのしくなってくる。興が乗ると屋内でも輪になっての踊りになる。昔は、夜っぴてユーカラやウウェペケレ(昔話)が聴けたのであろう。

しかし、アバシリの当時の状況は、うらやましいなどといういい気なものではまったくなかった。

クッコレ夫婦は子沢山で、子供が十八人。いま十三人が達者でいて、孫が二十五人。あと五年もたてばひ孫を入れると一族が五十人にもなるだろうと、「いとうれしげに」語っていた。四男にウナウシという名が記録されている。この人物は、『近世蝦夷人物誌』に「孝子　ウナケシ」として登場する。

そこで武四郎は、ウナウシ本人についてのべるまえに、東部シャリ場所のもようを、抑制された客観的な筆致ながら、深い憤りをこめてえがいている。

クナシリ、リイシリへの強制徴用がもたらした悲惨は、日々の労働や女性の陵辱にとどまらず、病気になった者は、そのまま雇蔵へ放置され、ひとさじの薬、ひと椀の飯もあたえられず、ただ身寄りの者が運んでくれる食物で生活するだけ。それゆえ、病気にかかった者は、その日からさながら餓鬼道の責め苦を受けるかのごとくであり、おそらく多くは飢えで死ぬことになろう。死ぬやいなや、野山の土を少しばかり掘りくつろげ、死骸を埋めさせて、たとえ熊や狐や狸がその肉を食い、腹を肥やしても知らぬ顔をしているのが、番人や支配人のやり口である。

在所のシャリ場所への死亡通知も、何人のうち何人死亡といった簡単なもので、変死か病死か溺死かの区別さえなく、何月何日に死んだのかもわからない扱い方である。家族の女たちがあんまりひどいと不服の心をもてば、縄でしばって打ちたたき、数日間柱にくくりつけて食をあたえないなど、じつに「赤本」(江戸時代の絵入り読物本、草双紙)にえがかれた山椒大夫の山塞の悪業のようである。

もし悪瘡(梅毒であろう)がうつったら雇蔵に入れて捨てて置き、もし妊娠すればとうがらし、いぼたなどを煎じて呑ませ、堕胎させるので、腹を痛めてふたたび懐妊することはない。したがって、島へ送られてしまえば、かれらが言い伝えるアヲタコタン(地獄)へ行ったとおなじことである。病気にでもなれば、三年から五、六年ぐらいで帰されることもあるが、無病で稼ぎができれば、男は三十歳、四十歳まで半永久的に島で使われ、女は番人の妾とされて、男女とも生涯家庭はもてず、子は親の、親は子の顔を二度と見ることもかなわない。

幕府公料になってからは、一年に百人ずつ島へ送ると定められ、死亡者と病人の数だけずつ毎年加算して送るので、人口がこのように減ってしまった。アイヌたちは、かの地クナシリ、リイシリ行きをじつに悲嘆しているのであるが、少しも聴き入れられることはない。

このあと、叙述はウナウシの話へと向う。『人物誌』公刊本では、ウナウシの父はクッコレではなく、クツマンとなっている。コとマ、レとン、どちらに読むか、武四郎の速筆と書き癖を、解読者が読みとるのに難渋したことがうかがわれる。ここでは秋葉実氏による『戊午日誌』の読みにしたがう。

このウナウシは二十二歳の春から三年前、四十三歳になるまで、じつに二十一年間、親の顔を見ることもかなわず、クナシリで使われていた。帰る手づるもなく、もはやクナシリ島の土になるのかと、ただ朝夕シャリの方角を向いては雲を眺め、あそここそはわが父母がいますところぞ、と悲嘆にくれていたところ、次の年(安政三年)の春、詰合という幕府の役人が島へやってきて、このたびの公料の御処置のありがたき仰せ渡しがあった。

そのなかに、親を大切にせよとの読み聞かせがあったのを聞くやいなや、すぐに会所元へ行き、今日の読み聞かせに親を第一に大切にせよと仰せられました。そうであればわたしは、はや二十一年ものあいだ、親の顔を見ずにいて、このたびの仰せにそむいておりまず。大変申し訳けないので一度帰村させて下さい、と理に理をもって願い出た。その態度には、もしだめだといえばすぐに詰合へじかに願い出ようと決心している勢いがあったので、かの地の支配人番七は、東西場所に悪名高い「無慈悲不道のしれ者」であったが、ウナウシの「説破」に閉口して、その年の夏、ひとまず彼に帰村をゆるした。

こうしてウナウシは、二十一年ぶりにアバシリに帰り、四十三歳で妻をめとり、かげひなたなく親へ孝養をつくしていた。

父のクッコレは、八十歳をすぎているので、公儀から養老手当が下されるはずであった。

しかるに、昨年、ここアバシリの番人が、このおやじは年齢こそ八十五歳だが子供も多く、孫やひ孫も多いから養老手当は必要ない、と勝手に決め、公儀から支給される米や金を横どりしてしまった。そのことを知ったウナウシは、会所元へ出かけて行き、「公儀から賜わる品物をなぜわたしの親に渡して下さらないのですか。親を養う者があるといっても、親を養うのは子供にとって当りまえのことです。熊や鷲でも親を養います。公儀から下されるものは、まったく御慈悲の思召というべきものではありませんか」と筋道立てて論じた。この弁舌に、その地の支配人も返す言葉につまった。そこで彼は、意趣返しに大声をあげて、「おまえこそたびたびわれわれに口答えをするやつだ。そんなむずかしいことを言い立てるのであれば、すぐにクナシリへ追いやるぞ」とおどした。

しかし、彼はすこしも動ぜず、「親のことをたのんでクナシリへやられ、またつらい目にあわせるぞといわれるのこそおかしいことではありませんか。わたしはまたクナシリへ送られて使い殺されても少しも厭いません。孝のためにに身をあやまたないことですから、恥ではありません。わたしがいなくとも、わたしの兄弟には親のことをよく言いのこし、たのんでおける者は何人もいます。公儀の賜物こそ、たとえわずかでもありがたいことで、わたしがクナシリへやられるかわりに公儀からの下され物を、すべてこの親に渡して下さるのであれば、この身はクナシリはおろか赤狄《アカフト》の国へ売られてもかまいません」と答えた。

この答えには、いささか武四郎の潤色も加わっているようだが、ともかく彼の勢いに支配人もひるんで、彼は今日まで送り返されずにいる。武四郎はクッコレの家で、そう聞かされる。

シャリの詰合宮崎三左衛門も、この島への徴用の一条には深く心を苦しめられているといい、武四郎の思いと一致したので、彼は同人に、「なにとぞこの老人をいたわり、ウナウシの孝養が断たれないように御配慮下さい」とねんごろにたのんだ。

ちなみに、アイヌ民族の伝統文化においては、すぐれた男性の三つの徳として、雄弁(パエトク)、勇気(ラメトク)、美貌(シレトク)があげられており、ウナウシは、少なくともその二つを(多分三つとも)そなえた人物といえよう。

五月十二日、アバシリ番屋から、武四郎は蝦夷船(前述のイタオマチップ)一艘を借り、アバシリの惣小使コタンチシ他二人のアイヌを雇って出発する。岩礁の多い海岸沿いに北上し、シンノノッエト(能取岬《ノトロ》)を見分する。シンノノッエトは、シリ=山の、ノッエト=突き出た岬、の意味である。そのそばに人家五軒のノトロコタン(岬の・内にある・村)があった。人別は二十一人だが、半数近い九人が雇いに取られ、極老と病人だけがのこされていた。

十二、十三日はノトロ湖内を舟でめぐり、トコロの番屋に達した。着いてみると、かねてモンベツ詰の役人細野五左衛門へ、トコロ川上流調査のための糧米を用意しておいてくれるように依頼状を送ってあったのに、届いておらず、番屋には番人も不在であった。

その上、今度の旅で必ず案内をたのもうと思っていたレイシャク(六十歳)、乙名サンメム(六十三歳)の両人ともこの春に病死したと聞き、彼はすっかり途方に暮れる。そこへレイシャクの甥イチウトカン(三十二歳)がきて、「ニシパは去年この山の案内をレイシャクにたのんだお人ではないですか」とたずねた。「それはいかにも私だが」と答えると、イチウトカンは砂の上に端座して、「ニシパのこられるのを、去年の夏ごろからレイシャク、サンメムの二人はお待ちしておりましたが、今春、二人共なくなりました。みまかるまぎわにレイシャクは、いずれ今年か来年に、松浦ニシパという人がここへきて、川上へのぼりたいといわれるだろう。そうしたらおまえでも従弟のイコツバでもいいから必ず案内して山々のことをのこらず話してくれ、わしの息子サチウレキ(十八歳)も山のことはよく知っているからいっしょにつれて行け、とわたしに言いのこしました」と慇懃に告げた。

それから案内のアイヌや村人たちとなにか低声で相談しあっていたかと思うと、ノトロの方へ二人、トウフツ(サロマ湖口)の方へ二人が走り去った。番屋のなかから月影にすかして見ていると、蔵からわらじを出し、家からアッシの袋を取り寄せ、わずかな米をはたいて炊き出した。そしていう。

「ここには米はありません。もし役人衆などの通行があるときには、アバシリかモンベツから取り寄せるのですが、いまは番屋に誰もいないので米のたくわえがありません。ちょうどわたしの家に、このあいだアッシと交換にモンベツで得た米が二升ばかりありますので、まず今日と明日はそれを食べてください。いま、ノトロの方へ人を走らせたのは、ノトロにはアバシリの『役土人』もきているし、シャリの詰合もまだ宿泊しているというからです。おそらく二、三升の米はあるでしょう。トウフツへ走らせた者も一升や二升の米はつごうしてくるでしょうし、この村も家々を探せば三升や四升のたくわえはあるでしょう。それらをみな集めれば、明日川すじへ持って行く糧米一斗ぐらいは調達できるでしょう。いま、わらじを調べたら十足位ありました。ただ味噌がなくて困りました。しかしこれも、ノトロの方へ少しでもあればくれるようにたのみましたので、少しならなんとかなるでしょう。」

その手配がじつに敏速周到なのに、武四郎は感心してしまう。

彼は、自分も用心のためにアバシリから白米一斗、味噌五百匁を用意してきている。しかし、米はなるべく倹約しよう。いま火にかけた米は水を多く入れてかゆにしてみんなで食べよう、足らないぶんは魚を食べよう、と答え、その夜はイチウトカンのもてなしを受けた。

夜もかなり更け、かゆもでき、魚も煮えたところへノトロから使いがきて、シャリ詰合宮崎三左衛門の手紙と酒一樽を届けた。また、トウフツからはチャロマッテとシトクシュテの二人がありあわせの米を三升あつめて帰ってきたので、武四郎は感激する。

午前二時ごろ、またノトロから、夕方使いに走った二人が米を五升かついで帰ってきて、

「これはアリホカイ、これはコトワノがくれた分」とイチウトカンに差し出すのを、彼は夢うつつに聞く。

あとで調べてみると、モンベツ詰役人細野五左衛門は、番人孫三郎に米をもたせてトコロへ派遣したのだが、この孫三郎がユウベツで遊んでいて武四郎の到着に遅れてしまったのである。このあたり、あとで紹介する細野五左衛門文書からも推察できるが、支配人、番人らの意図的なサボタージュの気配濃厚である。

トッパイサンの嘆き

五月十四日、トコロ(常呂)川を上流へ向って出発する。案内はイコツバほか二人。その日はプトイチャンナイというところで宿泊する。そこに人家が三軒あり、一行四人が乗った舟を見ると、一人の老人が川端へ出迎え、武四郎を家へ招じ入れた。

この老人はトッパイサン(六十六歳)といい、「白髪にして頗《すこぶ》る威有る者」で、応対が尋常の者ではなかった。妻と子供八人があるが、上から四人の子はソウヤへ取られ、家には十二、三歳以下の四人がのこっていた。彼が怒っていうには、

「さてアイノといへるものは如何なるあさましきものなる哉。子を産みそれを育て漸々《ようよう》水を汲み薪を取[り]等するまでになし候はば、跡《(ママ)》は会所えとられて仕舞うことなり。かくあさましきものはなし。何様《なにさま》致《いたって》老てまた浜の稼[ぎ]も出来ざる様に成らば

山え返されけるなり。

我も近年までソウヤに雇をさせられし時、上方の話しを聞きしに、請負人柏屋喜兵衛の本店と申すは近江の国八幡在の[日]枝村といへるに有るよしなるが、其辺《そのあた》りにては牛や馬を達者なる間は車を曳[か]しまたは田畑の用に用ひ、老て用立たざる様に成る哉穢太《えった》(多)といへるものに売、其穢多是を買て牛馬の皮を剝ぎ、其皮を以て雪踏(沓)をつくり、またさまぐ〜の細工ものに用ひ、其肉は喰ふよしなるが、蝦夷人は《(ママ)》よりから見れば少しはましなり(牛や馬の方が死んでも役に立てられているぶんだけ、アイヌよりましであるという意味であろう)。

今度公料になりしと聞きしかば、扨《さて》有難やと覚えしにむかしの公料とは大違い、少しも土人の御世話は無し。」

話すうちに怒りがつのったのか、武四郎をめがけて罵るので、彼も少し気色を悪くしたが、「こんどはそんなに勢《(ママ)》急にはよくならないが、だんだんには昔の公料のようになるだろう」と気休めをいってなだめた。

ここの人家三軒のうち、一軒は家族四人すべてソウヤへ取られて五年もたち、家はくさって柱だけがのこっていた。もう一軒でも二人が取られ、女三人だけが住んでいた。

それぞれに烟草や針糸を土産にわたし、その夜はかゆを一升炊いてみなでわけて食べようとした。ところが、家人がそのかゆに鱒の卵と油を入れたので武四郎は閉口する。彼はたいていの食べ物は慣れないものでも平気だったようだが、かゆなどに魚の油をまぜたものは匂いがきつくて困ったらしい。寒冷に適応する料理法であった。みんなは、武四郎のことなど気にせずせっせと食べるので、彼はチライの煮たものを三椀も食べた。それを見たトッパイサンは、彼が自分たちが主食にしている汁物《オハウ》ばかりを食べるので「ションノニシパ、ションノニシパ」(本物のニシパ)と大笑いして機嫌をなおしてくれた。

その夜、老人は五弦琴(トンコリまたはトンクル)でチカフノホウエ(鳥の鳴声の曲)を弾いてくれる。これは、春の日に沢山の鳥がさえずるさまをうつしたものでいかにもおもしろく、五弦でよくさまざまな鳥の鳴声を弾きわけられるものだとふしぎな気がした。

このエカシは、一行が帰路立ち寄ってのこった米や烟草を贈ると、返礼にその五弦琴をくれるといい出した。武四郎が「大事なものだから」とつよく辞退すると、「我は是を作るによろし、是非一宿の因縁も容易ならず」といって、舟子に押しつけて渡すので、辞退しようがなく、ありあわせの古襦袢一枚を返礼に贈って別れた。

この五弦琴については、『人物誌』に、次のような印象深い挿話がある。

樺太の東海岸の奥ヲタサンに、人家五、六軒のコタンがあり、そこにヲノワンクという八十余歳の翁がいた。

「白髪肩を掩ゐ、眉髭頬に垂れ、黄鬚赤鬚《こうぜんせきしゅ》胸を隠すに至る。その間より笑める眥《まなじり》を見るに、尋常の輩とも思はれざりけるに、此者至て言語少くして、みだりに何事を問ふとも答へず。」

この家で一宿を乞うと、慇懃に礼をして、しばらくすると五弦琴を棚からおろして浜辺へ出ていった。どうしたのか、とのぞいて見ると白砂の上にすわって弾いていた。食後、炉端でまた無心にこれを弾き、夜になって六月十三日だったが、十三夜のおぼろ月が出てくると、また浜へ行って、一人でなにか唄をうたいながら弾いていた。あまりにその琴を深く愛し、弾いては慰んでいるので、同行のアイヌに聞いてみた。すると、

「是はトンクルといへるものにて有りけるが、昔し《（ママ）》より此の島に伝はりて、其調べもさま〴〵有けるが、追々運上屋の漁事に役せらるゝことの繁くなりしより、其琴を弾き弄ぶ者も追々絶えしかば、其調べもいつとなく絶えしが、唯此東浦すじに今残るは此の老人のみなり、其をかなしみ誰にか伝へまほしと、かく頻りに聊の暇なりとも是をかきならしては、其伝へを受るもののなき事を歎じ居る。」

ということであった。

一行中のアイヌに「弾けるか」とたずねると、アラカイという者が「少しなら」と、弾いてみせたが、ヲノワンクの調子には到底及ばなかった。

武四郎は、この老翁からも古い五弦琴一張をもらい受けているが、それをゆずるさい老翁は、この海岸に住むアイヌらも昔はこのような楽器で慰んでいたものですが、今はこうした楽器をたのしみ慰む暇もなく、ただ運上屋というものができてからというもの、四季

とも労役をさせられるばかりで、つらい生涯を送っているありさまです。この楽器を弾く者が今、絶えていることをその証として、こんど江戸という国にもどられたら、ニシパ達に知らせてください、といとも悲しげにその訳をのべた。

ヲタサンのヲノワンクとトコロのトッパイサン、二人の姿はぴったりかさなる。

翌日、トコロ川をのぼっていくと、チユウシ五軒、ヌツケシ三軒、ノヤサンヲマナイ三軒、ペテウコヒ別称ムッカフト(武華川合流点)四軒、と四ヵ所に別れて人家十五軒があったが、どこも働き手を雇いに取られ、のこされているのは老人や子供ばかり、人別だと六十九人いるはずが、半分以下の三十人しかいない。そして川上ほど飢饉が深刻な様相を呈していた。

チユウシコタンの一軒では、シノッチャロ(二十八歳)という家主をリイシリへ取られ、家には八十歳ばかりの盲目の婆シケレパレと六十歳ばかりの婆ルウセの二人がのこされていた。米をすこしばかりわけあたえると、か細い声を出して「イヤイライケレ(ありがとうございます)」という。「そのさま目もあてられず」である。

一行は、武華川との二股、ペテウコヒから引き返して、五月十八日、夜八時ごろトコロ番屋へもどった。

第八章　モンベツからソウヤへ

小十郎一件

一九八七年一月も末の二十三日、北見市の手前(旭川寄り)の紋別郡丸瀬布《まるせっぷ》町に、武四郎研究家秋葉実さんをたずねた。

秋葉さんは、いま私が全面的にそのおかげをこうむっている『丁巳日誌』『戊午日誌』の原本を解読し、公刊された在野の研究家である。

朝九時二十八分の特急オホーツク三号で札幌を立ち、二時間ほど乗って旭川をすぎるあたりまでくると、蒼古深々とでも形容したい雪の山野の風景がひろがり、車窓から眺めて飽きることがない。ときどき雪が舞うなかを、午後一時近く、丸瀬布駅に着く。ここは林業の町で、ひろい木材置場が駅に隣接してある。町役場の横、木造二階建、横長の古い建物に「山脈文化協会」という小さな看板がかかっている。そこが秋葉さんの仕事場であった。町の公報紙の編集をされている。

初老の秋葉さんは、解読という根気のいる仕事にぴったりの感じの、いかにも緻密で無私な人柄に見えた。言葉少なでお世辞はないが、初対面なのに、親切に資料などを示して応対して下さった。

北海道立文書館(北海道庁)所蔵の古文書から、紋別場所(丸瀬布から北へ向うとすぐ紋別である)関係の文書をえらびだして解読した資料を見せていただく。なかでも、紋別詰同心細野五左衛門の報告文書には、武四郎とはまた立場がちがう在地の役人として、当時のアイヌ雇用の実相を伝える内容があらわれている。目を走らすうちに心が高鳴ってきた。とても記述が具体的なのである。丹念に原稿用紙に筆写されてあって、まだ活字になっていない資料なので、複写をお願いするのは失礼かとためらわれたが、思いきってお願いしてみたら、快く許して下さった。

感謝して、以下で利用させていただく。

たとえば、前章で名前だけあげた、トコロ川中流のチユウシコタンについての細野文書がある。これは、そこの小使ヱコラツセ申し立ての調書と、それに対応した処置の報告書で、安政五年五月十二日付で、山口顕之進、大河内八太郎という箱館奉行所の役人に宛てたものである。

ヱコラツセが、老女シケレパレとルウセの二人の窮状を訴え、あわせて自分も老齢(六十一歳)になり、倅夫婦はソウヤにあり、幼年の男の子が一人手許にいて、渡世に難渋しているので、自分が老女たちを助けることもできない、ついては今年、倅夫婦を帰してほしい。こう願い出たのに対して、細野五左衛門は次のように対処している。

シケレパレにはシノッチャロ(和名篠次郎)という倅があることは人別帳で明らかであるから「早々に呼戻すよう支配人代に申付け」ると約束し、ルウセはコタンの住人で世話をみるようにとしている。しかし、ヱコラッセ自身の倅夫婦を帰してもらいたいという願いには、まだおまえたち夫婦も丈夫そうに見えるし、ルウセや幼い子一人の世話といっても一日中かかりきりというわけでもなかろう、おまえの倅夫婦の件はいましばらく保留して考えてみる。そして、こうつづけている。

「一体ソウヤ雇いと申すも当地漁業の儀にて、国貢を営む天道に之れ有り、土地産業に障り候得ば国貧し、楽を失い、義理を損す。成る可くにも渡世出来候はば御国恩の為稼働致し、其上にも行き立ち難き程の節は聊《いささか》も歎息を以て止むに及ばず、遠慮無く申し出ず可し。」

場所での生産活動(搾取)の都合を優先したうえで、一時しのぎの宥和に腐心する役人の言といえようか。

次は、武四郎がずっと追ってきたアイヌ労働力の徴発の実態を、場所請負人側から照らした文書である。一通は、ソウヤ場所支配人八右衛門とソウヤ、リイシリ(利尻)、レフンシリ(礼文)、ヱサシ、モンベツの惣番人代、又五郎とが連署した宗谷御用所宛、辰(安政三年)十一月七日着信の書翰。もう一通は、それに関する紋別詰同心細野五左衛門とその部下の足軽、逸見小十郎の連名の書翰である。

前書はいう。当ソウヤ場所ならびにリイシリ、レフンシリ場所は、往年より漁業を営むにあたり、このソウヤの持場所内であるヱサシ、モンベツ両所から「出稼土人」を雇ってまいりました。しかるに今度、幕府御料地になったのでモンベツ場所から「土人」を雇うことが差し止めになるかもしれないように聞いて「驚き入って」おります。「出稼土人」を雇って漁事をさせ家業を営む方式が差し止めになれば、ソウヤ、リイシリ、レフンシリでは漁業を営むことは困難になり、モンベツ、ヱサシは人口が多くあるのに漁獲高の少ないところであるから「土人一統手厚く介抱いたすべき手段御座無く」、全体の漁獲量がへれば、お請負いしている家業にも障りが生ずるので多人数が困ることになり、誠に歎かわしいことです。どうか格別の御沙汰で従来のしきたりの通りにお願いいたします。

そして細目が列挙されている。

卯(安政二)年冬よりモンベツ「出稼土人」は、当時ソウヤで男女百八人が働いており、おなじく男女八十人がリイシリ、レフンシリに雇われて夏期に滞在し、近日中に引き揚げることになっていて、都合百八十八人です。ほかに自分稼ぎで二十人ほど魚取りにきていました。

その百八十八人をソウヤへ集め、男女二十人ばかりはモンベツへ帰して鮭漁に「召遣」

い、明年早春からは、またこれまでどおり出稼ぎに島へこさせたく存じます。

百六十人余は、このソウヤでの鮭漁に「召遣」いたく存じます。そしてそれが終りましたら、男女七十人ほどは、リイシリ、レフンシリ両島へ「越年雇」に差し遣わしたく存じます。また二十人余は、当ソウヤへ越年に必要な仕事をさせるために召遣いたく存じます。のこり男女四十人余はモンベツへ帰郷させます(のこり三十人ほどの内訳け不明)。

右のとおり、これまでのしきたりで漁業をしていきたいので、今後共、同様に仰せつけ下さいますよう一同こぞって歎願奉ります。

そして歎願の結果が、各地番人への通達としてあとに添え書きされている。

前書のとおり歎願したところ、宗谷御用所よりすべて御聞き届けになり、モンベツ御詰合へ人数をまわすようお達しになり、箱館御役所へもそのように報告されたので一同「安堵いたし」、これまでのとおりそれぞれ手配するように。もしモンベツにおいて万一拒否されるようなことがあっても、それにかかわらず「人繰」りして送るよう同所番人共一同へ厳重に通達すべき旨仰せ渡しになったので、一同承知した、と。

なにやら背景から匂ってくるものがある文面である。また、「土人出稼ぎ雇い」をやめると「土人を手厚く介抱できなくなる」とは、よくいえる。厚いのは「面の皮《つら》」の方ではないかといいたくなる。漁業ができなくなってもいいのかと脅しをちらつかせているあたり、商人側が役所の弱味をにぎっている物言いといえよう。

この労働力の動かし方には、通年にわたって遊休期間がないような効率的利用を、という意図がはっきりと出ている。その結果は、一代かぎり使い捨て、ということであった。

もう一通の、細野五左衛門、逸見小十郎が出した十一月十二日付の書翰には、右の歎願書に関する釈明と背景説明が見られる。

その釈明はくどくどしく、前後の事情がわからない部分もあるが、ごく大まかにいうと、モンベツでの道路整備と畑地の開墾のために、島へ連行されるアイヌを減員したいという趣旨で、現場の官側は打ち合せを進めていた。また、「出稼土人」を漁期が終ったら一足さきに帰郷させてほしいと願ったが、それは漁期をすぎても島にのこされていることがあるからで、帰してもらって和風への帰俗(髪や月代)を諭すつもりであった。

これらの要望が、「土人」をむやみに惜しむように思われるのは不本意であり、また漁業に差しつかえてもかまわないというつもりでは一切ない。出稼ぎ当時はなんら差しつかえはなかった。もし差しつかえあるのなら指図に従う。

先便は言葉足らずで、「土人」を惜しむような意味も含んでいたため風聞がつよまり、不審を蒙ったことは誠に申し訳けない。しかしだれか意図的に風聞をひろめ、諸人をおどろかせた者があってのことで、島への徴発を「実に以て差留めなどの心底は毛頭御座なく候」と申し開きしている、いかにも小心実直な役人のくどくどと言訳の多い文章である。

さらにこの書翰には、秋葉さんが「小十郎一件」と注記している事件についてのくわしい報告が付加されている。

これまで内々にすませておいたことであるが、右のような風聞をひろめたり、さまざまな悪口を触れまわっている者があり、察するところ御地番人共のうちわれわれに遺恨を抱いている者があるらしいので、やむなく詳細を報告する、というのである。報告されているのは二件で、いずれもモンベツ詰の若い独身の足軽逸見小十郎がからんでいる。

一件は、江戸から巡回にきた役人の付添でソウヤからやってきた重吉という者が、モンベツに着くや、雇いのアイヌの小屋に入り込み、女を漁ってつれ出したうえ、シャリまでの往復に二人のアイヌ女性を勝手に同伴し、夜伽をさせながら連れ歩いた。

そのことを台所で働くアイヌたちが逸見小十郎に話し、彼が調べたところ事実に相違なかった。彼らは、その重吉の振舞いにはなはだ胆を焼いているが、ソウヤの番人は当地へまたくる者だから、自分たちはのちのちの仕返しが恐ろしくてなにもいえない、取締りの役人の立場からなんとかして下さい、という。

小十郎は、モンベツの番人清兵衛に、早々に追いかけて右のアイヌ女性をもどすよう通達せよ、といった。すると清兵衛は、そんなことはいえないし、いえば「貴様身の為によろしくあるまじ」とすごんだというのである。

この一件は、細野五左衛門が、ソウヤの支配人八右衛門へそういう不心得者は今後派遣しないように、と連絡して事を収めている。

もう一件は小次郎という番人の事件である。この男も箱館奉行所役人の巡回の件でやってきて、夜、雇小屋へ女を探しにきて、スケロスケという若者の寝ているそばで騒々しくした。そこでスケロスケが腹を立て「静かにせよ」とたしなめたところ、怒ってそこにあった棒でなぐりつけた。

彼はたびたび当所へくるが、くるといつも酒を飲んでさわぎ、清兵衛らに叱られているが、このあとまた役人の荷物の運搬できて、同様の振舞に及んだ。知らせを受けて、逸見小十郎がコンベという若者の案内で雇小屋へ出かけて行ったところ、浜伝いに番屋へ逃げ帰り、小屋では見つけられなかった。そこで役所にもどり、コンベを番屋へ使いにやった。するど当の番人がコンベをつかまえ、足で蹴りたおし、打ちたたきながらいった。

「てめえは先刻小十郎の先達をして、おれが用事で雇小屋に行った跡をつけたな。おれが浜伝いに帰ったのは知らなかっただろう。なんで跡をつけたりしやがるんだ。おれは梨本弥五郎様の指図でこんどやってきた者だ。役人はヱサシにだってシャリにだっているんだ。モンベツばかりにいるんじゃねえぞ。

役人といったって同心、足軽なぞは虫けらみたいなもんだ。それに使われ、手引きをしておれの跡を追いかけるなどとんでもないやつだ。てめえののちのちの戒めとしてこうしてやらあ。」

コンベは逃げ帰ってきて、息せき切って訴えたので、小十郎が番屋の窓の下へたたずんで様子をうかがうと、コンベに逃げられて相手を失った番人は、一人、大声で役人の悪口をならべていて、清兵衛が脇から「静かにしろい」とたしなめていた。

小十郎が、清兵衛を呼び寄せて問いただすと、あいつはアル中なのです、申し訳ありません、という。そこで、五左衛門は両人を改めて呼び、スケロスケの件もふくめてきびしく叱責した。

こうした事件は頻発し、役人はお手あげであったようである。小十郎のせりふのなかの梨本弥五郎というのは、箱館在住の調役下役で、武四郎の上司でもある。

安政六年二月末には、右の逸見小十郎が、あまりに番人に愚弄され、なめられるのにとうとう堪忍袋の緒が切れて、番屋守の善兵衛を斬り捨てようとして深手を負わせた事件があり、それについても詳細な報告がなされている。

逸見小十郎の始末書その他関係文書によると、事件は次のように進行した。

安政六年二月十五日、細野五左衛門は、用務出張のため、宗谷へ向けて立った。彼は、小十郎以下、番人、「役夷人」たちに、留守中の取締りに落度がないよう細々と言いおいて出立した。彼が不在になって、五、六日は何事もなくすぎた。

その節は清酒が不足気味だったので、番屋でも酒は控えるよう申し渡されていたが、番屋守の善兵衛(四十五歳)はアル中気味の男で、二十日すぎからだんだんと飲み出した。

二十二日に、ヱタシャウリというアイヌがカワウソの毛皮一枚をもって清酒と代えてほしいとたのみにきた。すると善兵衛は、清酒はもうない、と真赤ににごった酒酢のようなものを出してきて渡す一方、自分では昼夜の別なく酒びたりになっていた。

二十六日夜には、惣乙名ヘイシュク、脇乙名キケニンハを番屋へ呼び寄せて役人の悪口をならべ始めた。

「当所の詰合は、他の場所にはいねえとんでもないやつらだ。それを、てめえらはよいお役人だと思い込んで、なんでもハイハイと聞いてやがる。五左衛門は年輩だからまあまあだが、あの小十郎なんて野郎は、まだセカチ(子供)じゃねえか。ちっともこわがることなんかねえぞ。

これからぁ、てめえらよく相談して、詰合からいろいろいわれても、なんだかんだと理由をつけて、いうことをきくんじゃねえぞ。

そうすりゃあ、詰合なんてものは、ここのしきたりに慣れるもんさ。いったい役土人のてめえらが心得ちがいして、詰合をありがたがり、おれたち番人をけむたがるのがよくねえんだ。

いいか、よく聞けよ。これからは心を入れかえておれたちと心を合わせろ。平土人共にもよくいいきかせて、一人も詰合の役宅へ出向いたりしないようにしろい。

さあ、いっぱい飲め。」

ヘイシュクは、あとで小十郎にそっとこの抱き込み工作を耳打ちし、言葉をついでこういった。

「どうか、わたしがお知らせしたということは内密にして下さい。番人は、わたし共とお詰合とのあいだを裂こうとしていますが、番人というものははなはだ強悪で、うそをいってわたし共をだますばかりです。しかし、ソウヤからこの海岸一帯は、皆おなじ番人仲間ですので、もしわたしが告げ口したということがわかれば、お役人の目の届かないところで、ブシ(トリカブト)の毒矢でも使って殺されないとはかぎりません。堅く堅く秘密に願います。」
二十七、二十八日と善兵衛は飲みつづけ、二十八日にはアイヌ女性を昼間から引き込んでみだらな行為に及んだもよう。夜は夜で、アイヌの集落へも出向いて行っているというので、小十郎は彼を呼んで詰問した。
「五左衛門殿のいい置きを、おまえもとくと聞いたではないか。どういうわけだ、善兵衛。」

「へえ、用事がありゃしたもんですから、メノコをちょっと呼びました。あいすまんこってした。ですが、夜半に夷人小屋へ行ったのはずっと以前に一回だけでして、その後は行ったことなんざあ、ありませんぜ。」

「うそをつくな。おれは夷人たちから調べたうえで、おまえにいっているのだ、正直にいえ。」

彼はぷいと横を向いて、いまいましげに吐きすてた。

「へえ、すみません。以後、つつしみます。」

「五左衛門殿の申し聞せを忘れ、不取締りの振舞、心得ちがいであるぞ。向後、きっとつつしめ。この上、不行跡をかさねれば、そのままではすませぬぞ。」

小十郎のこの叱責に、善兵衛は黙って頭を下げて立ち去った。やがて、番屋のなかから善兵衛の大きな声が聞えてきた。

「チャランケつけられても踊りはアシカイ(文句つけられても踊りはできる)。」

節をつけておどりさわいでいる様子であった。

その夜八時ごろ、ユウベツ(湧別)の「平土人」テツホクシの息子で、十六歳になる出刃蔵を伴につれて、小十郎は「夷人小屋」がならぶ集落を見廻って歩いた。あたりは平穏で、何事もなかった。

翌朝(二十九日)、出刃蔵は朝飯をたべに番屋へ行き、食後、炉端で一休みしていた。すると帳場から善兵衛が出てきて、彼をつかまえてこうののしった。

「おい、てめえにいうことがある。昨夜、一人は背の高い男、もう一人は小男。その名を逸見小十郎と出刃蔵とかいう大馬鹿者が、土人の家のまわりをうろついていやがった。大方、女漁りにでも行ったにちげえねえ。そんなことをして上役へ知れたらどうなるかわかってるのか。」

出刃蔵は、小十郎の宅へ走り帰り、その旨を訴えた。若い出刃蔵らは、当然にも番人のメノコ漁りに業を煮やしていたのである。

こうして一触即発の緊張が高まっていった。

同日昼近く、小十郎は番人の一人長右衛門(三十四歳)を呼び出して、番屋へ同行させ、今朝、善兵衛がいった悪口はたしかだな、と脇証言をえようとする。長右衛門は、善兵衛と口裏をあわせて、それは出刃蔵の聞きちがいでしょう、と白を切った。やむなく小十郎は、出刃蔵を呼んで対質させると、彼は善兵衛を恐れることなく、

「あんたはたしかにそういいましたよ。」

と証言した。善兵衛は、これを聞いて怒りだし、大声で彼をおどしつけ、「知らねえよ」とけつをまくった。出刃蔵も引き下らず、「確かにいった」と語気を高めたので、形勢悪いとみた善兵衛は、ふくれ面で黙り込んだ。そこへおっかぶせて小十郎が、

「善兵衛、おまえの身持ちが悪いので夜廻りに出たのだ。それを逆うらみして何事だ。役人の身として夷人の女を漁りに出廻るか。怪しからんことをいうやつだ。」

と叱りつけると、彼は両ひじをぐっと張り、膝の左右に手をついて、「怪しからんとは何でえ」と声を荒らげ、かかってきそうな様子をした。

小十郎は、堪忍ももうこれまで、と刀を抜き、真向から斬りつけた。しかし、興奮していたため手元が狂って刀は眉間の右へ少し外れ、頭の端から耳近くまで、長さ三寸四分、

幅三寸五分、深さ七分位の丸形の傷を負わせた。「おのれ」と二の太刀をふり上げたところ、長右衛門が「ごかんべんを」と抱きついてさえぎり、それをふりほどく間に善兵衛は逃げ去って見失った。傷は深手だったが、生命には別状なかった。

邪魔立てした長右衛門も斬り捨てようか、と一時は思ったが、彼は、昨年この地へきてから、メノコを妾にすることもせず、アイヌたちの受けも悪くないうえ、当時、ここには番人が全部で三人しかいないという事情もあったので、心を静めて思いとどまった。

小十郎の始末書は、その心境を次のように綴っている。

「私儀、身分は軽く御座候得共、御扶持方頂戴仕《つかまつ》り帯刀仕り相勤め、殊に場所詰中は同心共打込み相勤め、先ず及ばず乍《なが》ら諸事五左衛門と談判仕り、聊も其験《しるし》は相立申さず候得共、先ず申し合い一致の志を固め精心真実の御奉公仕度と相心得罷《まか》在り、常々五左衛門と倶々申合せ候には、御開拓の御主意厳重相心得、開墾の筋幷《ならび》に御取締向きの儀は外《ほか》場所に負けざる様仕る可く古廃の漁場も追々工夫致し取り開き……」

彼は、酒は一滴も飲まない堅物で、ふだんは穏和な人物である、とソウヤ詰、庵原勇三郎、大塚良輔の調書は語っている。

小十郎の申し立てている見解を読むと、善兵衛の増長を見のがしておくと、「夷人」たちが、お役人までも番人を取り締れず、番人の威光は恐ろしいものだと思い込み、彼らがどんな不当なことをしても、恐れて訴えて出る者がなくなってしまうだろう。そうなれば、番人の悪行はますます耳に入らなくなり、何をされても制止する方便がなくなり、自分としてはなんのためにお扶持を頂戴して、場所詰役人にまじって勤めているのかわからなくなる、というものである。

武四郎のように、アイヌの側に目と心を置いた見方ではないが、この一件は、当時の番人と役人の関係や番人の放埒ぶりを、一篇の短篇小説に似た臨場感をもって知らせてくれる。

トコロの義民レイシャク

『戊午日誌』へもどろう。武四郎がモンベツへ着いたのは五月二十五日である。

モンベツ(紋別)には、二年前の安政三年六月から細野五左衛門が妻子を同伴して勤務しており、番屋には数名の番人がいるほか、雇蝦夷小屋一棟、板蔵十二棟、茅蔵五棟、大工小屋一棟などが建ちならんでいる。アイヌ民家も二十軒ほどあった(安政三年の『廻浦日記』の記録)。

『廻浦日記』と『近世蝦夷人物誌』には、ここモンベツの東、トコロ(常呂)に住んでいたレイシャクの行跡が誌されている。

武四郎がその話を聞いたのは、『廻浦日記』が書かれた安政三年の旅中、八月のことであった。しかし彼は、十年前の弘化三年、樺太からの帰り道、宗谷から知床を往復した折、すでにレイシャクに出会っていた。当時、四十代半ばの壮年で、勇気と大力をそなえたレイシャクの安否を、十年をへだてて問う武四郎に、番人たちは「あれは無頼者ですから、お会いにならないほうがよいでしょう」という。支配人に呼び出してくれるようたびたびたのんでも、シャロロへ行っているのモヤサンへ行ったのと言を左右にして一向に呼び出してはくれない。

ようよう手をまわして、彼が滞留している小屋を聞き出し、じかに出かけて行ってやっと会えた。義勇があり、貧者や病人を憐れむことで北海岸ではその威を知らない者はない、と彼の人となりを、武四郎は賞揚しており、いくつものエピソードを記録している。

あるときトウフツ(濤沸)の土産取ヲホンタカが、モンベツの番屋元で稼ぎをしていた。そこで地元のメノコとなじみになり、その家へ遊びに行ったところを支配人清兵衛が見つけて大いに怒った。ヲホンタカが妻ある身なのに、ここで別の女性と通じたせいだけではなく、そのメノコは清兵衛が手をつけていた者だったからである。

清兵衛はヲホンタカを打ち叩き、彼は深く詫びていったんはおさまった。五、六日すぎて清兵衛は一通の手紙をヲホンタカにわたし、急いでソウヤへ届けるよう命じた。彼はなにも知らずにそれをもってソウヤの通辞又五郎まで届けた。又五郎はその手紙を読むや否や、ただちに彼を縄でしばりあげ、運上屋の台所の梁に吊り下げてしまった。

そのときはまだ松前領だったころで、松前藩の足軽がいて、又五郎と二人して腰骨が砕

義民レイシャク，ヲホンタカを救う(『近世蝦夷人物誌』)

けるほど彼を打ち叩いた。ヲホンタカは何度も気絶し、頭は割られて台所のたたきが鮮血に染まるありさまであった。

　折よく、レイシャクがソウヤにおり、同所の乙名センケと共に折檻の現場にかけつけ、本人から事情を聞こうとしたが、本人は口もきけない状態であった。本人に代って、モンベツから同道してきた仲間が事情を説明するのを聞いたレイシャクは激怒し、「夷女《メノコ》が夷人と密会せしとて人間《シャモ》より是程迄苦責する事も有間《あるま》敷《じく》」と支配人八右衛門に談じ込んだ。おれたちにはおれたちの法がある、という気概である。

　それにまたモンベツよりどんな書面で申してきたにせよ、まず当所の乙名とモンベツの「役夷人」に話をとおして処置すべきである、と又五郎にも詰め寄った。そのかたわらで、乙名センケは、まず縄を解いて、その上で詮議しましょう、とヲホンタカの縄をほどく。彼は息も絶え絶えなので、水などをあたえて介抱し、それから又五郎に理由を問いただした。するとシャモが大勢つめかけてレイシャクを捕えようとする気配がつよまった。

レイシャクはセンケをあいだに立てて、アイヌ社会のしきたりにのっとり、詫びのしるしとしてつぐないを出すことにしてようやく事を収めた。そこで彼は、ヲホンタカにかわってトコロの自分の家から重代の宝である太刀と金の鍔とを取り寄せ、ソウヤ場所支配人八右衛門に渡した。

ヲホンタカは、なおそれからリイシリへやられ、四年も使われて今年(安政三)ようやくトウフツへ帰ってきた。彼は涙を流しながら、その太刀と鍔はいまも古着をしまう板蔵に吊り下げてあり、どうにかしてあの品物だけは、一命をかけても取り戻してレイシャクに返したい、と武四郎に語った。

レイシャクは和人に卑屈さを見せぬ豪気な人物だったらしく、細野五左衛門も、彼に一杯食わされた話を武四郎に教えている。

五左衛門がトコロのアイヌ二人を、レイシャク不在の折に和風に改めさせたところ、帰ってきたレイシャクが抗議にきた。この村をつかさどる「役夷人」の自分を差し置いて村人にひげをそらせ、髪を結わせたのは筋が通らないと怒るので、やむなく「いや、それは悪かった」と謝ると、彼は「ではいったんその髪を解かせて下され。そうすればあとで当所のアイヌはみな、我が一言で髪を結わせ、ひげをそらせてみせます」という。「では、そうしよう」と、その二人を呼び出し、髪を解き、襟をもとの左前に直させた。レイシャクは二人を連れ、「追ってこちらから御連絡します」と帰った。

五左衛門は三日ほど滞在して知らせを待ったが、一向になんの知らせもこないので、やむなく帰ってきたというのである。

このほかにもアッシの値段のことで番人をやりこめた話などが記されており、「いかにもおかしき事種々に有しが、是等こそ真の英傑と云べきか」と、武四郎はレイシャクの肩をもっている。

安政五年のさいには、このレイシャクはすでに亡く、武四郎の再会の望みは果されなかった。しかし、前述のように、レイシャクが甥たちに「松浦のニシパがきたときは、おまえたちが案内をせよ」といい遺しておいてくれたおかげで、武四郎は手厚く面倒を見てもらえたのである。

モンベツに着いた翌日、五月二十六日から、彼はショコツ(渚滑)川の川上調査に出かけ、二支流ヲシランネフ(雄白根布)川の合流点まで行く。その辺りから帰ろうとしたところ、二丁ほど先に、一人の猟人が犬二匹をつれて姿をあらわした。呼びとめて聞くと、十勝領広尾の生れで、四十七、八歳のシコツアイノという者であった。二十七、八年前から山を住家とし、石狩、日高、釧路、天塩、夕張、渚滑《しょこつ》と山から山へと歩きまわり、熊が獲れたときだけ、山を下りて皮などを売りに里へ出る。いまは、日高のユウフツ(勇払)の女性を妻とし、二人で暮し、一昨年から昨年にかけては七頭、昨年からこの春にかけては四頭、熊を獲ったという。

「このすぐ下に野営しているから、いっしょにきて泊ってくれ。山の話が聞きたい」と誘い、米を炊いて夕食を共にした。すると彼は、「このような米の飯は二十年前からひとさじも口にしたことはない。うまいものだ」と喜んだ。シコツアイノのつれてきた犬と浜から武四郎たちについてきた犬にも、わけあたえたところ、浜からの犬はすぐ食べたが、彼の犬は口をつけない。彼が自分の椀から一箸はさんで与えると、喜んで食べ始めた。よくしつけられた猟犬だからだろう。

「妻はどこにいるのか」とたずねると、「ここから七、八丁奥の山にいる」と答える。

「では呼んで一緒に飯をくおう」と、呼びにやったけれども、どのようにすすめても、「いやだ」とがんとしてきかず、下りてこない。このあたり、自覚をもったアイヌ女性の対和人感情をうかがわせるものがある。そこで、のこった米二合半、飯一椀、烟草一把、針十本を、彼女のために贈り、「鍋はあるか」と聞いてみた。「縁の欠けたのを一枚もっている」とシコツアイノ。「では、ソウヤか箱館へ帰ったら、一枚調達して届けよう」と約束した。

このあとは『人物誌』の「小仙　シコツアイノ」の記述である。

トカチ出身なのに、どうしてシコツアイノと名のるのかと聞くと、「地名を名にもらうと長寿するものだ」と答える。そこで、

武四郎「米も塩も食べることができずに、なにがたのしみで長寿を願うのか。」

シコツアイノ「衣食住に望みはない。いまは四十七、八歳だが、これまでにも世のなかはいろいろ変った。あと四、五十年も生きられたら、さだめしまた、世のなかの変化を見聞きできるだろうと思うからだ。この蝦夷地がどうなるか見たいのだ。松前領から江戸の御料となったというので、わたしらの扱いもよくなるかと期待して山を下り、里の話を聞いたところ、わたしらをいじめることでは私領のときとさして変りないという。この分では、むかし、ロシア人や遠方の人がきて、アイヌを手なずけようとしたと聞くが、いま、そのようなことが起ったらこの島はどうなるか。

風俗改めといって、わたしらの髪を和人風に月代を剃れというが、もしわたしらがいうことをきかず、髪形を改めなかったら、次にはどんな風俗を強制されることになるのか、心配でならない。」

こういって、涙を流し、「サラバ〱と云って後をも顧みず山をさしてぞ足早に走りけり」と調子よくしめくくっている。このくだりは、武四郎が、自分のいいたいことを、シコツアイノの口を借りていわせた部分がありそうである。

『戊午日誌』では、

「山々岳々の話し水脈山脈の事等を聞取りて寝たりける。」

とある。

こんな出会いののち、あとは海岸に沿って宗谷岬へと北上。宗谷会所をへて、現稚内市街を抜け、ノシャップ岬をまわり、バッカイ(抜海)、テシホ(天塩)など日本海岸を歩き、六月十四、五日ごろ石狩会所元へ帰った。

宗谷場所内の海辺や川沿いの各コタンの状況は、シャリ、アバシリとおなじ悲惨さで、働ける男女は根こそぎ、雇いに狩り出されていた。

その実状が、各地での人別調べをつうじて、リアルに『日誌』に記されている。

一九八七年の秋、私は旧宗谷場所に属する北オホーツク海沿岸をかけ足で歩いた。稚内に近い日本海岸の稚咲内《わかさかない》で一泊。そこから少しもどった内陸部、天塩川沿いの音威子府《おといねっぷ》村筬島《おさしま》で、廃校になった小学校跡にアトリエ・サン・モアを構える彫刻家砂澤ビッキさん(第七章参照)のところで一泊、当時、枝幸町風烈布《ふうれっぷ》の中学校に勤務されていた詩人吉田徳夫さんのお宅で一泊させていただき、そこから、宗谷岬をへて稚内市へと、四日間の旅であった。

音威子府から天北線列車でオホーツク海に面した浜頓別までの車窓は、形容の言葉もないほど美しい風景であった。白樺の葉が乾いてちぢれ、落ちる寸前のデリカシーを保ってゆれている。ナナカマドの真赤な実が、陽を浴びて金色に輝くその枝に、こぼれおちそうに実っている。さまざまな種類の木々の何段階もの紅葉がかもしだす微妙な差異と調和。人気なく、物音なく、「聖なる」といいたい風景であった。至福感にみたされる気分であった。

浜頓別から枝幸への沿岸風景は、十数年まえに見たものとはガラリと変っていた。原野は牧草地に変じて海岸近くまでせまっており、サイロや牛舎が点在する。

枝幸から再び浜頓別へ。そこから宗谷岬へいたるバスからの風景は、人気の少ない海岸がつづき、以前の印象とほとんど変りはなかった。この地域は、風のつよい日が多い。この日も、晴れてはいたが、つよい風が吹き、海は白く泡立っていた。

宗谷場所の跡は、岬から西へ、六、七キロ南下したあたり、丘のかげに抱かれるように位置していた。いまは史蹟公園と称されているが、護国寺と弁天社が並び、その脇に会津藩士など北辺警備に当った武士の墓が十三基、ひっそりと建っている。この地にも、稚内市の資料館にも、ここへ雇いにつれてこられ、酷使されて死んでいったアイヌの人びとを想起させる説明文はまったくない。

北オホーツク海岸周辺、すなわち旧宗谷場所に居住していたアイヌ民族は、いま、ほとんどその血筋をとどめない。稚内市の丘の上に立つ明治百年記念の塔のなかにある資料館には、「最後の宗谷アイヌ」と貼り札された柏木ベン・フチ(媼)の写真が展示され、昭和三十六年(一九六一)没、七十二歳と記してあった。どうしてそのようなことに成り果てたのか、そのことに対するシャモ(和人)の責任を教える説明はなにもなかった。「百年記念塔」という建物の名称からして、そうした説明は期待しうべくもなかったが。

「確実な数字では文化元(一八〇四)年に二、八七二人を数えた宗谷場所のアイヌの人びとであるが、僅か一五〇年の間に零になってしまっている」と、『稚内市史』に拠りつつ佐々木利和は書いている(「近世アイヌの社会――ソウヤウンクルのコタンを中心に」『歴史評論』一九八六年六月号)。

百年記念塔から見はるかすオホーツクの海は、折からの烈風に波さわぎ、「兎が跳んでいる」と土地の人がいいならわす白い波頭がいちめんにひろがっていた。

その海を眼下に、いうべき言葉もなかった。

第九章　十勝・日高路

トカチ・ルウチシ

武四郎の足跡の順序からすると、この道北の旅のあとは日高の海岸筋である。すなわち、六月十四、五日ごろ石狩へもどったあと、休むひまなく、すぐに十七日、石狩を立ち、銭函から札幌を横切り、恵庭、千歳をとおって太平洋岸の勇払《ゆうふつ》へ出た。そこから海岸沿いに南下して襟裳岬に達し、岬をまわって十勝海岸を北上し、ペルプネナイ(歴舟《れきふね》川)をさかのぼり、タイキ(現大樹《たいき》町)をへて、七月十八日にメモロブト(現芽室町)まで行く。そこからはトカチ川を舟で下って河口のオホツナイ(現大津町)にもどり、十勝海岸を襟裳へ、襟裳から日高沿岸の川という川を一筋一筋しらべながら帰途についている。

この章では、その日高と十勝の足跡を追うが、トカチ川上流からメモロブトまでは、第六章冒頭で説明したとおり、この年の旅行の最初に、石狩川上流から山越えしてきている。まずその山越《ルウチシ》えの話からしよう。

「東部トカチルウチシ誌」は、『戊午日誌』第三巻に始まり、第七巻までつづく。二月二十四日(陽暦四月七日)、石狩出立から筆を起しているが、そのさい、早くも妨害があった。ベツバラ(現妹背牛《もせうし》町)在住の乙名で旧知のイソラム(三十六歳)を案内人に指名したところ、支配人らは不在だの眼病を患っているだのと嘘をついて連れて行かせまいとした。しかし、イソラム自身が武四郎の許へ直接やってきて、浜へ雇いに取られっ放しで、山にのこした老母が死にそうだという噂なのに帰郷させてくれない。ぜひ今度のニシパの旅の人足に連れて行ってほしい、と願い出た。

武四郎は承諾し、支配人らに強く命じて彼を同行させることにした。

陽暦四月とはいえ、石狩川をさかのぼるにつれて岸には氷が張り、雪も多く、ビバイ(美唄)で形ばかりの丸小屋を作って野宿したところ、夜更けに肌の暖気で雪がとけ、寝たかたちのまま一尺ばかりも雪のなかに落ち込んだようになり、暁方、寒さで目ざめてもしばらく唇がしびれてものをいうこともできなかった。

ラルマニウシナイ(現月形町付近)までくると、そこに見馴れない庫が四つほど建ち、丸木舟も四艘ほどある。「これはどうして」と聞くと、去年上川のアイヌたちが浜での秋鮭漁を終えて身柄を解放され、山へのぼろうとしたとき、箱館の役人安間純之進一行が検分のため通行するのにぶつかった。自分らの目の届かないところで、アイヌたちが役人に真実を告げ、惨状を訴えることを恐れた支配人らは、一刻も早く山へ帰って妻子や家族に会おうとする彼らを足留めして、役人が去るまで帰郷を遅らせた。

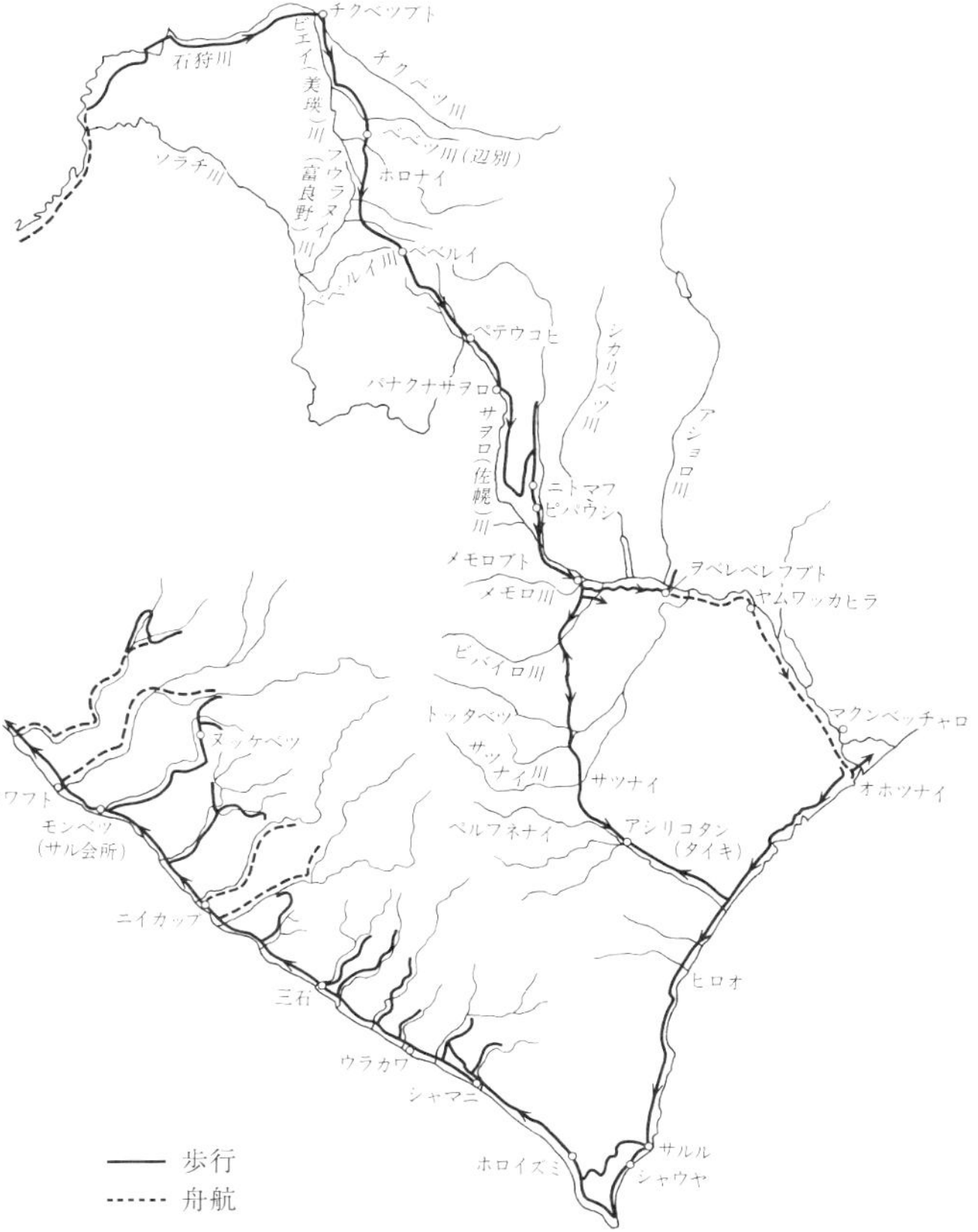

十勝・日高地方(『戊午日誌』)足跡図

そのため、帰郷する一行がここまできたらもう寒気がつのり、氷が張りつめて丸木舟では遡行できなくなってしまった。

上川に住む老人や病人や体の不自由な者は、飼っている犬たちをたよりとして生命をつないでいる者たちであるが、秋も終るころになると、風の吹く音にさえ、浜からの便りではないか、子供たちが帰ってきたのではないか、弟はどうか、妻はどうかと、ただ浜から帰る者がもち帰る米やこうじ、木綿、烟草などを楽しみに待ちわびている。

浜から帰る者たちが、このラルマニウシナイで留まってしまっては、山で待つ老幼が冬期の暮しに不自由する。彼らは意を決して、ここに庫を設け、折角かついできたものながら、米、こうじ、烟草などを収め、舟をつなぎ、身ひとつで歩き出した。しかし、新雪が深くぬかって歩行に難渋してはかどらない。

そこでまた、こんどは大勢で一艘の舟に乗り、みよしに座る者がまさかりで氷を割っては進み、辛うじて二日がかりでウラシナイ(現浦臼町)まで上った。二十キロほどを二日かかった計算になる。しかし、氷は刻々と厚くなり、まさかりでも割れなくなったので、そこに舟をのこし、あとは歩いて帰った。

それゆえ、去年の冬は、米、こうじ、烟草など一切を山へはもって行けず、山中はじつに困窮した。

「此度の御所置、半ば土人御撫育の為と聞けるに、隊長一人の通行の為に、此上川数

山中野宿の図(「戊午・石狩日誌」)

百人の土人去冬は其介抱品に困り九死一生の病の時も、一粒の米をも喰せず黄泉の鬼となり、其侭候処何処にか行くやらん。」

上川のアイヌは犬にたよるとはどういうことか。

すべて上川では老女一人暮しでも七、八頭の犬を飼っている。家は、川幅一、二間のマクンベツ(枝川)やメム(湧水源)のそばに作って住む。つまり、鮭が産卵にのぼってきたとき、背びれが半ばあらわれるぐらいの浅瀬である。秋、鮭がのぼってきて川底の砂を掘り、産卵し始めると、犬たちは水にとび込んでいってそれをくわえては岸へ上げ、またとび込んではとり、七、八頭もいれば人間もかなわない働きをする。そうして干鮭の百束(二千本)分もとってくれるというのである。

アイヌが犬を猟の供として非常にかわいがり、家族同様に遇した話はいくらもあるが、夢中になって鮭をくわえてくる犬の姿を思いえがくと、犬と人とのお互いの愛情のかよいあいが如実に感じられる。

三月一日(陽暦四月十四日)、イチャン(現深川市内)に着いてみると、イソラムの老母は、案じたとおり大病の床に着いていた。武四郎は彼に、「もういいから、ここにのこって看病せよ」というが、イソラムは律義に答える。

「我浜に有りて此度ニシパの供を致さずんば、此親の大病をも見ること能はじ。然るに幸に、運上屋より上せざると申すをニシパ無理に我を召連れ来り給ひし故此老母の大病を見ることを得たり、其上、米、味噌等をも遣はし呉られ、如何計か有難くぞ覚ゆ。よつて是より兎も角上川チュクベツ迄送り行、其より帰つて看病すべし。」

その言を受けて、チュクベツ(旭川)まで同行させ、着いた翌日に帰したところ、五、六日看取ったあと老母は亡くなった。

「此イソラムの孝と義は、天地の鬼神も感通し給ひしに哉《や》と覚えたりける也。」

チュクベツで、トカチへの峠《ルウチシ》越えの案内人を探す。彼らがいうには、今の時期はソラチ(空知)川をさかのぼるコースは雪どけ水で水量が多くて無理です。ビエイ(美瑛)岳の鞍部を越えてソラチ水源へ、そこからさらにサヲロ(佐幌)の水源へ出るのがよいでしょう。この道は、イソテクとシリコツネの二人でないと案内はむずかしいです。当の二人は春猟に山へ入っていて探してもなかなか見つからない。村人が呼びもどすのにどうしたかというと、彼らの橇の跡々へ「皆が帰ってきたよ」という印をつけておいた。すると、まずシリコツネが下山してきた。きっと、山で暮す人びとのあいだにいろいろな通信記号があったのであろう。

さて、峠越えは、武四郎と同行を希望してついてきていた石狩場所詰役の飯田豊之助、この和人二人に、乙名クウチンコロ以下十二人のアイヌという大勢で、三月九日(陽暦四月二十二日)、チュクベツを立つ。見つからなかったイソテクも途中で合流してきた。

ビエイ川水源の沢を詰め、雪深い峠を越えてソラチ川上流からサヲロ川源流へ下る行程は苦しいものであった。旭川から美瑛《びえい》川をのぼり、支流の辺別《べべつ》川の川端に出る。

「此処両岸大木簇々と立て、其樹木、洪水の度に岸打つがゆへに倒れ、其跡また川となり等して、数十条の枝川になり、網の目の如し、此川巾凡十三四間急流、源はベベツ岳より来る。」

なるほどその名ペ・ペツ(水量の多い川)にふさわしい。

「扨《さて》是より一同に手を引合て腰より少し上まで水に入り、川中四分計《ばかり》を渡りしが、如何にも急流にして、是より西の方はなお深きよしに見えけるまゝ、如何はなすべきかと思ひあましたる処、西岸より大なる白楊一本川中え倒れ有りけるまゝ、此処より此木に取つき其木の上にのりて向岸え漸々と着したりけるが、いと辛き苦を見たりけり。」

山への上りにかかると、空は天を衝くばかりのとどまつに掩われて昼なおくらい雪道である。からまつは二抱えも三抱えもあり、白樺は曲って人形が左右の手をふって踊っているような恰好で、高さは一丈から二丈位。そのあいだを上って行くのだが、すべって歩きにくいので、杖を横突きにして上っていったが、それでもやがてすべって進めなくなった。そこで、まさかりで足場を切っては進み、さらに七、八百メートル上って尾根に出る、といったぐあいであった。このあと、いちどは道をまちがえて引き返すなどあって、五日目の三月十四日、クッタラウシ(屈足)近くまできて、ようやく崖下の川端に一軒ぽつんと立つ人家に出会った。

十勝の平原に出ると、「鹿の多きこと、秋風にて落葉を吹払ふがごとし。実に一瞬間に幾千とも云べき」だったという。

盗人 イナヲクシ

その家のあるじはシュンクラン(五十九歳)といい、倅夫婦、次男、孫と共にここに暮し、家には鹿皮が百枚ほども積んであった。ここで休息をとりながら、クウチンコロら石狩アイヌのおもだった者が、チュクベツで盗みを働いて逃げたイナヲクシという男を知らないかと、あるじにたずねた。「その男なら、この下のピパウシ村のシリコンナ乙名が去年から捕えており、使用人として働かせています」とのこと。

このイナヲクシなる者は、今回の案内人シリコツネとイソテクが武四郎にあらかじめ事情を話して、同行のかたわら探索したいとたのんでいた男である。この男は、イソテクの姪フツマツと好い仲になり、イソテクが山猟に出かけたすきに、同家や隣家から、太刀、鍔、銀製品ら家宝の品々を大量に盗み出し、フツマツをつれてトカチ方面へ逃げた者であった。トカチへ行くについては、同人をぜひ探し出して盗品を取り戻したいということであった。

ピパウシ(現清水町)にいると聞いて、「もしわれわれがここへ下ってきていることを知ったら逃げるかもしれない。いまからすぐにその家へ行って捕えよう」というと、シュンクラン曰く。「けっして逃げることはありませんから、ご安心ください。もっていた宝物はシリコンナ乙名、アラユク乙名両人で預っていますし、同行の女もけっしてここよりほかへは行きません。」

武四郎は半信半疑で、「しかし、もしものことがあってはいけない」と、同人に「イソテクをつれて先にその家へ行き、捕えておいてくれるように伝えよ。われわれはすぐあとから行く」と命じた。

ニトマフというところまでくると、乙名アラユクと二人の息子が迎えに出ていた。次男のシルンケが、武四郎を見て「ニシパ様、御久敷御座ります」と和人言でいうのでびっくりする。一昨年(安政三年)、オホツナイ(大津)からホロイズミ(幌泉)までの海岸を案内してくれた者であった。

アラユクは七十四歳。ここのコタンは彼の縁者五戸から成る。近傍にも一族が多く住んでいる。彼の家にはすでに右座に当地の長老たちがいならび、炉をはさんだ左座に武四郎ら遠来の客人が招じ入れられて挨拶を交わしあった。旭川のクウチンコロとセツカウシは、十五、六年前にこの地を訪ね、アラユクとは旧知の間柄であり、またイソテクは若いころにここで育った者なので、婆たち、女たちも大喜びでヤンカラフッテ(手を取り、肩をさすりして久闊を叙するアイヌ社会の挨拶)して歓迎の意を表した。

やがて近隣からも人が集まり、総勢五十余人にもなったので、長老は長老同士、若者は若者同士、三軒にわかれて酒宴を催した。イナヲクシの件をアラユク乙名に尋ねると、少しもさわがず、「けっしてご案じなさらぬように。逃がすことはありません。もし逃がすようなことがあれば、わたしが身代りになります」と、笑みをうかべて大杯を挙げ、シノッチャ(即興の唄)をうたい、皆もそれに合わせてヲホーヲホーと鼓腹し、互いにたのしんだ。

それから二日後、一行はピパウシに着く。そこに、乙名シリコンナ(五十一歳)の家があった。この乙名の父はシンリキといい、もともと上川のチュクベツの乙名であった。彼は、同胞のためには死をも顧みない気概をもつ豪勇の人であった。チュクベツ在住の時代に、番屋の和人と争った末、同地ではもはや村の自治、民族の自治は維持できぬとさとり、祖先から伝わった宝だけを背負い、五人の子供、甥、姪その他男女三十余人をつれてここトカチへ移住してきた。すると、あとを慕って追々五十余人もが上川から十勝へ移ってきた。そこで彼は、サヲロ、ピパウシの辺りにコタンを作り、人びとを指揮して山猟、漁撈にいそしみ、老小を安楽に養ったので、その英名は東部にとどろいた。そのことが東部トカチ会所に伝わり、この地の惣乙名に登用された。彼もつれてきた人びとをトカチの人別へ入れ、漁猟の雇いにも応じさせ、生涯心のままに月日を送った(『人物誌』「豪勇　シンリキ」)。あたかも旧約の預言者モーゼのような人物であった。

さて、その子の乙名シリコンナに盗人イナヲクシの件を問うと、「まちがいなく家で養っています。宝物も預かっており、女の子フツマツもいます」という。

そして、「このイナヲクシはもとはトカチの者ですが、のちに石狩へ行き、そこの人別帳に入っていますから、お渡ししてかまいません」と答える。彼のそのあとの言葉が印象深い。

「しかしお願いがあります。こんどお連れのアイヌたちはみな浜通り(海岸沿い)をへてお帰しになるのでしょうか。何人かは山通りで帰し、その者に同人を連れ帰らせてくださいませんか。なにぶんイッカクル(盗人)のことなので、ニシパたちに連れられて浜まわりで帰されるのは恥ずかしいことでしょう。わたしにとっても去年の冬から下働きに使っていた者なので、浜の人びとに顔をさらさせ、あれは盗賊よ、と指される恥辱をなめさせるに忍びないのです。また、同人を半年も養っておいて、浜の会所に通知しておかなかったので、会所に知れればわたしの手落ちということにもなります。」

ことさらに容疑者や犯人の顔を大写しにしてこれでもかこれでもかとさらし者にし、恥辱に恥辱を加える現代の風潮とくらべて感銘深い言葉である。「人権」という外来の言葉をふりまきながら、そのじつ、それがなかなか身につかない今日のわれわれの社会より、ずっと人間のディグニティを尊ぶありようではないか。

武四郎はこのシリコンナの願いをよく理解し、「そうしよう」と答えるが、同行の役人飯田豊之助は大いに不平を鳴らす。

「飯田大いに不平にて、同人は是より腰縄にても致し、源頼光が大江山の酒呑童子の首にても取りし心地にて、トカチ、ホロイズミより様似、浦川[河]辺を、中山某ハ強(侠)客園貝を召しとらへて江戸へ入るの様なして高名せんと存ぜられし処、案に相違したるまゝ、少し否哉を申されしが」というわけ。しかし、彼はアイヌ語が少しもできないので、武四郎にたよらなくては会話が交わせない。この一条は、武四郎がシリコンナと相談して一方的に決めてしまった。

この記述には、岡っ引根性への武四郎の揶揄がにじみでている。一方、彼は、飯田が石狩へ帰ったあと自分を中傷誹謗しないともかぎらないと配慮し、大津番屋に着いた三月二十日に、自分のこの処置について、箱館の上司梨本弥五郎宛に書翰を書き、了解を求めている。その文末にこうある。

「豊之助其儀如何にて思はれ候哉もはかり難く候間、極内御手元迄此段申上置候。尚委敷儀は帰郷の上申上奉り候。」

シャモ(和人)社会の常識を少しでも逸脱することをつつがなくなしとげようとすれば、上役や同輩への細かい配慮が必要であること、昔も今も変らない。

イナヲクシの扱い、シリコンナへの上川側からの謝礼などの相談がすんで、イナヲクシを上川へ連れ帰るときまでここにのこしておくについては、番人を二、三人つけなくてはならないのではないか、というと、シリコンナは自信にみちて答えた。

「けっしてさような心配はご無用です。アイヌの国にさえいれば、たとえシャリ、ソウヤ、イシカリ、ネモロ、カラフト、エトロフ、どこにいようとも捕えるのはたやすいことです。わたしどもがその先々の村長《むらおさ》の使いに伝言をしておけば、どこにいようと向うでつかまえて送り届けてくれますから。」

アイヌ共同体社会の通信・連絡のネットワークの姿を、このコタンコロクル(村長)の言葉はうかがわせてくれる。

盗みをはたらいたイナヲクシも、事情を聴いてみれば憐れであった。彼には二十五、六歳になるイサリカイという息子と十九か二十歳の娘との二人の子があった。二人とも七、八年前から浜へ下げられ、一度も上川の山へは帰されなかった。愛児を二人とも取られたイナヲクシは、生きていてもなんの望みもない気持になってこんなことをしてしまったというのである。

これを聞いた飯田豊之助はびっくりして、「そのイサリカイとやらは石狩勤番所の飯炊きをしていましたが、去年の冬、番人鉄五郎が妾としていたタマチシカラという女の子を離させてめあわせました。妹の方にも今は夫をもたせ、今年はイサリカイを山へ帰すよう申し置いてきたところです」という。

イナヲクシは、セツカウシやクウチンコロに「ほんとうに息子は山へもどってきているのか」とたずね、「ほんとうだ」と聞いて笑みをうかべつつ落涙し、武四郎へ深く頭を下げたという。

三月十七日(陽暦四月三十日)ピパウシを出立。その日はメモロブトまで。

十八日、メモロを立ちヲベレベレフブト(十勝川と帯広川の合流点)で止宿する。帯広という地名は、アイヌ語名の、オ・ペレペレ・プ(陰部・いくつにも裂けている・もの)からきている。プトは川の口、すなわち二本の川の合流点をいう。地名の由来は、河口がいくつにも別れている川からきている。川は古いアイヌの文化では女性と解されており、アイヌ語のオは、もともと陰部とか性器を指すとのことである(知里真志保)。

帯広からは十勝川本流を舟で下り、二日かけて河口のオホッナイに達している。

夏の日高路

さてここで、旅の後半の日高路に移ることにする。『戊午日誌』第三十四巻から第四十六巻、第五十二巻から第六十巻(終巻)までが日高地方の日誌である。

六月二十一日(陽暦七月三十一日)にユウフツ(勇払)を出発する。川筋を調べ、地理を誌し、コタンの人別をくわしく書き出す様式は従前どおりであるが、宗谷場所の惨状を見てきた眼には、日高の村々は、おなじく雇いに連行される人びとは多くあるとはいえ、地味ゆたかで気候はおだやか、人びとの暮しもゆったりと映っている。

総じて西蝦夷地とはちがって「何れの家にても畑を耕し、烟草、粟、稗、隠元、蕪等を作り、家ごとに十俵廿俵の粟稗をとらぬことなしと聞けり」である。

また、あちこちの村長《むらおさ》や古い家柄の家には、交易で和人から得た行器《ほかい》(元来は食物を入れて運ぶ漆器)や耳盥《みみだらい》(元来は洗面用の漆器)、長刀(アイヌ語ではタンネエムシ)などが数多く家宝として飾られてもいる。

ユウフツから東南端のホロイズミ、エリモ(襟裳)岬までの日高海岸には、いまは、競走馬を育成する牧場が数多くあり、草を喰むサラブレッドの若駒の優美な姿がいたるところに見られる。

武四郎が歩いた夏の日高路は、白雲が明るく澄んだ青空にうかぶ快晴の日々も多かったろうが、このあたりになると旅行記も終りに近いためか、風景を嘆賞したような記述はなく、必要なことを簡潔に書き留めるといったふうになっている。

日高地方でも、サル(沙流)川沿いの村々、ビラトリ(平取)、ニブタニ(二風谷)などは古い歴史と文化を誇るコタンで、現在でも他の地域とくらべてアイヌ民族の文化伝承が盛んなところである。

ここに一人のすぐれた民族統率者があった。その名をバフラという。彼は『近世蝦夷人物誌』の掉尾を飾る人物として位置づけられている。例によって、そこではまず東部サル場所の概説がある。

「東部サル場所といへるは西ユウフツ領より東ニイカップ境に至り、其の中にサルベツといへる大川あり。川源はトカチ境又石狩領のユウバリ等と接して此源を窮めしもの昔しより稀なりけるが、其場所内サルフト、ヒラカ、シュムンコツ、シャリハ、ニナ、ニフタニ、ヲサツナイ、ホロサル、ヌツケヘツ、ニヨイ、モンヘツ、ニナツミ、カハリ、アツヘツ、ヒラトリと十五ヶ所に分れ、人別文化度前は千七八百人も有りしが、追々減じて今は千二百二十人ならでなし。」

サルとは葦をいう。サルベツとは葦原の多い川である。秋になると鮭があまた遡上し、この地の「カムイ・ユカラ(英雄神詞曲)」では

ある日、
カンナ・カムイ(天の神)が、
沙流川を
見たくなって、
海の方から
ゆっくりゆっくり、
沙流川の流れを
下に見ながらやってきた。
すると、川岸には
美しい柳の木が立ち並び、
川には
鮭があふれていた。
水面の鮭は、
太陽で背中が焦げるほどに、
水底の鮭は、
底石で腹がこすれて

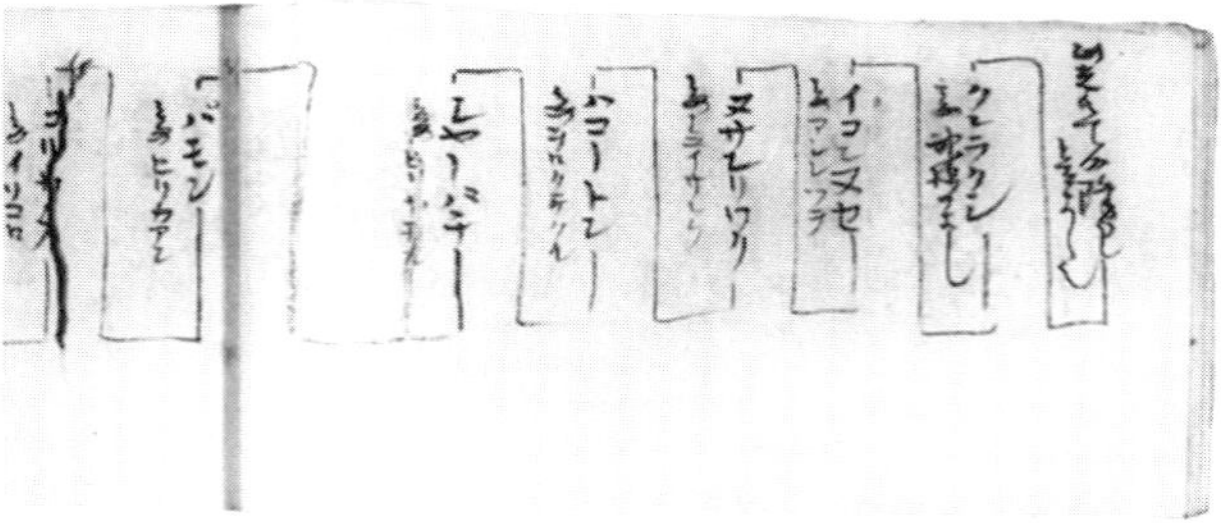

シュツカトリ，惣小使セヘシケリ申口」(「安政五年野帳」)

腹の皮がむけるほどに、
川いっぱいに
ひしめいていた。

とうたわれている（『二風谷アイヌ文化資料館ごあんない』より）。

いちど聴いたり読んだりしたら忘れることのないイメージゆたかな表現である。

この川すじのヒラカ（平賀）村に武四郎が入ったのは、七月三日（陽暦八月十一日）のころであった。ヒラカはピラ・カで、崖（の）上の意。ここでサル場所の惣乙名バフラ（七十七歳）に会うのである。

ヒラカ村は、サル川下流の東岸崖上にあった、当時戸数二十四を数えた大コタンである。

バフラエカシは、このときはもう耳が遠くなっていて、倅のシュツカトリ（五十三歳）を介して武四郎と会話を交わしたが、自分の先祖の系譜を十代前までさかのぼって

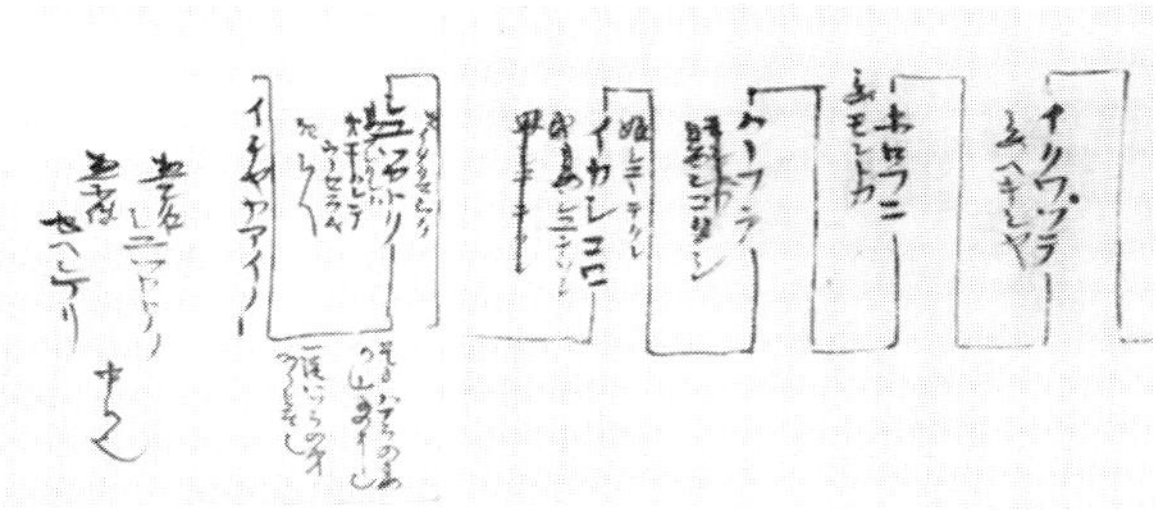

サル場所，バフラ乙名の家系の聞き取り，「惣乙名

記憶しており、先祖代々の夫婦の名をすらすらとのべたのに、武四郎はおどろいている。

　このバフラエカシは、由緒ある家の当主として、コタンコロクルとして人びとから尊敬されていた。安政二年、蝦夷地が幕府領になって、丙辰の年(同二年)、役人が派遣されてきて、このたびの御処置のゆえをもって髪を和風に改めるよう、一同に申し渡しがあった。このときサル詰として派遣されてきたのは、調役下役出役の大西栄之助と同心黒沢某、足軽石坂某の三名である。大西は一年後、アツケシ詰となって転出するが、帰俗好みだったらしく、アツケシでも帰俗を強いたもようである(『戊午日誌』の「ノシャフ日誌」の項)。官命であるため、支配人、番人らもきびしく改俗をもとめようとした。

　そのときバフラは少しも承知せず、役人の前へ出てこうのべた。

「今年御公料となり、まだ御公料のありがたさとはどんなものかわからないうちに、風俗を改めるようとの仰せつけであります。しかしながら、風俗というものはなかなか容易に改めるべきものではありません。公料になって六、七年もすぎ、このたびの御処置はなるほどありがたいといえるようなことが実際に生じましたら、当所はおろか蝦夷地をのこらず廻って、どの場所でも皆、髪のかたちを改めさせてごらんに入れましょう。」

この筋のとおった言葉に、詰合は目を白黒させて二の句が継げなかったという。翌日、またバフラを呼び出し、こんどはおどしと泣きおとしをかけた。

「さてこのごろ蝦夷の島の四方の海には、アメリカ、イギリス、ヲロシヤなどというなんとも恐ろしい国々から大きな軍艦がやってきて、わが国を侵略しようと狙っているのである。それゆえ、なんとしても我国流に髪を改めないのはよろしくないのであるぞ。そうでないときには、われらも箱館のお奉行様からつよく叱責されることになる。」

現今の日の丸・君が代の強制——とくに沖縄での——と似た理屈とやり方だなあ、と私など思ってしまう。日の丸・君が代強制は、まさに現代の風俗改めなのだ。そうとらえると歴史の脈絡がついて腑に落ちるものがある。

これを聞いてエカシは大いに怒っていった。

「アメリカ、イギリス、ヲロシヤなどという国から多くの軍艦がきて侵略しようとしているがために髪型を改めよとは、じつに理に合わないお言葉ではありませんか。たとえ髪型がどうであろうとも、心さえわが国のためと思って、どんな矢玉をも物ともせず防ぎたたかえば、百戦百勝というわけにはいかなくとも負けるということはないでしょう。たとえ髪型を改めても、公けの御処置のやり方を恨んでいるようなところへ彼らの船がやってきたら、まずは妻子をまとめて山野へ隠れてしまおうという心掛けにならないともかぎりません。そうであれば、運上屋は一発の砲火を浴びるまでもなくやられてしまうでしょう。

また、たとえ髪型を改めても、このように無理非道に、わけもなく髪型まで改めさせるような国の民となっているのはいやだと思ったなら、彼らに降参し、彼らの水先を勤めるものもないとはいえません。

ですから、まず、いやといっている髪型をお改めになるよりは、アイヌの生活が安定するよう、よく御世話下さるほうがよろしいでしょう。

また、わたしたちの髪型を日本風に、と仰せられるのもいぶかしいことです。わたしたちはもとから日本の国民だと思っているのに、今になって急に日本風になれとはじつにおかしいことに思えます。それなら今までは日本の国民ではなかったわけですから、異国人に服従しても別に国禁を犯すなどといわれる筋合いはないことになります。

以前に一度、江戸幕府の御領地であったときに、赤狄という舟がやってきて多くの宝物、米、酒、着物などを与えて手なずけようとしたことがありました。そのときもやはりこの髪型でありましたが、一人として赤狄に服従するものはありませんでした。

それはわたしたちが元から日本の国民と思っているからのことです。またそのときのお役人たちも、わたしたちを皆、日本国民と少しも異なるものではないと思っておられました。

それに、このたびわたしたちに髪型を改めさせなければ箱館からの沙汰がよくないとおっしゃるのはじつにおかしいことに思えます。もしそうであるのなら、わたしたちの髪型を改めさせて、あなたがたが手柄にして出世やわずかの手当でも貰おうというお心掛けなのですか。そうだとしたら、まあ、なんといやしい、さもしい心ばせでしょう。わたしたちのところは、他場所のアイヌとは家柄もちがうので、そこもとさまのご出世の元手などのためになんで髪を切り、先祖よりの風習を改めましょうや。」

そして大笑いして少しも取り合おうとしなかった。読んでわかるとおり、理路整然、レトリックゆたかな弁論で、とても小役人の歯が立つ相手ではない。

しかし、このエカシの大人物たるところは、ただ相手をやっつけてしまうところにあるのではない。ちゃんと逃げ道を設けて、窮地に陥った役人を救ってやるところにある。

「そうはいっても、箱館への報告に困るとお思いなら、わたしがのべたとおりに書いて箱館へお差し出しになって下さい。」

こういって、その家柄やいまのべた理由を書きとめさせ、いささか文飾して箱館府へ報告させた。その結果、当所のアイヌは風俗を改めなくてもよい、また名前なども他場所は

みな和名にさせられたが、ここではアイヌ名のままでよいとなった。こうした譲歩をかちとることができたのも、

「実に此乙名の威気にて千二百余人開国以来の風俗を改めずすませしこと感ずるに余りあり。是よりして惣《すべ》て東西の場所々々皆髪様のことはさして御構ひもなかりしぞ感ずるにあまりありとぞ申すべし。其先見、其決断、中々尋常のものゝ及ぶ処にあらず。」

というのである。

このチャランケ(談判)の仕方は、いまもアイヌの英知として受け継がれている。私たちが数年前、日本交通公社のアイヌ差別広告を糾弾するチャランケを半年間かけて行なったさい、中心になった成田得平さんが、第六章で紹介した阿寒の長老山本多助さんから以前にこういわれた、と教えてくれた。

「チャランケのときは、相手にひとつだけ逃げ道をのこしておいてやるもんだ。」

つまり百パーセント追いつめてしまうな、相手の名誉を損じない負かせ方をせよ、ということである。なんと私たちはこういう知恵から遠ざかってきたことか。

バフラエカシのチャランケのやりかたを知るにつけ、この知恵がふるくからあったものであることがわかる。

ニブタニ(二風谷)今昔

ヒラカからサル川をさかのぼって行くと、シュムンコツ(紫雲古津)人家二十三戸、サラバ(去場)十九戸、ビラトリ(平取)三十一戸、人別百六十人、ニブタニ(二風谷)二十七戸、ペナコリ十二戸といったように、他所には見られない大きな集落がつぎつぎにつづく。アイヌコタンといえば、どこでも二、三戸から五、六戸の小集落であることが多く、ここのように多人数がまとまって暮しているところは稀である。どうしてこんなに大きなコタンが作れたのか、どうやって食べていたのか。

地名研究家の山田秀三氏はつぎのように推測している。

いま、沙流川河口(サルプト)、現富川町から平取町へ向う道路は川の西側を走っていて、集落はみな西岸の平地にある。だが、武四郎の歩いたころは、東岸の長く続く崖の上に、右のコタンが数キロ間隔でつらなっていた。地名の由来がそれを示している。ピラ・カ(崖の・上)、ビラトリの正確な名前ピラ・ウトゥル・ナイ(崖の・あいだの・川)など。

山田氏は『戊午日誌』の記述などから、こうした大コタンが成立可能になったのは、狩猟以外に畑作農業が発達していたことによると見る。古老からの聞き取りによって、コタンの西岸への移動は、幕末から明治にかけて、稲作が入ってきたためであることが確かめられている。

武四郎当時の村長《むらおさ》たちは、みな立派な暮しをしており、シュムンコツの乙名イコラッテ

（四十六歳）の家は、九間四方もある大きな家で、行器《ほかい》凡そ八十、太刀百振、槍五筋などを飾ってあったというし、ビラトリの乙名チャリアマ（五十六歳）の家も、「頗る大家」で、行器、耳盥、手筥《てばこ》、太刀、短刀など百振余も「美々敷」飾ってあった。

さらに上流のニブタニ村ポンニブタニには九戸の家があり、その奥のピパウシには十五戸があった。ピパウシの乙名チニセテッ（六十歳）の家には、妻イラペカラ（五十一歳）、倅アエトク（二十四歳）とその嫁アクサンノ（二十歳）、弟トッカラム（十二歳）、弟イコロハシウ（十歳）、妹イカトシン（七歳）、弟ランハレハ（五歳）の八人があった。

「其内倅夫婦と弟は雇に下げられたり」とある。この弟トッカラム（十二歳）が、二風谷アイヌ文化資料館の創立者で、アイヌ語、アイヌ文化に造詣深い萱野茂さんの祖父なのである。

一族の苦難――萱野茂さん

その祖父の苦難は、同氏の名著『アイヌの碑』（朝日新聞社、一九八〇）に詳しく書かれている。百年以上も前のことなのに、茂さんにとっては、それは人前で語るたびに、くりかえしあらたな悲しさで身につまされることである。

トッカラムは、十二歳で他の村人とともに道東の厚岸へ、雇いとして有無をいわせず連れ出された。二風谷から厚岸まで、三五〇キロ以上の道を半月近くもかけて歩いて行く。

まだ小さいトッカラムは漁場の仕事には耐えないので、和人番屋の飯炊きの手伝いをさせられた。

毎日泣きながら働いているうち、彼はこんな辛い思いで雪が降るまで働かされるくらいなら、指を切り落して早く帰らせてもらおうと決心し、何度もためらいはしたものの、とうとう左手の人差指をタシロ(山刀)で切断した。それでも親方は「なんだ指の一本ぐらい」といって帰してはくれなかった。

そこで彼は、別計を案じ、網にかかる河豚《ふぐ》を集めて胆汁を搾り、その汁をからだ中に塗って悪い病気にかかったと見せ、ようやく帰してもらった。

トッカラムの妻はテカッテといい、茂さんにアイヌ語をつたえ、昔話や「ユカㇻ」をたくさん聞かせてくれたおばあさんであった。そのおばあさんが「この話は忘れてはならない」と前置きして教えてくれたのが、この祖父の苦難の物語であった。

茂さんにとっては、自分が幼いころ、直接に体験した父の苦難がそれにかさなる。茂さんの父、貝沢清太郎さんが、鮭の「密漁」という罪で、幼い茂さんの目の前で巡査に連行されるという目にあったのである。アイヌにとって川を遡上する鮭を取ることは、なんの許可もいらない昔ながらの生業であった。それが、和人の一方的な法律で禁止され、取れば逮捕され、罰金を取られることになったのである。

この事件は、当時五つか六つだった茂さんの心に深い傷痕をきざみ込んだ。茂さんは、講演などで、こうした祖父や父の話をされるときには、いまでも声を詰まらせる。

私がそういう萱野茂さんを目の当りにしたのは、一九八七年二月二十八日、札幌で十数年ぶりに開かれた「第二回　全国アイヌ語る会」の席上であった。二、三百人の出席者を前に講演に立った同氏は、このくだりへきてしばらく絶句して、涙をのみこむばかりであった。

民族の歴史と一族の歴史を一体にかさね、あたかも昨日のことのように胸を詰まらせる萱野茂さんの姿から、私はアイヌの心というものを生きた姿で教えられた。

息子清太郎が逮捕されていくのを見た母は、孫の茂さんにこう嘆いた。

「和人が作った物、鮭ではあるまいし、わたしの息子がそれを獲って神々に食べさせ、それと合わせて子供たちに食べさせたのに、それによって罰を与えられるとは何事だ。悪い和人が獲った分には罰が当らないのは、全く不可解な話だ。」(『アイヌの碑』では、祖母の言ったとおりのアイヌ語で記され、右のように和訳されてある)

萱野茂さんの業績は、幅広く、中身も濃い。独力でアイヌの民具を買い集め、「二風谷アイヌ文化資料館」を建設されたほか、アイヌ語教室やアイヌ衣裳の刺繡教室のできる図書館をつくり、子供たちにアイヌ語を教え、昨一九八七年には札幌テレビ放送のラジオ番組で初めてのアイヌ語講座の講師をされた。

著書も、アイヌの民話を集めた『ウエペケレ集大成』を筆頭に、『おれの二風谷』、『炎の馬』、『風の神とオキクルミ』、『アイヌの民具』、『ひとつぶのサッチポロ』など数多い。私は、これらの著書から言葉ではつくせない恩恵をこうむっており、『炎の馬』や『キツネのチャランケ』は愛読してやまない座右の本である。

この地域からは、萱野さん以外にもすぐれた語り手や書き手が生れている。夭逝した作家鳩沢佐美夫は、天才肌の人であった。ニブタニより上流のペナコリで、現在、軽種馬の牧場を経営している川上勇治さんの書いた『サルウンクル(沙流・在住の・人)物語』は、萱野さんとはまたちがった飄逸味のある語り口で、現代のサルウンクルをえがいていて楽しい。また、青木愛子フチ(媼)が、アイヌの産婆術を語った『ウパシクマ』も貴重な聞き書きである。

沙流川地方を離れても、日高各地には文化の伝承が豊富で、数は少なくなったがアイヌ語の達者なエカシやフチで元気な方々もおられる。

たとえば、東静内の葛野辰次郎エカシもその一人で、一九八七年現在、七十七歳だが、元気でカムイノミ(神礼拝)を司祭されるほか、折々の祈りの言葉や昔話を、アイヌ語と日本語の対話で筆記し、著書『キムスポ』として現在、第四集まで自費出版されている。

アイヌの古式舞踊や唄などを若い世代へ伝承する活動も盛んである。

シャクシャインの戦いとマウタの丘

日高の歴史ということになれば、静内町マウタの丘のチャシに依って東西のアイヌを糾合し、松前城指して軍を馳せたシャクシャインの戦いを逸することはできない。

シャクシャインのこの蜂起は、寛文九年(一六六九)六月、東は白糠、西は増毛に及ぶ東西のアイヌ「二千余」が武器をとって和人の交易船や砂金掘り、鷹師などを討ち、松前和人地に接したクンヌイ(国縫)まで攻め寄せて、松前藩と幕府の心胆を寒からしめたものである。

この戦いについては、津軽藩の文書『津軽一統志』巻十のほか、『蝦夷談筆記』(松宮観山)、『蝦夷蜂起』(松前八左衛門)、『寛文拾年狄蜂起集書』(則田安右衛門)などの資料があり、近世史家の研究もいくつかあるので、それらに依ってごくあらましを紹介しておく。

蜂起の背景は単純ではなく、多くの原因が伏在していた。

まず第一には、松前藩の商場《あきないば》交易(第一章参照)がもたらしたアイヌ社会への影響がある。商場交易は、東西蝦夷地の海岸、河口などに設けられた商場へ毎年交易船を送って物々交換を行なうしくみで、松前藩の財政は全面的にこの交易に支えられていた。それは、交易とはいうものの、いわば略奪交易で、アイヌをだまして、不当な交換比率で海陸の産物を捲き上げるものであった。

しかしながら、アイヌ社会にもこの交易によって本州製品が入り込み、それを得るための生産力増大や集荷の範囲のひろがりによって、社会内部に階級分化のきざしが見え、一定の政治的権力が発生し始めた。

第二に、その具体的な現象形態として、日高のシベチャリ川(現静内川)のイオル(漁猟圏)をめぐるメナシウンクル(東の住人)とシュムウンクル(西の住人)の対立・抗争が、一六四八年ごろから激しくなった。

メナシウンクルの雄がシャクシャイン、シュムウンクルの頭領がオニビシである。二人とも体力衆にすぐれ、シャクシャインは知謀にたけた戦略家、オニビシは「軽捷《かるわざ》の術」を心得、岩をつたい、高所をおどり越え、「飛鳥の如く」走る武将であった。

二人は、松前藩の調停でいったん和議を結ぶが、寛文六年(一六六六)から、ふたたびイオルの相互侵犯などあって抗争が深刻化し、寛文九年(一六六九)、ついにシャクシャインはオニビシを倒す。首領を討たれ守勢に立ったシュムウンクルは、それまで肩入れしてくれていたかに見えていた松前藩に武器、兵糧の支援を依頼した。しかし、松前藩はそのためのみをこばみ、目的を果せずに帰途についたオニビシの姉婿ウタフは、途中で病死してしまう。この死が松前藩による毒殺だという噂がつたわってきたことでシュムウンクル内部に動揺が起った。

シャクシャインは、こうした事態を機敏にとらえ、真の敵は松前藩であり、その狙いはわが民族を滅亡に追い込むことである、それゆえわれわれが民族内部の抗争を続けることは敵の思うつぼであると説いて、シュムウンクルとの大同団結をかちとり、全道各地に腹心の者をオルグに派遣して、松前藩への一斉蜂起をうながした。石狩アイヌを除く日本海沿岸各地や太平洋沿岸各地のアイヌは、この檄にこたえて、寛文九年六月、一斉に交易船などへの攻撃を開始したのである。

第三に、このような同時蜂起を可能にした直接の原因として、商場交易の交易比率の一方的改悪とアイヌ交易船が松前や津軽へ出向くのを禁ずる措置があった。交易比率の改悪は、蜂起の数年前ごろから、松前藩家老蠣崎蔵人によって行なわれたもので、従来の比率は米二斗入り一俵――本州の一俵は四斗入りなので蝦夷俵といわれた――に対して干鮭《からざけ》五束(百本)であった。これとてもベラボウなものだが、新比率は、干鮭五束に米七、八升入り一俵であった。約三倍に収奪が強化されたわけである。また「俵物《たわらもの》」(いりなまこ、ほしあわび)でも、串貝の一本でも足りなければ、来年は二十束も余分に取られ、それが果せなければ子供を人質に取られる、といった横暴さであった(『津軽一統志』巻十)。「アイヌ勘定」などという差別語が発生するもととなった数量のごまかしも、しばしばあったもようである。

蜂起によって襲われた船は十九艘に達し、殺された和人は、シコツ、シラオイ、ホロベツ、ホロイズミ、トカチ、オンベツ、シラヌカといった東蝦夷地で合計二百十三人余。西蝦夷地では、オタスツ、イソヤ、シリフカ、ヨイチ、フルヒラ、シュクツ、マシケなどで合計百四十三人。あわせて三百五十六人余りであった。主として水夫、鷹師、砂金掘りと

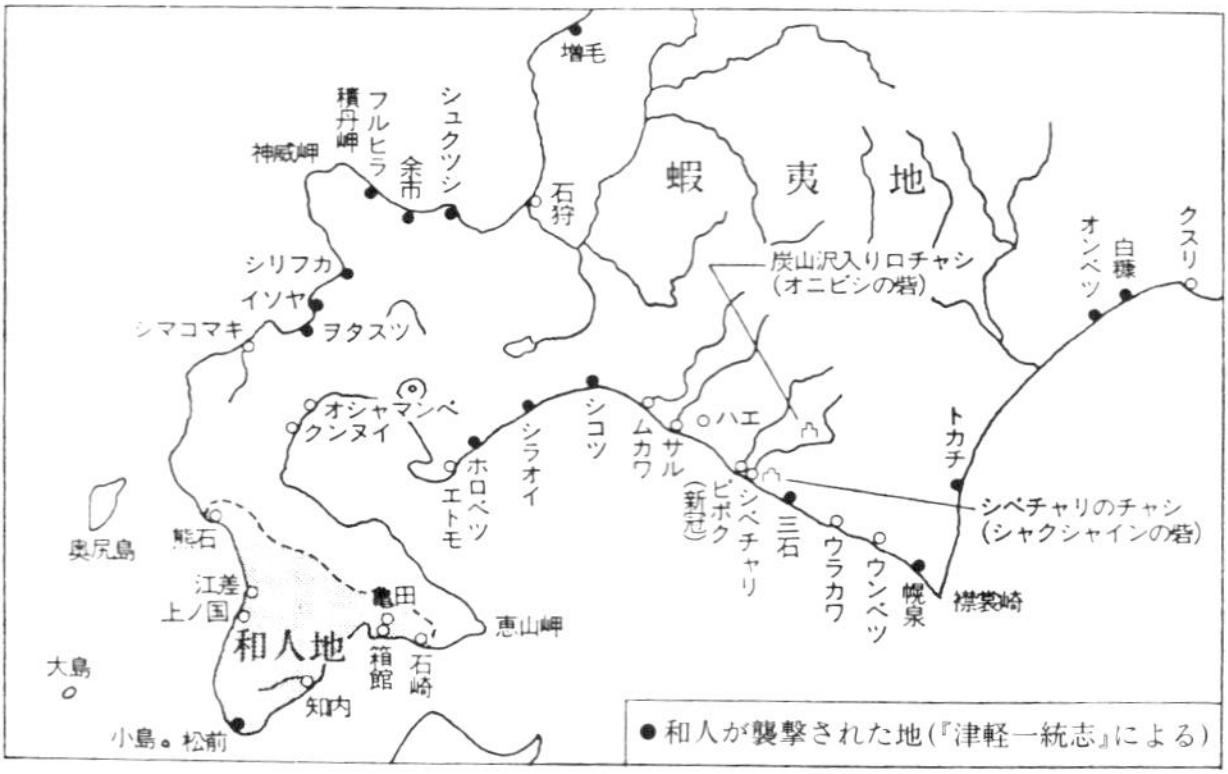

シャクシャイン蜂起関係図(榎森進著『アイヌの歴史――北海道の人びと(2)』)

いった人びとである。

シャクシャインの軍勢は、ツノウシ以下四人を指揮者として松前めざして進み、その一隊は、長万部《おしゃまんべ》の南、クンヌイで、川をはさんで松前軍と対峙した。松前藩の治める和人地の人口は、当時一万四、五千人、家臣団はわずか八十余人であったので、松前軍といっても急遽狩り集められた町人、漁夫、砂金掘りなどが主体であった。津軽藩も幕命によって、九月に兵を送ったが、交戦には参加していない。また、津軽、南部、秋田、仙台の四藩からは鉄砲と火薬が送られた。

七月二十八日夜中、シャクシャイン軍はクンヌイ砦攻めを開始するが、毒矢対鉄砲の武器の差で死傷者を多く出して敗退した。危機を脱した松前軍は、兵力と武器をととのえ、九月四日以降、攻撃に転じ、シベチャリのシャクシャイン砦近くまで進出した。

鉄砲さえアイヌ側に多くあれば、形勢は逆転したかもしれず、また、十勝、釧路方面に退いてゲリラ戦を展開すればまたちがった歴史もひらけたであろうが、実際には、シャクシャインは、松前藩常套の手口である謀略にかけられて、和議の席で酔わされ、斬り殺された。十月二十三日の夜のことであった。このとき、シャクシャインをおびき寄せた松前藩の侍、佐藤権左衛門の手の者として斬り込みに加わっていた通辞勘右衛門の談話を筆記した、松宮観山の『蝦夷談筆記』にはこう書かれている。

「シャグセン〔シャクシャイン〕は起直り四方を見廻して、権左衛門能くも我をたばかりきたなき仕形なり、と大音に呼ばはり、大地にどうと居て手を不ㇾ動して討れ候。アネゴ共に廿七人討取り、其後小屋に火をかけ焼払ひ、シャグセンをばずた／＼に切候得ば、常の人とは変りて、肉の厚さ数寸有ㇾ之候由。」

このとき、シャクシャインは七十四歳だったと伝えられる。翌日、シベチャリのチャシ（砦）は攻め落され、焼かれた。この結果、かつてなかった大蜂起も終息するのだが、翌年も松前藩は、五百名近い軍兵を余市アイヌの制圧に派兵しなければならず、同年、漂流をよそおって調査にやってきた津軽藩の隠密船は、日高の三石《みついし》で三十余艘のアイヌ船に包囲され、「去年、松前のにしばにだまされ大将共殺させ候」と攻撃を仕かけられ、鉄砲を射って逃げ帰っている。さらに三年後の寛文十二年(一六七二)、三百十名の兵をふたたびクンヌイへ派遣し、シベチャリ以東の「浦川七ヶ村悪逆の者」を降参させるなど、抵抗のうごきはその後もしばらくつづいていたのである。

しかし、この蜂起と敗北の結果、松前藩のアイヌ民族に対する支配と搾取は一段と苛烈なものとなった。蜂起後、藩がアイヌに強制した起請文に、それが端的にあらわれている。

その第一条は、

「殿様より如何様《いかよう》なる儀仰せ掛けられ候共、私儀は勿論、孫子一門並にうたれ[ウタリ=同胞]男女に限らず逆心仕る間敷《まじき》候事。」

と無条件の忠誠の誓いをもとめている。第二条は、その反面としての、逆心を企てるものの通報を義務づけた条項である。その他、蝦夷地での「しゃも」(和人)通行の保証、交易船の保証と他藩への交易禁止、和人通行の際の人足、案内などの無償奉仕など屈辱的な七ヵ条がさだめられた。

シャクシャイン慰霊祭

シャクシャインのチャシがあったマウタの丘は、静内川の河口を扼する要害の地である。丘の上に立つとゆるやかに蛇行する静内川が眼下にひらけ、西岸の平坦な野を見はるかすことができる。いまは、この丘の上に、ユカルの塔、シャクシャイン像、シャクシャイン記念館、資料館などが建ち、毎年九月二十三日には、記念の慰霊と交流の祭りが行なわれている。この記念祭がアイヌウタリの手で行なわれるようになるまでの経緯については、新谷行著『増補　アイヌ民族抵抗史』が記録しているが、一九六一年、静内観光協会が観光人寄せのために企画したシャクシャイン祭りに反発した静内ウタリ協会が抗議の声をあげ、それが契機になって、一九七〇年に、和人彫刻家竹中敏洋製作のシャクシャイン像が建てられ、アイヌが中心となった慰霊祭が毎年そこで行なわれるようになった。

私は一九八三年からほぼ毎年、この慰霊祭に参加するようになった。最初のうちは観光客なども多く詰めかけ、無遠慮に写真を撮りまくり、落着かなかったが、近年は、アイヌウタリ中心の、落着いた慰霊と交流の場になりつつある。秋の一日、野外で、新しい鮭の炭焼きや三平汁を楽しみ、記念館の炉端で長老が主催するカムイノミにつらなり、先祖供養のあと、各地の唄と踊りの交流が行なわれるのに参加するのは、一年のたのしみのひとつである。

アツシをまとい、杖を右手に掲げたシャクシャイン像は、勇ましくはあるものの、三百余年前をほうふつとよみがえらせる威厳と品格が不足していて、何度見てもしっくりはこないのであるが……。

武四郎は、『三航蝦夷日誌』のうちの初航の部、シャマニ(様似)の項に、『蝦夷一揆興廃記』を引用して、シャクシャインの事蹟を綴ると共に、同地のアイヌのあいだでの伝承を聞いて書きとどめているが、その伝承は茫漠とした内容のものであった。ごくひそやかに、和人に聞かれぬようはばかりながら言い伝えたものだからであろう。

更科源蔵著『アイヌと日本人』(NHKブックス)には、同氏が直接に聞いた近年までの伝承が記されているが、ながく秘められて神話化されたものになっている。

鎮魂としての記録

武四郎の日誌は、このあと、この章の冒頭にのべたように、エリモから十勝川中流まで行き、そこからまた引き返して日高地方の河川一筋一筋を踏査して終っている。その記述は次第に淡々としたものとなり、地理と人別を書きとどめることに終始している。『三航蝦夷日誌』『廻浦日記』『丁巳日誌』と読んできた私のノートは、『戊午日誌』へきて急にメモの量がふえている。それは、武四郎の霊にあやつられるように、コタンの人別を書き写し出したためである。

武四郎の記録は、各戸の戸主名から始まり、家族の名、年齢、続柄が列記される。ほとんど各戸毎に、誰々は「雇に下げられたり」とか「雇いに取られ」とか「浜へ下げられ」とある。そのくりかえしに目をさらすうちに、「雇いに取られ」る本人や家人の嘆きや苦しみがつたわってきて、いつしか人別を書き写すというしぐさで、鎮魂の思いをあらわしたくなったらしい。気がついてみて、昔から写経という行為が、供養の業としてあることを意味深いこととして想った。

こんど久しぶりに萱野茂さんの前掲書『アイヌの碑』をひもといて、萱野さんが『戊午日誌』からニブタニ、ピパウシ、カンカンの三コタンの人別をすべて書き写し、「少し、長々と引用したのは、当時の二風谷アイヌの碑というか、鎮魂のつもりでもあったからです」(傍点は著者)とつけ加えられているのを読み、その気持に共感できたのも、私にとっては武四郎が延々と記してくれた人別記録のおかげである。

松浦武四郎自身が、せめても一人一人の名と年齢を記録にのこし、その苦しみや悲しみ

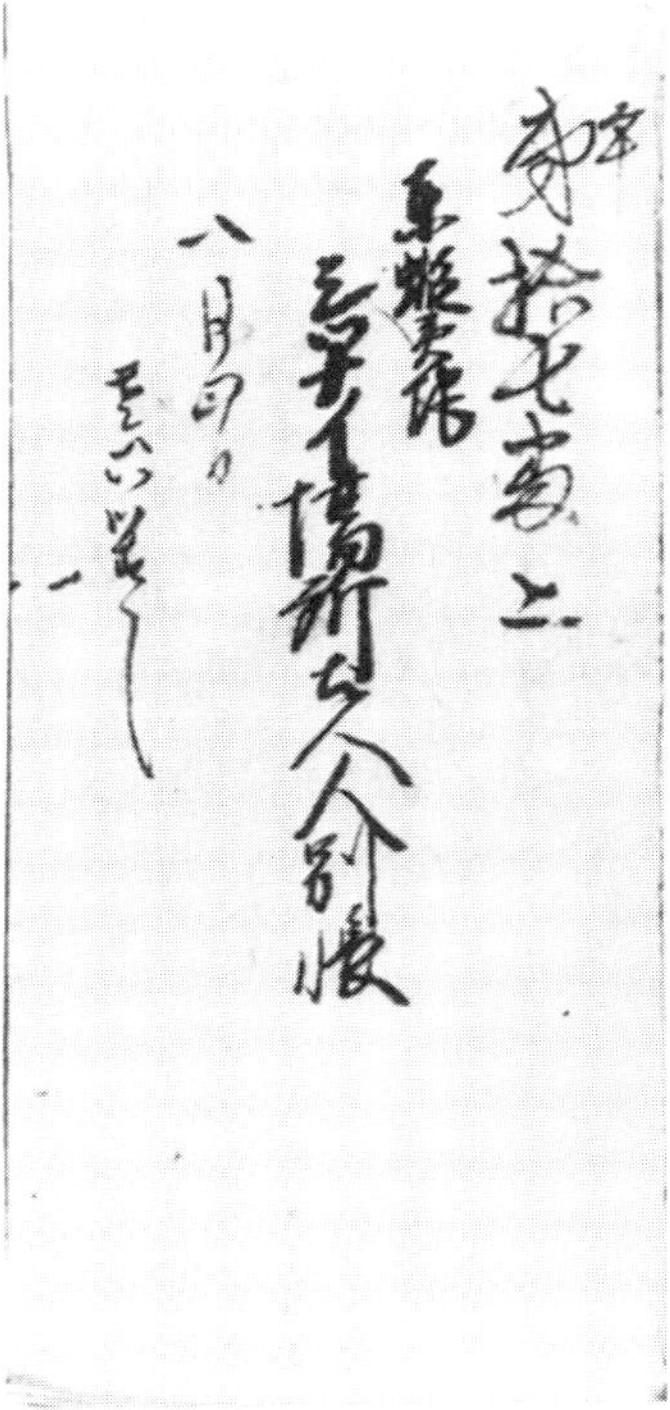

東蝦夷地,「静内場所土人人別帳」表紙(「安政五年野帳」)

を後世に伝えようという思いであったろうことを、その厖大な日誌を読みつづけてきて、私はほとんど確信する。

第十章　『近世蝦夷人物誌』

江戸へ帰る

安政五年八月、蝦夷地を縦横にへめぐった最後の旅を終えて、松浦武四郎は箱館に旅装を解いた。箱館でのんびりと旅の疲れを癒すかと思いきや、すぐに江戸への出府願を箱館奉行所に出し、十月二十日には出立している。箱館の役人や場所請負人たちのあいだで居心地が悪かったらしいことは、あとで紹介する『近世蝦夷人物誌』巻末の叙述からうかがわれるが、そのせいか、それとも江戸の政情ただならないのを知ってつぶさに見聞したいと考えたのか、その理由はさだかではない。

彼が出府の準備をしていた九月九日に、江戸では井伊直弼が幕府大老に就任し、早くも十月には攘夷派の武士たちの逮捕が始まる。安政の大獄である。吉田松陰、頼三樹三郎ら、武四郎が親しくつきあったことのある人びとが次々に捕えられ、やがて処刑されていく。

それは江戸幕府が崩壊していく最後のドラマの幕開けであった。

武四郎が江戸に入ったとき、応接する役人たちは、彼を攘夷派の一味と目して冷たくあしらった。しかし、彼自身は攘夷倒幕の政治的直接行動には加わらず、蝦夷地に関する記録の整理と著述に専念する。

上京にあたって、彼はアブタ(虻田)の若いアイヌ市助(十四歳)を同伴している。『人物誌』の記述によると、武四郎は、今回の旅の帰途、アブタに着いて詰合役人宅をたずねたところ、そこにいた市助がいうには、江戸の絵図を見ると世のなかにこのような繁華なところがあるのか、絵空事ではないのか。江戸の錦絵の女はなんとも美しいが、江戸衆という役人の妻を見ても南部津軽衆の女たちと少しも変らないから、これも嘘なのではないか。もし本当だというのなら、ぜひ行ってみたい。つれて行ってはもらえまいか。

武四郎は、つれて行くのは簡単だが役所が禁じている。もし役所が禁を解いたらな、と答えた。すると市助は、いまごろ役所の禁止というのは筋がとおりません。わたしがアイヌであったときは禁じられもしましょうが、今は和人の風俗に改めています。それでも元アイヌであるから和人のなすことはならぬという掟であるのなら、どうして馴れない和人の言葉を苦労して稽古し、この寒冷の地で冷えるのにわざわざ月代《さかやき》を剃って和人風の髪に改める意味がありましょうか。こう理に理をもって迫ったので、武四郎も感心して、そういうのなら、箱館へ着いたら必ず役所に許可を願ってみるから、と約束して別れた。

八月二十六日付の武四郎の役所への同伴許可願がのこっているが、そこには同じ趣旨がのべられ、「アブタ場所帰俗土人市助は先《まず》顔色も和人に少しも異り申さず、和語も能く相弁《わきま》え頗る才智之れ有り候。当年凡そ十四年位にも相見え、未だ漁猟之遣ひ無き事に候故、会所差支えも相成申さず候間、何卒《なにとぞ》立帰り召連之程御聞済拝借願い上げ奉り候」とある。

幸い、この願いは許可されて、武四郎は彼を伴うが、奥州路では噂を聞いて市助を見ようと物見高い見物人が街道筋に押し寄せて閉口している。市助は、江戸で箱館奉行、村垣淡路守の屋敷に逗留して江戸見物をしているが、その後はどうなったのであろうか。武四郎は記していない。

このエピソードにも、武四郎がアイヌ側の正当な言い分、論理には耳を傾け、その実現に尽力したことがあらわれている。

この年の十二月八日の日記には、「永井(玄蕃)御逢。近世蝦夷人物誌上木願出す(然るに是は箱館役所よりの注意の趣にて出版相成らずとの下ゲ紙付き却下されあり)」と誌されている。

さてそこで「出版相成らず」とされた『近世蝦夷人物誌』に話を移そう。

『近世蝦夷人物誌』の周辺

安政五年十二月に出版願を出した『近世蝦夷人物誌』は、前年の歳末にすでに初編上中下三巻が箱館において書き上げられ、五年の正月に箱館奉行所に「進献」され、白銀二枚がお手当として下げ渡されていた。その初編が「出版相成らずとの下ゲ紙付き却下されあり」となったのである。

しかし彼は、初編出版不許可ののちも、江戸で「其編に書洩したるを今ここに挙《あげ》るもの」として、弐編、参編を書き進め、安政七年一月十九日、その後半編を幕府に上納、おなじく銀二枚を報酬としてもらっている。

したがって、幕府としては出版は許可しないが、アイヌ民族の生きた姿を知る資料としての価値は評価していたものと思われる。

この書の完成に先立って、安政六年十一月十二日、武四郎は病気を理由に「蝦夷地御雇」の辞職を願い出て、十九日に許可を得ている。もうこれ以上、幕政につきあいきれない、といった醒めた気持からのように見える。そんな推測を成り立たせる同年歳末の偶感二首がある。

世人勿笑屋雖小　　腹貯蝦夷山与川
俸禄今朝歳共棄　　誇言巾上有青天

人よ　笑うな　住まいは小さいが
腹には蝦夷の山と川が貯めてある
月給は　今朝　年と一緒に棄ててきた
大口叩く俺の頭上に　すっきりはっきり青い空

宿逋旧債無一物　百計千思歳共窮
書剣須皆典却尽　唯余独是捫余虫

年越しの借金貸金一切なし
いろいろな思い悩みも　年と共におしまいにしよう
本も刀もみんな質に入れてしまおう
そして一人でしらみでもつぶしていよう

「余虫」をしらみと解したが、果して適切かどうか、識者の教えを乞いたい。

こうして官職を離れた武四郎は、ひきつづき野帳にもとづいての旅日誌の執筆、詳細な蝦夷地山川地理取調地図の作成、『人物誌』の執筆、大衆向けの紀行日誌の著述などにあたりながら、幕末を江戸ですごしている。また、安政六年九月、四十二歳で結婚し、翌年には子供も生れたが早逝している。

『近世蝦夷人物誌』初編は、以下のような凡例をもって始められる。

まず「近世」という二字を冠した理由として、アイヌ史の昔の事件、人物は既存の他の資料にゆずり、弘化元年から安政四年まで、蝦夷地において自分が出会った人物や出会わないまでも、時代があまり遠くへだたらない人物について聞いた話を誌すからであるとしている。

さらに「人物誌」という表題については、「この地には詩歌連歌俳諧などの技はないので、それらにおいて名を四方に挙げる者はない。ただこの地の人物は忠孝五常の道をそなえ、豪気勇傑の者である。然しその徒の多くは貧窮の者が多い。人は貧しくしてその行いの顕れることが少なくないからである」と注している。

この本の骨格は、伴蒿蹊の『近世畸人伝』、三熊花顚の『近世畸人伝続編』にならって、忠孝貞烈の者を主とし、「篤行、惇樸、英雄から風顚無懶の徒」まで誌すものだが、内地なら何国何村と書けばそれでわかるが、蝦夷地の場合、何場所と書いてもどのあたりで、どれぐらい遠いところかわからないので、その地の地理の概略をまず説明してから人物について記すことにした。

「書体雅ならず、俗ならず、文を餝《かざ》らず」なのは真実をつたえたいがためである。事の実状を審らかにしたいために、請負人、支配人、番人などの名を加えたが、その者たちが、この書を読む役人の執務所に出入りすることがあるとしても気にしないでほしい。とはいえ、私自身が詳しく見、よく聞いて書いたことであって、事実と相違する膝栗毛や妙々奇談といった架空の話ではない。

最後に、この原稿ができ上った折、ある人がきていうには、この書は三分の一が蝦夷地風土記、三分の一は人物誌、のこりの三分の一はおまえの悪口だな、と。私はそれにこう答えた。のこりの三分の一は、悪く思う人には悪口、よく思う人なら私に志が有るととるだろう。また為政者の目から見れば、政治への怨み言とされるだろう。どれが当っているかというと、真実はその三様の評価のまんなかあたりではないか。

思うに韓退之や蘇東坡が、流罪や左遷の目にあったのも、皆その三つがあいまいにまじって現象し、平凡な役人の濁った目にはよく判別できなかったからだろう。私もこの本を書き、いささか必要の度を過ぎる忠告をのべたので、「破羅山《ばらさん》(破羅山はアツケシにある地名なり)の三秋」、つまり辺地への左遷をけねんしていないというわけでもない。「希願《こいねがわく》は在上の君子其一事を寛赦せよ」とのべている。

武四郎としても、この書をしたためるのは勇気のいることだったのである。

凡例の最後には、和歌一首が添えられている。

おのづからをしへにかなふ蝦夷人が
こころにはぢよ　みやこかた人

後編への序文

初編には、彼の上司であった箱館奉行支配調役向山栄五郎黄村が漢文の序を寄せているが、弐編と参編からなる後編へも玉匣外史が撰した漢文の序が付されている。私の質問にこたえて、秋葉実さんが調べて下さったところでは、玉匣外史は、初編の序の筆者向山黄村の雅号とのことである。これはなかなかの名文である。

蝦夷が王化に服するようになるまでには長い歴史があり、中世から叛いては服すること常ならなかったが、いまでは和人と蝦夷が混一し、平和な生活が実現し、開拓が進んでいる。

松浦君が初めて蝦夷に入ったころは私領であったため、他国人が入るのを固く禁じていた。君は服装をかえ、名をかえ、次々にふりかかる、他所にはない苦難を物ともせず、死の危険にさらされながら、その地へ三度も航行し、いくたびも歩きまわった。

それゆえ官職にある人がいやしくも蝦夷について語るさいには、君の業績にたよらないわけにはいかない次第である。近年、幕府の登用を受けその地に臨んだので、人は皆、君が蝦夷の利を興し弊害を除くにあたって、きっと適切な策をもっているにちがいないといい、いまこそ驚天駭地の功をたてるときであるといった。しかし君は、功利をはかるための献策をする気持はさらになく、一人で飄然と旅し、「毛夷」と宿所を共にすること初めのころの旅と変るところなかったので、人はその意のあるところを測りかねた。

ただ、「夷民」に一善一行あると聞くと、艱険を避けず必ずその人に会ったり、詳しくたずねたりしてこれを採録してきた。それが積もり積もってこの『蝦夷人物誌』一巻となったのである。

先日、君がそれを携えて私の許にきて序文を求めた。私は一読して感嘆し、君の君らしいところはまさにここにあると思った。

「毛夷」はまだ幼児のようであって、およそ道義をもって之を導かず、ただ利益でこれを釣ろうとすれば、悪い蛇や虫のようになるやもしれない。宝物、金、穀物、布などを与えて国土を利そうとするのは皆このたぐいである。

君は独りよい心がけ、すぐれた行ないをもってその民を導き、他人との競争に走り、他人に盲従する人びととは趣きをおなじくしていない。

いま「毛夷」は樹皮や毛皮を着、草根を茹で、茨の戸、犬の穴のような家に夫婦兄弟一緒に暮している。それなのに孝貞義節を全うしているのはなぜなのであろうか。いわゆる「朴訥仁に近し」ということなのか。それともまた、本然の美質によって物欲に誘惑されないのであろうか。いま、その風俗を易《か》え衣服を美しくし、茨を切って良田とし、草原を変じて町にしようとしている。それは恵みといえば恵みであるが、道義をもって導かなければ、本然の美質はしめつけられて失われ、競って功利を求めて走る心が日に日に増長し、孝子や順良な孫もまた、それにつれて滅んでしまい、その存在を聞くことができなくなることを恐れる。

この書を読む者は、市井に日常をすごす日々のうちに、山林草莽に遊ぶ心を求め、功利を競って追い求める心をなくし、おのずからその間に本然の美質を啓発されるであろう。

この筆者は、武四郎のようにアイヌ民族とおなじ平面に立って接する態度をもってはいない人物ではあるが、武四郎の志と人柄をよく理解し、この書の価値を当時としては的確にとらえた序文といってよいのではなかろうか。

『人物誌』に登場する人びと

『近世蝦夷人物誌』で取り上げられている人物は百人余りである。全部で九十九節から成るが、一節のうちに「三女の困窮」のように三人がのべられているところもあるし、全登場人物のどこまでが主役で、どこからが脇役かの線引きもむずかしいので、百人余りとしておく。

どういう人物が挙げられているかを調べてみると、凡例もいうとおり、義勇の者がもっとも多くて四十五名(内女性六名)、その次に孝子二十二名。あと長寿の者、猟の名手、困窮者とつづき、身体障害者、縊死、切腹、憤死など自死した者、帰俗者、巫者、彫刻の名人、好学の者、純朴な者、踊り上手、ひげ自慢、馬乗りの巧者など多彩な人物が拾い出されている。

地域別では、石狩・上川地区がもっとも多く二十二名、ついで釧路・厚岸地区十六名、道南地区(室蘭、有珠、虻田、千歳など)十四名、日高地区十一名、西蝦夷地(留萌、島牧、熊石など)十名、紋別地区八名、天塩・宗谷地区五名、十勝地区五名、根室地区五名、斜里・網走地区三名、樺太三名、千島一名となっている。こうして見ると、全地域を網羅した選び出し方で、よく考えられた選択ということができる。

内容に転じよう。

この本では、松浦武四郎の旅の原日誌を下敷きにして『人物誌』を立体的に読むことをねらいとしてきたので、すでに執筆の過程で、義勇の者や孝子を中心に何人もの『人物誌』登場人物を紹介してきた。

ここではその視野からはずれていた人物を何人か紹介してみよう。

いまなら車椅子を必要とする歩行障害者が三、四人出てくる。一人はソウヤ会所元のウエンボ(三十七、八歳)である。彼はもと大工で彫刻が巧みであった。こよなく酒を愛し、なにか彫ってくれとたのむと、酒で値段をきめ、金を好まないというふうであった。「生涯唯酒を飲さへせばよろしと此の世の中を悟道して過しけるが」、と武四郎は愛情ある書き方をしている。

「此者 臀《ママ》［いざ］りながらにして屋の棟に登り下りするに、階子《はしご》を伝ふさま不自由ケ間しきことなく、其屋の棟にて柾を葺くに常人に異ることなく、其の屋上の働(き)実に目を驚し、また馬有て曠野に放し置くに、是を土人等捕えんと欲して行と雖も其馬逃駈りて少しも捕らへ難き時は、此者出行て草の蔭より廻り込、轡《くつわ》を是に噛するに、少しも其の馬を取り逃すといへることなし。此場所馬を捕え損ずるときは必らず此者が出て行くこととぞ。実に可笑なりけるなり。」

もう一人、クスリ(釧路)のヲシルシという二十五歳ばかりの青年も、「身は一歩として歩行なし得難かりしもの成に如何なる術ありてや、河海を游ぎ水底を潜るに妙を得」というわけで、釧路川が洪水で渡し舟が渡れないときでも対岸まで泳いで行って用を足し、荒波の海を沖まで泳いで沖懸りの船に連絡をとり、また底深くもぐって鉄の錨を抜いてもくる。銛槍、弓矢にもすぐれて十発十中の名人である。

「是其不具なるに随つて却て熟芸を得しもの成とかや。天下の廃物をして如レ此有用になしつるも造化の妙工かと思ふ。」

もう一人、おなじクスリ場所にイイツカ(三十五、六歳)という目の見えない人物がいた。彼は釣が上手で、天候を予測することにすぐれていた。釧路湾に出入りする廻船は、出帆のとき、このイイツカに天候を聞いてからするのが常で、もし彼の言葉に逆らって出帆すると、必ず海上で逆風やつよい雨にあったという。

両足のほか片手まで不自由な人物セシリバにも一節がさかれている。彼はモンベツ番屋元の住人で三十歳になる。両足と右手がまひしているのに、左手で櫂をこぎ、一人で海へ出て漁をし、釣をし、銛槍を使って人並以上の働きをする。

彫刻も好きで、手拭かけ、糸巻を作るときには、材料を左手にもち、小刀を左の膝のあいだに挟んで削る。匙などを作るさいには、足の下に小刀を敷いて削る。製作品は番屋に売って、父母を養い、孝養をつくしていた。そのため、毎年お手当として古着一枚、精米二俵、干鮭三束が支給されていた。彼はそれを恩に感じ、箱館奉行堀織部正が巡回に訪れた折、糸巻十五、匙十五本を献上したが、それらは殿まで届けられず、供の者が横どりしてしまった。それを聞いたセシリバは、怒ると思いきや、わたしが献上した糸巻や匙を供の誰がもって行こうが、わたしの志は大殿に差し上げたものだから構わない、殿へわたしが献上したのに、それを中間で取ってしまった人こそ腹黒いのだ、と少しも気にかけなかった。これはまことに大人の風格だと、武四郎は感じ入っている。

こうした障害者や貧窮のうちにある者が一人ならず取り上げられているというところに、この書の大事な特徴がある。武四郎にそうした着目を可能にした第一の理由は、アイヌ社会自体が、身体の不自由な人たちを差別することなく、いたわりつつ共に生きる対等性をもっていたからにほかなるまい。と同時に、アイヌ社会の諸人物を見る武四郎の目の位置が高みからでなく、それらの人びととおなじ高さからであったことにもよるように、私には思える。

猟人の勇気

しかし、狩猟の民であるアイヌ民族中の人物をえがくとなれば、猟の名人上手におのずから目が向いて当然である。それらの勇者たちのうちから石狩上川のブヤットキとクスリのメンカクシの二人を例として挙げよう。

現在の旭川市北郊あたりに住んでいたブヤットキ(五十二歳)は、猟を好み、熊や鹿を追って天塩川を越え、夕張岳の方までも堅雪の上を渉り、十勝や釧路方面へも隣近所に行くように足をのばす人物であり、足跡さえ見つければ一頭でも取り逃すということはないほどであった。あるときチクベツ岳で一頭の雌熊が子供と戯れているのを見つけて矢を放った。矢は当ったが、やじりに塗った毒に苦しがってかけまわっているので二の矢を放とうとしたとき、物かげから夫の雄熊が突進してきた。

ブヤットキはとっさに矢を射たが、背中をかすめて外れ、雄熊はそのまま彼にとびかかって、弓手《ゆんで》にがぶりとかみついた。彼はかみつかせたまま、右手で山刀を抜き、自分の手首を切り落とし、熊の左側の頭を刺し通した。

一方、熊の後方からは猟犬三頭が後足にかみついたので、雄熊は彼の左手をくわえたまま逃げ去った。一方の雌熊は堅雪の上を三丁ほど行ったところで毒がまわって死んでいた。彼は、その皮をはぎ、肉を犬に喰わせて帰ってきた。いまは左手は腕から先がなく、右手一本しか使えないが、それでも山へ入り、膝に弦を懸け置いて右の手一本で引いて射るが、その腕前はみごとである。櫂で舟をこいでも、片手ながら並の人に力で負けない。あまりふしぎに思えたので弓を引いてもらったところ、普通の猟師と「弓勢《ゆんぜい》ことならず」の強力《ごうりき》であった。武四郎といっしょに歩いても、鹿や熊を見るとまっ先に追いかけて走る様子は、愉快でもあり愛すべき姿であった。

もう一人、メンカクシは、釧路、阿寒地方一帯を治めていた名高い一族の長で、当時五十一歳。力にすぐれ、丈高い偉丈夫であった。武四郎が会う六年ばかり前の冬、道東の山にいてアイヌを五人までも喰った人喰い熊を討とうと、従者二人に猟犬十頭を伴って、阿寒、釧路、摩周、西別と廻り歩いたところ、あちこちにその大熊に喰い殺されたらしい鹿の骨や熊の死骸がのこされていた。そこで、必ずこのあたりにいるにちがいないと目星をつけて斜里側から摩周の方へ登って行くと、天なおくらいと松林のなかで、先駆けの犬たちが樹上へ向って吠えついた。何事かと近づくと、梢の上からくだんの大熊がとびおりてきた。

彼は大いに勇んで矢を放った。たしかに顔のあたりに当ったが矢が通らず、熊は恐ろしい勢いでとびかかってきた。その勢いに従者の一人は逃げ、他の一人は地に臥してしまった。しかし、十頭の犬たちがいっせいに熊にとびついたので、メンカクシも気を取り直し、右手に山刀をにぎり、左手を熊の口にさし入れ、舌をにぎってここを先途とウンと引いた。すると舌の根が抜け、さしもの大熊も後へドウと倒れた。彼は左手で雪をひとつかみ口に含んで気付けとし、従者を助け起したが、右肩を引き裂かれて痛みがはげしいため、そりを作らせて山を下り、西別川べりにいくつもある鷲取りの小屋で五、六日療養して気力を取りもどした。そこで多くのアイヌを伴って現場まで取って返してみると、からすが数百羽、とど松の梢に止まって鳴いていたが、一羽としてその熊の死骸をついばむ勇気をもったものはなく、犬たちもその肉を一口も喰おうとしなかった。

それもそのはず、その熊は身の丈一丈余に及び、毛は銅鉄を敷き、金鉄を植えたような剛毛におおわれた希代の金毛熊だった。

これは熊のなかでも位の高いカムイ(神)にちがいないと、彼らはその皮も胆も肉も西別川の脇に埋めて塚とし、イナウを立てて霊を祭った。いま、この辺りのアイヌがそこを通るときに、この塚にイナウを捧げて祈ると、その効験あらたかであるという。

この話は、メンカクシ自身が語ったのと、その折の従者の一人チエカラマがいうのと一致したので誌しておく、と書かれている。

女性のやさしさ

武四郎が愛したアイヌ民族の美質に、女性のやさしさがある。孝行というあらわれ方でとらえられている例が多いけれども、血縁の者だけではなく、旅人や隣人へもへだてなく向けられているので、やさしさというべきである。

石狩のユウハリ(夕張)川上流に住む若い娘サクアン(シャコアン)は、まだ十四歳なのに、二軒のコタン住人六人の生活を支えている。一軒は八十余歳の盲目の老婆マッコウとその息子の嫁トナシラン六十余歳が住む。息子は浜へ取られて帰されず、嫁も腰骨を痛めて歩けない。もう一軒は、マッコウの娘イロウサヒとその夫ヲヲカシュの家で、子供が四人あり、末っ子が当のサクアンである。父は四年前、熊に組み敷かれて背骨を折り、腰が立たない。母は痛風で、座って織物はできるが、立仕事はできない。二十六歳になる長男は、十五、六歳から浜で使われるうち悪い病気にかかって両手、両足が不自由になって帰されてきた。その弟は、代りに浜へ下げられている。十六歳になる三番目の娘も十歳ごろ怪我をして、これも歩けないというありさま。

サクアン一人が畠を作り、犬をつれて山へ行き、鹿をとってはその皮を年寄りに着せ、朝早く起きて露ふかいあいだに山に入って二軒分の薪を背負い、兄や姉を少しも面倒がらずに介抱し、山からどんなに遅く帰ってきても、まず父母の家へ行き、ついで祖母と伯母(『人物誌』では曾祖母と祖母となっているが、『丁巳日誌』によって訂正)の機嫌を伺い、水はありますか、薪はどうですかとねんごろに世話して帰る。犬にも一匙ずつでも自分が食べるのとおなじものをわけてやり、この犬たちがいればこそ鹿や熊も得られ、親たちに寒い目を見せないですむのだと、雨の日は家の内に入れてけっして外には寝かせない。

「その志いとやさしくも目出度ともいうべし」とある。

ヌイタレという日本海岸の留萌に住む二十四歳の女性も、十三歳のころに父に死なれ、母も病身で、九歳を頭に乳呑子まで四人を育て、苦労しながら母を世話してきた。十九歳になったとき、母がおまえももう年ごろだから夫をもったほうがよい。近所にコカシという四十五歳になるやもめがいる。すでにびんに白髪のまじる者だが、あれこそ、このように難儀な家の婿によい。並の者がどうしてこの病人の母と子沢山の家へきてくれようか、といった。彼女は母の言付けならどんな年寄りでもいといませんと承知して夫婦となった。人目には親子のような夫婦であったが、彼女は少しも恥じることなく、コカシも彼女のやさしさを愛し、仲むつまじく暮し、義母をていねいに世話し、義弟、義妹たちにも苦労させまいと働いてくれたので、生活もやがて次第に落着いてきたという。

夢魔にうかぶアイヌ・シャモ関係

『人物誌』巻末は、次の夢物語で結ばれている。彼はこの『人物誌』を書き上げるさいに、五、六日根を詰めて仕事し、心身の疲労が積っていた。ようやく書き終えて筆を投げ捨て、机につっぷしてひと休みとうたたねをしたところ、夢に蝦夷地箱館の情景があらわれ出た。ところは箱館の港が見渡せる山の上の町に、最近建ったという豪華な料亭の三階。武四郎も一度その美を見たいと思っていた場所へ、自分が座っている。そこには、今を盛りと権勢を誇る官吏達が、かの地で名高い芸妓をはべらせて弦歌をたのしみ、名菓や極上

深川の寓居での夢魔の図(『近世蝦夷人物誌』)

の料理に舌鼓を打っており、その座持ちには御用達請負人やら問屋ども、大工棟梁、此地の差配人がはべって阿諛追従に余念がない。この描写につづいて、次のような凄惨な情景が幻視されている。

そうした人びとが、

「歌へや舞へと楽しみ給ふを見ると思ひし其間に、杯盤を吹来る一陣の腥風に頭ふりかへり見ば、盤中の魚軒《さしみ》は皆紅血を滴る斗りの人肉、浸し物かと思ひしは土人の臓腑、美肉は骨節アハラの数々、盃中の物は皆なま血、見るも二目ともかなと、日面の障子に聖賢の像もやと思ひしは皆土人の亡霊にして、ア、ウラメシヤ〳〵の声に目をさましければ、満身冷汗を流し、豈元《あに》の深川伊予橋の寓居なる餐熬豆《さんごうが》居《きょ》[武四郎の寓居の雅号」の南窓の下の机にてありしや。」

この最後の一節に、松浦武四郎のすべての著述にこもる思いが凝縮されており、原日誌とかさねあわせて『人物誌』を読むという作業をつづけてきて、私はこの夢魔の意味するところを身にしみて感ぜざるをえない。

終章　歴史の視点を変える

共苦する在野の心

松浦武四郎という人物は、性格は複雑ではないが、関心と業績において多面的な人であった。

行なった仕事からいえば、樺太、千島をふくむ蝦夷地の精密な地図作製と地誌の記録が特筆され、その業績によって探検家、地理学者とみなされる。また、アイヌ民族に関する民俗誌的な調査者、記録者としては民俗学者ともいえよう。第三に、出版された紀行文集や未刊ではあったが『近世蝦夷人物誌』に見られる記録文学としての側面をとりあげて、作家に擬することもできる。第四に、蝦夷地のアイヌ語地名についての貴重な調査資料をのこしてくれた地名学者ともいえよう。さらに、『蝦夷漫画』に見られるような画人としての腕も素人ばなれしている。

また、探検家、学者、文人にとどまらず、幕末期には尊皇派、攘夷派の武士や学者と交わり、倒幕運動の一端を担い、維新後、太政官政府のもとで開拓判官の職につくなど政治活動にかかわりをもち、明治初期の北海道、樺太、千島の行政に手を染めかけもした。

思想面では、ロシアその他の諸外国が北辺をうかがっていることを憂慮し、実際の状況を見分し、世に警鐘を鳴らした北方問題の先覚者という位置づけから、国家主義者として持ち上げられることも、過去に(とくに戦前、戦中期)しばしばあった。

ごく最近でも、その面をとらえて、彼の本質を国家主義者とする専門家の意見もある。その所論は次のようである。

「最近、武四郎のアイヌ民族観が、高く評価されている。私には、それが危険に感じられる。武四郎はアイヌ民族のために、アイヌ民族に同情したのではない。武四郎の北方探検は、国土防衛のためのものであった。アイヌ民族への同情は、国防上の必要から生じたものであった。

十五年戦争のころ、武四郎は『北の先覚』としてもてはやされた。いわゆる右翼といわれる人びとの武四郎に対する評価は高かった。武四郎のアイヌ民族論は、国家主義者――右翼のアイヌ民族論の源流であった。」(堅田精司「開拓使と松浦武四郎」『松浦武四郎研究会会誌』第二号、一九八四)

さらに、武四郎の蝦夷地に関する知識が、アイヌ民族の知識に「寄生」したものであり、彼も、アイヌから見れば「ひとりのシャモ」にすぎず、アイヌ民族のなかに、武四郎の伝承がのこっていないことこそ、「彼の本質が、〝アイヌ民族の友〟でなかったことの証拠」

である、と決めつけてもいる。

私は、北海道史の在野の研究者として知られている堅田氏のこの説を読んでおどろくと共に、そういえば、明治の民衆思想家田中正造についても同じような研究者の論があったな、という記憶がよみがえってきた。正造が小中村代々の名主の家の生れで指導者意識がつよかったため、強制立退きにあいながら抵抗をつづけた谷中村村民の「友」にはついになりえなかったのだ、という論である。

田中正造は、足尾鉱毒民と起居を共にして抵抗のたたかいを続ける一方、明治天皇を敬愛する立憲君主主義者でもあった。その正造が、いみじくも「日記」にこう誌している。

「人を見る、物を交ゆべからず。人を見るハ人のみを見るべし。物を見るハ人を交ゆべからず。物ハ物のみを見るべし。……人ハ物ニ動くなり。其動きしときに見れバ動きて形ち備らず。人を見んとせバ人のみを見るべし。其関係たる即ち他の物事を見んとせバ人を見るべからず。人を交へバ厚薄及有無を生じ、千変万化して物亦一定せず。」(田中正造全集、第十三巻)

アイヌ民族と松浦武四郎の関係が、今日、アイヌ民族の一員であるとの自覚をもって立とうとする人びとからどう認識され、評価されるかは、今後にひらかれた問題である。その評価のためには、まずその材料がととのえられなければならない。そして、その評価を得たところで、またあらたな対話が始まるであろう。正造がいうように、物＝事柄と個としての人間との関係をとらえるのに、最初からイデオロギーの眼鏡を掛けてしまうと、つまり、武四郎とても所詮「ひとりのシャモ」でしかないという超越的な先入見で見てしまうと、人も物も「厚薄及有無」を生じて、実像をとらえることはできないであろう。

アイヌから「シャモ」と呼ばれる私たち自身の問題としても、「シャモだからすべて……」という千篇一律の他者の把握に甘んずべきでないこと、もちろんである。そうであればこそ、アイヌとシャモもお互いが、関係のなかで相手を知り、おのれをかえりみる営みが、これからとくに重要になると思われる。そのための、ひとつの貴重な手がかりとして、松浦武四郎の、きわめて孤独な試みがある。そう私などは思うのだが、そうした考え方に対する堅田氏のシニカルな対応は残念である。

ついでに、すこし「民族」「民族集団」をどう考えるかについても筆をのばしておきたい。これはとてもむずかしい問題で、私自身のなかでまだ十分煮つまってはいないのだが、今までのところ次のように考えてきている。

民族集団の実際のあり方は、社会の生産と生活の様式によって左右され、一律ではない。したがって、民族感情や民族意識のあり方もそれにつれて多様である。

生産と消費のしくみが商品経済として編成されている現代の多くの社会では、程度の差こそあれ、民族集団が階級分化を起すと共に、集団からの個人の分化と自立の傾向が生ずる。そして、個人にとってしがらみとなる不合理な習俗や規範を民族的結合の名において強制することは次第に不可能になる。

しかし他方、過去の羈絆を脱した、何物にも拘束されない個人とは、同時に、自分の生れ育ってきた土壌からも遊離した根なし草となることでもある。そのアイデンティティ（自分が何者であるか）の危機が、ふたたびルーツを探り、自分が帰属すべき集団への志向を産みだしている。それが現代の民族意識なのではないか。この民族意識は、他の諸個人においてもおなじような帰属志向を――理性的に考えれば――認めざるをえず、ひいては諸民族の平等と共存にもとづく人類社会のあり方を求める見地へと行きつくであろう。その意味で、これからの民族意識は、個人の自覚をバネにしたものでなければならない。それと同時に、近代西欧の個人の自覚が拠りどころとした自由、平等、友愛といった普遍的理念の方も、人類諸社会が各々にもつ特殊な諸価値、諸理念と出会って、みずからの存立基盤の特殊性を反省し、さらに普遍的な理念へと転換されなければならない。

このように、個人と民族と類的共同体としての世界とを、思想と実践の両面で結びつける意識的な努力こそ、これからの人類社会と人類文化とを、ひとつの総体として内容づけ、活性化させる働きになるだろう。

そうでない民族主義は、内へ向けては個人の自立と批判をつぶし、外へ向っては人類社会の民族的分裂と敵対をあおり、自民族の特殊利害のために他民族を抑圧し、その行為の錦の御旗として、自民族の歴史・文化・宗教などを絶対化する全体主義へと、たえまなく堕落していくであろう。その傾向は、過去の遺物ではなく、今日でも、くりかえし再生産され、眼前に展開している。

私が、この十年余のあいだに、アイヌ民族としての自覚に立つ人びととの交わりのなかで、次第に形成してきた考え方は、要約すると以上のようである。

武四郎を「国家主義者」に擬することについては、本書の叙述がおのずから私の意見をあらわしていると思う。

また「武四郎はアイヌ民族のために、アイヌ民族に同情したのではない」という点については、この筆者と正反対の、肯定的な意味で、「そうであった」といいたい。そうであったからこそ、同胞たるシャモの悪業の数々の告発へ向ったのである。武四郎にとって、問題は「アイヌ問題」ではなく、終始一貫して「シャモ問題」であった。

彼自身にはたしかに歴史によって強いられた限界があり、そこから生ずる二面性があった。しかし、大づかみにとらえれば、彼の生涯は、おのれの立身出世のために権力者に媚びたり、民衆を踏み台にしたものではなく、むしろ、民衆の側に立って権力と資本の搾取・抑圧を告発したものといえよう。

知識欲の旺盛な人ではあったが、なにか特定の分野の専門家として業績を積み、それによって名声を博そうとはしなかった。その意味では、あくまで在野の自由人、非専門人として生きた人であり、強いて学問とむすびつければ、最近いわれ出した「民間学」の先達の一人とみなすこともできるのではなかろうか。そのせいか、従来の武四郎の人物と著作の研究も、在野の研究家の手で進められてきている。

昭和十九年(一九四四)に、最初の詳しい伝記を著わした横山健堂は風格ある操觚家だったというし、『定本　松浦武四郎』などの評伝を書き、『松浦武四郎紀行集』三巻を編んだ吉田武三も作家であった。

本書で、私がことのほか恩恵をこうむった『丁巳日誌』『戊午日誌』の解読者秋葉実さんも在野の研究家であるし、刊行本紀行日誌全八巻を現代語訳して自費出版した丸山道子さん(故人)も札幌のアマチュア研究家であった。私も、大学でずっと西洋哲学を講じていたら、武四郎には出会えたかどうか――。

私が松浦武四郎からまなぶべき第一のものと考えるのは、真実を追求することをつうじておのれ自身が変っていった、その

壮年期の松浦武四郎，菊池榕斎筆

あり方である。植民地を支配する民族の一員であり、しかもその政府の官吏になりながら、当時実質的に奴隷化されていた土着先住民族アイヌへの搾取と虐待を知るや、それを排除すべく批判し、直言し、彼らの友となろうとした生き方である。その自己変革はなお不徹底であり、日本国家の支配構造への認識において甘かったと、今日の眼で見、いうことはできるが、武四郎を凌駕してそのような道を歩んだ人物を寡聞にして私は知らない。

彼の旅の大部分は、和人としては単身ないし若い役人一人を同伴してのものであって、アイヌの案内人や村人と寝食を共にし、苦楽をわかちあい、悲喜をおなじくしたことが、彼を変えた原因であることにまちがいはない。心してまなぶべき点である。

武四郎はまた、歩く人だった。歩きながら考え、歩きながら観察し、歩きながら記録した人だった。したがって、彼の眼の高さは、その地で暮す人びととおなじ高さにあった。自然のうちから感謝して日々の糧を得、子を育て、隣人と談話や歌舞をたのしみ、やがて土に帰る人生を世々送る人びとに、神につうずる心とふるまいを感受することができた人だった。彼自身はとくに宗教を深く信仰する人ではなかったが、他人の苦しみ、悲しみ、喜びに素直に共感できる人であった。そうしたありようも、旅のなかでかたちづくられていったのではあるまいか。

序章で、私は松浦武四郎の記録を、彼自身の意図せざる自己変革のドラマとして、そしてそれによって私たちが「歴史の視点を変える」ためのよすがとして読みたい、と書いた。ともするとこうした過去の記録の紹介は、ただ珍しいだけの物語として読みすごされがちだからである。従来の武四郎観も、「当時随一の蝦夷通」(高倉新一郎)とか「蝦夷に対するあたたかい眼差し」をもった「ヒューマニスト」(更科源蔵)といったものが多く、これまでのところでは、わずかに新谷行が「アイヌの上に他民族を発見し、これを尊重してゆくという考え方」に武四郎の真価をもとめ、私たちに根深く巣喰っている皇国史観をあらためていくためのよすがとして、彼の記録を読むことを提唱しているだけである。

「歴史の視点を変える」ための出会いや機会に、私たちは過去の時代よりはるかに恵まれている。要は、私たちがその機会をとらえて活かすかどうかである。

私は、一九八四年秋、フィリピンのルソン島北部、バギオ市で開かれた「アジアの対話」集会に、アイヌの出席者二人の案内と通訳をかねて出席した。この集会は、「土地とアイデンティティのために闘う先住/少数民族の連帯」を主題としたもので、ルソン島北部の山岳先住諸民族の連合組織「コルディィリェラ民族連合」が受け入れ主体となって開催されたものであった。集会を準備したのは、アジアキリスト教協議会・都市農村宣教部である。

この集会には、インド、スリランカ、タイ、マレーシア、インドネシア(イリアンジャヤ）、オーストラリア、日本、それにフィリピンの諸先住／少数民族から出席があり、それぞれの抱えている課題、歴史、将来への期待などが語りあわれた。そこでとくに強調されたことは、先住民族にとっては土地がいのちであり、共同体社会の根拠であり、文化である、ということであった。それなのに、その土地が近代の私的所有の法によって奪われ、「開発」によって破壊されつつある。集会冒頭に行なわれたコルディリェラ民族連合議長、ウィリアム・クラヴェル氏（ボントック族出身）の基調演説のなかで、彼は、この行為を、われわれが許し続けるならば、それは「皆殺し《ジェノサイド》の一形態である民族根絶《エスノサイド》やしのための地ならしとなりましょう。それは、先住民族の肉体的抹殺ではないにしても、ともかく、彼らの民族としての独自性の否認であり、剥奪であります。この事態は、疑いもなく、彼らの祖先伝来の土地を守ることができず、それゆえに近代化に、ただし少数者という立場で同化させられてきた、いくつかの先住民族共同体の運命でありました」、と感銘深く語った。

さらに、こうした近代化と開発による「土地とアイデンティティ」の危機に対してどうたたかうかについて、彼は次のように説いた。

同化への圧力はたえず加えられており、あたかも土着先住民族の生活様式は時代遅れであって、将来に向って寄与すべき意味はないかのようにみなされている。とくに、土着先住の伝統には世界共同体への多くの寄与が内蔵されている。しかし、祖先伝来の土地に関する思想や文化伝統は積極的な意味をもち、世界共同体は、これらの伝統からまなぶことによって争う余地なくゆたかにされるであろう。

この認識に立つならば、民族の自決権の尊重が何よりも重要であり、その自決権の根幹をなすものは、土着先住の生活様式の維持が可能であることである。そして、それを保証する政治的権利の獲得である。

右の基調演説を受けて、各国の先住／少数民族メンバーがこもごも語ったことはおどろくほど似かよっていた。そして、アジア各地で、日本企業が「開発」の先兵として、先住／少数民族の生活をおびやかしていることもくりかえし報告された。

アイヌの女性二人は、この集会に向けて急いで製作した「アイヌの歴史と現在」についてのスライドを映写しつつ報告した。

集会は、最後に「アジア・太平洋の先住諸民族の連帯契約」を採択した。そこで列記された原則のうちには、アイヌ民族が自分たちの視点でとらえた自分たちの歴史を書こうとしている営みに寄せられた会議の席上での共鳴にもとづき、「われわれの歴史から教訓をまなぶこと、われわれ自身の歴史を書くこと」という一項目が書き込まれた。

従来、「歴史なき民」として無視されてきた諸民族が、自分たちの近代の歴史を総括し始めるとき、コロンブス以来五百年の西欧中心の歴史、すなわちアジア・第三世界にとっては植民地化され、差別に苦しめられ、同化を強制され、未開から文明へと「啓蒙」される一方の歴史は裏返しにされざるをえないであろう。

近現代のアイヌ民族の歴史を、アイヌ民族の視点からとらえるという作業は、まだこれからである。現在、アイヌ民族をいちばんひろく組織している社団法人北海道ウタリ協会は、発足時の社会福祉団体としての性格から徐々に民族団体としての内容をもったものに変りつつある。目下、このウタリ協会の活動の中心は、明治三十二年(一八九九)に制定された「北海道旧土人保護法」を廃止し、それに代えて、協会が独自にその案を作成した「アイヌ民族に関する新法」の制定を求める運動であるが、それと期をおなじくしてアイヌ史の編集事業をも発足させている。

近現代のアイヌに対するシャモ(和人)の侵略と支配の歴史を少しずつまなぶうちにわかってきたことのひとつに、日本国家の側は、アイヌ民族への同化政策が完了したとの総括に立って、台湾の高地民族への同化政策に応用をはかっていたということがある。

戦前、戦後をつうじて北海道史の最高権威として有名な高倉新一郎北大名誉教授の主著で名著の評をえている『アイヌ政策史』は、たしかに資料の博捜の上に立った、基礎のしっかりした研究書であるが、昭和十七年(一九四二)初版の「第一章　序論」には、次のように「我が国の歴史」が総括されている。

「我が国の歴史は、是を一面より見れば、建国以来絶えざる膨脹の歴史であり、又最も広義に於ける大和民族植民発展の歴史であった。殊にその飛躍は近代に於て著しく、明治二十八年には台湾及び澎湖島を領有し、同三十九年には南樺太を獲得し、四十三年には更に朝鮮を併合して、是を台湾領有以前に比較すれば、面積に於て約三十万方粁七六・六＝を増加し、従って、是に伴ひ約千七百二十余万の半島人、約三百七十万の本島人並びに所謂台湾高砂族、千五百二十余の樺太土人を新たなる同胞として迎へたが、是等原住者に対する政策の如何は、啻に彼等の生活を左右するのみならず、我が国の植民地経営の成敗に至大の関係があるのである。」

この植民地経営と対原住民政策の研究はまだ日が浅く、欧米にその範をとる傾向がつよいが、この著者の考えでは、「我が国」の広義における植民ないし植民的活動は「実に建国以来の現象」であって、原住民政策には多くの経験をもっている。とくに東北・北海道の蝦夷に対する叛乱鎮圧と同化の経験は貴重であり、その政策史をかえりみることは、各種の植民地類型に応じた原住民政策の型を具体的に示し、どうしたらよいかについての法則や原則の「発見」に役立てることができる……。

高倉新一郎氏が、かつてのこの研究理念を、戦後、根底から反省して再出発した跡は見られない。昭和四十一年(一九六六)に出た、北大退官記念の論文集『アイヌ研究』(北大生協刊)でも口を拭ったままであるし、ごく最近、一人のアイヌ女性を原告とする民事訴訟法廷で、被告の一人とされた同氏の証言を、私自身傍聴して、むしろ根本的反省はなされていないという印象をつよめた。そして、戦後の北海道史、地方史の学界で、こうした植民地支配に奉仕した学問研究と、ここに引用したところに明白な皇国史観に対する批判がきわめて甘く、不徹底であったことへの責任をも問わねばならない気持になった。

今日の日本は全世界への経済的膨脹と、アジア・第三世界への経済侵略によって、世界でももっとも富んだ国のひとつになったといわれている。その現実を、民衆の立場からとらえかえし、アジア・太平洋の民衆と共に生きることのできる未来の日本列島社会をめざすとき、たとえ遅まきではあれ、従来の研究のあり方とそれが前提としてきた歴史観を根本からくつがえす批判が必要であり、私たちの歴史観の視点を百八十度転換する努力が要請されている。

歴史の視点を百八十度変えるとはどういうことか。フィリピン人神父であり、上智大学助教授であるルーベン・アビト氏は、フィリピン史に即して、よく次のようにのべる。

「第三世界とは、ご存じのとおりアジア、アフリカ、ラテン・アメリカの国々をさします。その第三世界に属するフィリピンは、世界史の教科書には、マゼランが世界一周をめざしてスペインから西方へ出かけたとき、『発見』した群島であり、マゼランはその地の酋長に殺された、とあります。そのマゼランの記念碑がフィリピンのセブ島の隣の小さな島、マクタン島にありますが、その近くにラプラプという人の碑も立っています。このラプラプこそ、外国からのはじめての侵略者マゼラン船長に抵抗した酋長その人なのです。その碑にはラプラプの勇敢な闘いぶりと業績が刻まれています。

私のなかにはこの十数年のあいだに、新しい認識が生まれました。それは世界の問題を考える場合、このフィリピンの発見者マゼランの視点をとるか、それとも住民を守るためにマゼランと闘ったラプラプの視点をとるか、という問いにもとづいた認識です。」(「マゼランではなくラプラプの視点から——歴史の視点を変える」、ルーベン・アビト、山田経三共著『解放の神学が問いかけるもの——アジアの現実と日本の課題——』所収、女子パウロ会、一九八五)

「歴史の視点を変える」ことは、軽やかにひとまたぎで小川をとびこすようなわけにはいかない。少なくとも私たち日本人には。

しかし、いま要請されているのは、まさにそのことなのである。

静かな大地の回復へ

私は、ふるくアイヌモシリと呼ばれ、近代にいたって内国植民地とされて開拓のイメージでおおわれ、いま北海道と呼ばれるこの地に暮し始めて二十余年を経た。そして、この地の四季の自然、大地、人間に、とりわけアイヌ民族の友人知人に深い愛着をおぼえ、願わくば生の終りまでこの地に暮させてもらいたいと思っている。

いまは冬のさなか、雪深い季節である。この季節には、大地は白一色に覆われ、動物たちのあるものは穴に眠り、あるものはみどりの山野を走りつづけた足をとめて黙想にふける。人もまた、風の音を聴きながらおのれをかえりみるよううながされる。そうした恵みの時を与えてくれる静かさが支配する季節である。

今日、北海道は地域経済の陥没に直面していると声高に危機が叫ばれている。しかし、ふりかえってみると、たかだかこの百年の開拓・開発中心の歴史が転換にさしかかっているだけのことにすぎない。

あわてふためいて、やれ金持ち向けの高級リゾート地開発だ、それがだめなら自衛隊施設の誘致だ、果ては原子力発電所が排出する核のゴミ(それも高レベル放射能の)の置き場まで引っぱってこよう、などと画策するのは、この百年の過誤へのなんの反省もなしに、そして未来へ向っての真に建設的なヴィジョンもなしに、植民地経営の延長としての地域開発をつづけようというものであり、静かな大地《モシリ》そのものの破壊をみちびくものである。

ここがふるくからアイヌ民族など北方諸民族が暮してきた土地であることに深く思いをこらし、彼らの文化、彼らの生活の知恵にまなび、大地と自然をうやまい愛して、つつましく暮す方途をさぐるのがもっともよいのだ。その生き方が、ひいては地球を破滅から救う道につうずるであろう。

静かな大地の回復が、人類史のはるかなヴィジョンとならねばならない。

参考文献

一、松浦武四郎自身のもの

『三航蝦夷日誌』吉田武三校註、吉川弘文館、一九七一年
『竹四郎廻浦日記』高倉新一郎解読、北海道出版企画センター、一九七八年
『丁巳東西蝦夷山川地理取調日誌』高倉新一郎校訂、秋葉実解読、北海道出版企画センター、一九八二年
『戊午東西蝦夷山川地理取調日誌』高倉新一郎校訂、秋葉実解読、北海道出版企画センター、一九八五年
『近世蝦夷人物誌』、『日本庶民生活史料集成』第四巻、高倉新一郎編「探検・紀行・地誌　北辺篇」所収、三一書房、一九六九年
『松浦武四郎紀行集』吉田武三編、冨山房、一九七七年(蝦夷地関係で収録されているものは、「近世蝦夷人物誌」「後方羊蹄日誌」「石狩日誌」「夕張日誌」「十勝日誌」「久摺日誌」「納紗布日誌」「知床日誌」「天塩日誌」「北蝦夷余誌」「蝦夷年代記」)
『新版蝦夷日誌』(上巻「東蝦夷日誌」、下巻「西蝦夷日誌」)吉田常吉編、時事通信社、一九八四年

吉田武三著『定本　松浦武四郎』三一書房、一九七二年(ここには以下の著作が収録されている。上巻「蝦夷年代記」、「蝦夷語」、下巻「自筆松浦武四郎自伝」「燼心余赤」「秘《ひ》め於久辺志《おくべし》」「転ぬさきの杖」)

二、松浦武四郎著作の現代語訳

丸山道子訳、凍土社刊で、『後方羊蹄日誌』『石狩日誌』一九七三年、『天塩日誌』一九七四年、『十勝日誌』一九七五年、『夕張日誌』一九七六年、『久摺日誌』一九七八年、『納紗布日誌』一九八〇年、『知床日誌』一九八三年、の全八冊がある

『アイヌ人物誌(『近世蝦夷人物誌』)』更科源蔵・吉田豊共訳、農山漁村文化協会、一九八一年

三、松浦武四郎に関する著作

吉田武三著『定本　松浦武四郎』上下、三一書房、一九七二年

同『白い大地――北海道の名づけ親・松浦武四郎』さ・え・ら書房、一九七三年

更科源蔵著『松浦武四郎――蝦夷への照射』淡交社、一九七三年

新谷行著『松浦武四郎とアイヌ』麦秋社、一九七八年

ドナルド・キーン「松浦武四郎北方日誌」(『続百代の過客――日記にみる日本人』金関寿夫訳、朝日新聞連載、のち単行本、一九八四年)

四、蝦夷地に関する歴史的文献、史料

松宮観山『蝦夷談筆記』(『日本庶民生活史料集成』第四巻所収)
平秩東作『東遊記』(同)
最上徳内『渡島筆記』(同)
秦檍丸撰、村上貞助、間宮林蔵増補『蝦夷生計図説』(同)
『蝦夷蜂起』(同)
則田安右衛門『寛文拾年狄蜂起集書』(同)
新井田孫三郎『寛政蝦夷乱取調日記』(同)
「津軽一統志」巻第十(『新北海道史』第七巻、史料一、所収)
「蝦夷地一件」(同)
「石狩場所請負人村山家記録」(『石狩町史』資料第三号)
秋葉実解読「紋別場所関係文書」(未公刊)
工藤平助著『赤蝦夷風説考』(原本現代語訳)教育社、一九七九年

五、北海道史の研究書

高倉新一郎著『アイヌ政策史』初版、日本評論社、一九四二年
同『アイヌ研究』北海道大学生活協同組合、一九六六年
海保嶺夫著『日本北方史の論理』雄山閣、一九七四年

同『幕藩制国家と北海道』三一書房、一九七八年
榎森進著『アイヌの歴史――北海道の人びと(2)』三省堂、一九八七年
丸山道子著『安政四年の蝦夷地』(自費出版)、一九七七年
堅田精司「開拓使と松浦武四郎」(『松浦武四郎研究会誌』第二号、一九八四年所収)
佐々木利和「近世アイヌの社会――ソウヤウンクルのコタンを中心に」(『歴史評論』誌、一九八六年六月号所収)
小林優幸著『菅江真澄と江差浜街道』みやま書房、一九八四年
竹ヶ原幸朗「近代日本のアイヌ教育」(高倉新一郎監修、桑原真人編『北海道の研究』6、近・現代編Ⅱ、所収、清文堂、一九八三年)
『滝川町史』、『旭川市史』、『根室市史』他。

六、アイヌ民族、アイヌ文化に関する著作

宇田川洋著『アイヌ考古学』教育社新書、一九八〇年
更科源蔵著『アイヌと日本人』NHKブックス118、一九七〇年
新谷行著『増補　アイヌ民族抵抗史』三一書房、一九七七年
同『アイヌ民族と天皇制国家』三一書房、一九七七年
同『ユーカラの世界――アイヌ復権の原点』角川書店、一九七四年
同『古代天皇制国家と原住民』三一書房、一九七八年

同『コタンに生きる人びと』三一書房、一九七九年
久保寺逸彦著『アイヌの文学』岩波新書、一九七七年
柳宗悦「アイヌへの見方」「アイヌ人に送る書」(『工芸』誌、一九四一、四二年所収)
山川力著『アイヌ民族文化史への試論』三一書房、一九八〇年
山田秀三著『アイヌ語地名の研究』全四巻、草風館、一九八三年
『コタンの痕跡――アイヌ人権史の一断面』旭川人権擁護委員連合会発行、一九七一年
『アイヌ民族誌』アイヌ文化保存対策協議会編、第一法規出版、一九六九年

七、アイヌ民族自身の発言、著作

知里真志保著作集全四巻、別巻二、平凡社、一九七三年
知里幸恵著『アイヌ神謡集』岩波文庫、一九七八年
同『知里幸恵遺稿　銀のしずく』草風館、一九八四年
バチェラー八重子著『若きウタリに』東京堂、一九三一年
違星北斗遺稿『コタン』草風館、一九八四年
谷川健一編『近代民衆の記録　5――アイヌ』新人物往来社、一九七二年
鳩沢佐美夫作品集『コタンに死す』新人物往来社、一九七三年
森竹竹市遺稿集『レラコラチ――風のように』えぞや、一九七七年
萱野茂著『キツネのチャランケ』小峰書店、一九七四年

同『おれの二風谷』すずさわ書店、一九七五年
同『炎の馬』すずさわ書店、一九七七年
同『アイヌの民具』、『アイヌの民具』刊行運動委員会、一九七八年
同『ひとつぶのサッチポロ』平凡社、一九七九年
同『アイヌの碑』朝日新聞社、一九八〇年
同『アイヌの里　二風谷に生きて』北海道新聞社、一九八七年
同『カムイユカㇻと昔話』平凡社、一九八八年
川上勇治著『サルウンクル物語』すずさわ書店、一九七六年
結城庄司著『アイヌ宣言』三一書房、一九八〇年
戸塚美波子著『一九七三年ある日ある時に』創映出版、一九八一年
『エカシとフチ』札幌テレビ放送株式会社、一九八三年
成田得平他編『近代化の中のアイヌ差別の構造』明石書店、一九八五年
山川力編『明日を創るアイヌ民族』未来社、一九八八年

八、その他

イサベラ・バード著、高梨健吉訳『日本奥地紀行』平凡社、一九七三年
中村真一郎著『頼山陽とその時代』上中下三巻、中公文庫、一九七七年
ルーベン・アビト、山田経三共著『解放の神学が問いかけるもの』女子パウロ会、一九八五年

（この文献表はあくまでも私が利用・参照・勉強したものにかぎっており、アイヌ史、北海道史などを系統的に知るための基本文献を挙げたのではない。念のため。）

図版一覧

一二七頁　安政四年(『丁巳日誌』)足跡図
一二九頁　石狩川をさかのぼる、『石狩日誌』松浦一雄所蔵、国立史料館保管
一四四頁　カムイコタンの図、「戊午・石狩日誌」松浦一雄所蔵、国立史料館保管
一四五頁　イナウを削る、『蝦夷漫画』松浦一雄所蔵、国立史料館保管
一四八頁　石狩川地理取調図、『石狩日誌』
一六七頁　安政四年、天塩川紀行
一七九頁　フクロウ神を飼い、朝夕食をあたえ、敬まうの図、『蝦夷漫画』松浦一雄所蔵、国立史料館保管
一八三頁　嘉永二年エトロフ島廻浦図、嘉永二年クナシリ島周航図
一九三頁　クナシリ・メナシ蜂起関係図、『松前町史』通説編第一巻上
一九六頁　チュウルイ乙名、セントキ系図、「安政五年野帳」松浦一雄所蔵、国立史料館保管
二〇七頁　安政五年(『戊午日誌』)足跡図
二一一頁　釧路・網走地理取調図、『久摺日誌』
二一三頁　根室・知床・阿寒足跡図(安政五年)
二二二頁　帰俗強制の図、『近世蝦夷人物誌』松浦一雄所蔵、国立史料館保管
二二八頁　クスリ場所人別調査、「安政五年野帳」松浦一雄所蔵、国立史料館保管
二七一頁　義民レイシャク、ヲホンタカを救う、『近世蝦夷人物誌』松浦一雄所蔵、国立史料館保管

あとがき

『静かな大地―松浦武四郎とアイヌ民族』と題したこの本では、稀有の記録者である松浦武四郎という人物の目と筆をとおして、幕末期蝦夷地でのアイヌ民族に対する和人支配の実態をみつめることを、主なねらいとした。

著者である私の立場は、歴史の専門研究家ではなく、一人の読者として彼の記録に彼の生き方と思想を読み、ひろく紹介するという立場にほかならない。

しかし、本文中で言及したように、私は、いま「北海道」と呼ばれているこの地を自分の生きる場に、と思いさだめている。その身の処し方は、「アイヌモシリ」と呼ばれるアイヌ民族先住の地が、どのような経緯をへて「北海道」と呼ばれ、開発のフロンティアとされるようになったのかという歴史についての批判的な認識を要請する。

そこからはまた、歴史の真実が告げるところ、つまり、土地を奪われ、言葉を奪われ、差別と貧困のなかで生きる権利を危うくされてきたアイヌ民族の権利回復を、私たちは、和人としての責任においてもとめていかなければならないという、実践の倫理と論理が出てくる。

　これから先、ながい将来にわたってアイヌ民族と「日本」民族が、共に日本列島に住む「在日」の立場を、どう自覚し、肉づけしていくべきか。そのことに深く思いをいたすための貴重な思想上の遺産として、私は松浦武四郎の記録を読もうとした。その読みを活かす脈絡として、現代のアイヌ民族の主張、表現、実践活動についての、私のささやかな経験や知識を文中に織りまぜもした。

　二十世紀に入ってからのアイヌ民族の苦難の歴史は、また別に、とりわけアイヌ民族自身の口と手によって語られ、書かれることが望ましく、この本の守備範囲外のことである。けれども、私は、「あとがき」という場にはいささか場ちがいなことを自覚しながらも、その近・現代史の執拗低音《バッソ・オスティナート》である「滅びゆく民族」観について一言しておきたい気持を抑えることができない。

　この「滅びゆく」民族観は、あたかも優勝劣敗・適者生存の自然進化法則のままに、人為の及ばない力の作用で、「文明」社会に適応できない「未開」民族は、人類史の舞台から消えてゆかねばならないという考え方にもとづいている。文字を持たず、生産力の低い「未開」民族が滅びる運命は初めから決められているのだから、「文明」民族である日本民族の責任などではない。むしろ、滅びに直面している哀れな「未開」民族を、「皇国の民」の一員に引き上げ、「教育」をほどこし、大日本帝国の臣民として同化させることこそが「救済」である。このような考え方が、明治、大正、昭和をつらぬく日本国家と日本人大多数のイデオロギーであった。

このイデオロギーでは、「滅び」の運命をアイヌ民族に押しつけつづけてきた日本国家の侵略、搾取、支配の歴史はまったく不問に付されている。とくに明治天皇制国家が、アイヌ民族の生活圏としての「山林川沢原野等」だけでなく、「旧土人住居の地所」までも、当事者に一言の相談も契約もなくすべて「官有地」に「編入」してしまったこと(一八七七年、北海道地券発行条例)などは。

だから、「保護」をその名称にうたった「北海道旧土人保護法」の制定(一八九九年)に具現されている同化政策は、古代以来、「まつろわぬ」異族を討ち滅ぼしてきた侵略と異族絶滅《エスノサイド》の国策の現代版にほかならないものであった。おどろくべきことに、この法律は、その名称もそのままに現行法体系の一角に位置を占めているのである。

近・現代のアイヌ民族の歴史は、差別と貧乏とのたたかいに終始している。それゆえ、先覚者、先駆者たちのどの発言、どの表現をとってみても、苦悩と悲哀にいろどられている。

一九二二年、『アイヌ神謡集』を著してすぐに、二十歳の若さで世を去った知里幸恵《ちりゆきえ》は、その有名な序文で、「おゝ亡びゆくもの……それは今の私たちの名、何といふ悲しい名前を私たちは持ってゐるのでせう」と綴っている。

一九二九年に、これもわずか二十七歳で結核のため世を去った違星北斗《いぼしほくと》は、歌集『コタン』で次のように歌っている。

アイヌとして生きて死にたい願もて
アイヌ絵を描く淋しい心

滅亡に瀕するアイヌ民族に
せめては生きよ俺の此の歌

悲しむべし今のアイヌはアイヌをば
卑下しながらにシャモ化してゆく

そうした宿命観を押しつけられながらも、先覚者たちはしずかに、しかし凜然としてその「宿命」観とたたかっている。

知里幸恵は、その日記にこう書く。

「私はアイヌであったことを喜ぶ。私がもしかシサムであったら、もっと湿ひの無い人間であったかも知れない。しかし私は涙を知っている……アイヌなるが故に世に見下げられる。それでもよい。自分のウタリが見下げられるのに私ひとりぽつりと見あげられたって、それが何になる。多くのウタリと共に見下げられた方が嬉しいことなのだ。」

違星北斗も書く。

「アイヌの研究は同族の手でやりたい。アイヌの復興はアイヌがしなくてはならない強い希望に唆かされ……今もアイヌの為に、アイヌと云ふ言葉の持つ悪い概念を一蹴しようと、『私はアイヌだ！』と逆宣伝的に叫びながら、淋しい元気を出して闘ひ続けて居る。」

彼は、小学校卒業後、木材人夫、漁夫、鉱夫などをへて、二十三歳の折、上京して事務員の職につく一方、金田一京助、伊波普猷《いはふゆう》らの知遇をえるが、そこで自分一人の幸福をもとめようとせず、ウタリと共に生きる志を立てて「再びコタンの人」となり、ガッチャキ(痔の薬)の行商をしながら各地のコタンを訪ね、同志をもとめた人であった。

ガッチャキの薬を売ったその金で

十一州を視察する俺

「ガッチャキの薬如何」と門に立てば

せゝら笑って断られたり

強きもの！　それはアイヌの名であった
　昔に恥よ醒めよ同胞《ウタリー》
勇敢を好み悲哀を愛してたアイヌよ
アイヌいまどこにゐる

彼は、もともと弱かった体を、労働と行商で酷使し、結核に罹患して、余市の実兄の許で十ヵ月ほど闘病ののち亡くなった。

　アイヌと云ふ新しくよい概念を
内地の人に与へたく思ふ

違星北斗の生涯をつらぬく思想がほとばしり出た絶唱である。
アイヌ民族は、ユーカラをはじめとして各種の歌謡を伝承する詩心ゆたかな民族である。彼らの歌の調べが、悲しみと嘆きの旋律をぬぐい去り、喜びと希望の旋律にみちあふれるように、その基調をうみだす社会と時代をめざして、この地で、アイヌ民族のシサム（隣人)として共に生きることが、支配民族の一員としての歴史を負うた私たちの責任であろう。

この本の原型は、雑誌『世界』一九八七年七月号から十回にわたって連載した「静かな大地――松浦武四郎と『北加伊道』」である。連載終了後、推敲と加筆につとめ、副題も「松浦武四郎とアイヌ民族」とあらためた。本文中、第三章の「二度の樺太紀行とその間の江戸での活動」は、あらたに章を起して書き加えたものである。

不案内な分野での仕事であったので、できるだけ調べはしたものの、素人の悲しさ、専門教養の不足によるまちがいだけでなく、初歩的な誤りや勘ちがいもあるのではないかと心配である。識者の叱正をいただきたい。

調査や執筆の過程で、多くの方がたから有形無形の教示、示唆、支援、激励などをいただいた。そのうちの一部の方は、本文中でお名前をあげたが、ここであらためて、あえてお名前をあげなかった方を含め、それらの方がたにお礼を申し上げる。

写真、図版などの挿入に関して、東京の松浦家と国立博物館の佐々木利和さんの御厚情に浴したことに感謝を申しのべたい。公刊されている各日誌――例えば『松浦武四郎紀行集』(冨山房)――には、多くの挿画があるが、これらは武四郎自筆のものではなく、別人の模写である。この本にのせたものは、武四郎自筆のものである。今回見くらべて、人物の風貌、姿態の表現に大きなへだたりがあることに気づいた。

最後に、岩波書店の編集者中川和夫さんと山崎貫さんに深甚の謝意を表したい。中川さんは、この仕事の構想の過程から実現のために尽力してくださり、資料集めやら助言やら雑誌連載へのあっせんなど、すべての面にわたって面倒を見てくださった。中川さんなくしては、この仕事はなしとげられなかっただろう。山崎さんには、『世界』連載の折、とてもお世話になった。

図らずも、今年は、松浦武四郎の没後百年に当る。その年に当って、このささやかな本を世に問うことができて、私としてはひそかな満足と共に、出会いの縁の不思議さを感ぜざるをえない。

同時代ライブラリー版に寄せて

この本が世に出たのは一九八八年ですから、もう五年が経ちました。このたび、同時代ライブラリーの一冊として版をあたらしくして送り出せることは、著者にとって大きなよろこびです。

アイヌ民族にとって、そして世界の先住民族にとって、社会的な環境の変化は、このところいちじるしいものがあります。世論の関心も以前よりずっと高まりました。

一九八九年、日本では初めての「世界先住民族会議」が、私たち実行委員会のイニシアティヴで開催されました。私たちというのは、「ピープルズ・プラン21世紀国際民衆行事」という企画を日本列島各地の民衆団体とともに立案・開催したグループです。北海道では、この本にも登場する萱野茂さんを実行委員長に、札幌、二風《にぶ》谷《たに》、釧路、釧路湿原と約八百キロをグループで旅しながら、八日間にわたって国際会議、文化交流、クナシリ・メナシの戦いの犠牲者の追悼、二百年ぶりに復元したアイヌの外洋船イタオマチプ(板綴り舟)の進水式などを行ないました。

外国からは、アジア・太平洋諸地域を中心に二十数名の先住民族が参加し、それぞれが置かれている状況、要求、願望などについて語りあいました。もっとも多かったのは、開発によって自分たちの生活の場や聖なる場所が破壊されるという問題でした。

この年は、アイヌ民族にとっては、クナシリ・メナシの戦いからちょうど二百年目になる記念の年でした。釧路湿原のキャンプ場では、その戦いの犠牲者に対する追悼の儀式が行なわれました。また、八日間をつうじて、先住民族のスピリチュアリティがこもごもの祈りによってわかちあわれました。

一九八六年から、毎年八月にスイスのジュネーヴで国連人権委員会所属の差別防止・少数者保護小委員会の作業部会として、先住民族の部会がひらかれるようになりました。八七年からは、北海道ウタリ協会の代表が毎年この作業部会に参加しています。そして、世界の他の先住民族とのつながりを深め、日本国家による差別の歴史と同化政策を批判し、先住民族としてのアイヌの権利回復を訴えています。

その結果、日本政府は従来の態度を変更せざるをえなくなり、一九八九年になってようやく「アイヌの問題を民族問題として対処する」と公式にのべました。しかし、あくまでも「少数民族」として存在を認知するにとどまり、いまだに「先住民族」であるとは認めていません。「先住民族」と認めると「先住権」という権利問題が発生し、いわゆる「北方領土」の先住者はアイヌ民族であるという、かねてからのアイヌの主張を認めなければならなくなるなど、政府にとって都合の悪いことが出てくるからです。政府は、「先住民族」についての国際社会の定義がまださだまっていないから、という逃げ口上を使って結論をさきのばししています。「アイヌ民族に関する新しい法律」制定の要求とその案文の取り扱いも、北海道知事および道議会の制定要請にもかかわらず、国のレベルで作業がどこおり、立法化のメドが立っておりません。

近年のいちじるしい発展は、アイヌ語の復活と継承です。平取《びらとり》町二風谷アイヌ語教室をさきがけに、現在では北海道全体で十一ヵ所にアイヌ語教室が設けられ、少ない額ですが公費による援助も行なわれるようになりました。毎年のアイヌ文化祭でのアイヌ語劇も目を見はる進歩をとげています。

一九九二年は、コロンブスがアメリカ大陸に「到達」してから五百年目の年でした。スペインはバルセロナにオリンピックを招いて、この五百年を「文明と進歩」の五百年として祝いました。これに対して北米、中米、南米三大陸の先住民族たちはつよい抗議の声をあげ、この五百年は自分たちにとっては、「虐殺と抵抗」の五百年だったと主張し、「抵抗の五百年」の連続キャンペーンを行ないました。

一九九一年秋にグァテマラ、九二年春にエクアドルと、二度の「三大陸先住民族の出会い《エンカウンター》」集会が重ねられ、九二年十月、コロンブスがバハマ諸島のグアナハニ島(現在のウォトリング島)に到達した十二日を中心に、第三回の「三大陸先住民族、黒人、草の根民衆の出会い」集会がニカラグアでひらかれました。

「先住民族」問題を掘り下げていくと、ひろく深い根にたどりつきます。「進歩と開発」を善であり正義であるとする価値観への反省、自然との有機的なつながりに基づく生活と社会を良しとするエコロジーの思想、物質と貨幣をあがめる日常の宗教をしりぞけ、スピリチュアリティを重んずる生命倫理、過去と未来を身近に引き寄せ、現在を慎む時間意識、少ないもので足りるとする自足の生き方など、その英知にまなぶところがたくさんあります。

たとえば、松浦武四郎がその地に住むアイヌの人びとから聞いてつくりあげた「東西蝦夷山川地理取調図」をひらいてみると、地名がじつにこまかく書き込まれています。ものに名前をつけるということは、人と人との間の会話でたびたび必要になるからであって、いかにアイヌの人びとが山野林川と密着して暮らしていたかがうかがわれます。

私は家の裏の河川敷に小さな菜園を作っています。その端にわずかな笹やぶがあります。この春、ひとに教えられてそのやぶから採って食べたオオアマドコロの若芽は、なんとも美味なものでした。いままでただの笹やぶとしか見えなかったものが、それからは親しみを感ずる場所になり、オオアマドコロが来年も芽ぶいてくれますように、という思いでみつめるようになりました。川に沿った散歩道でも、ここは毎年、桑の実の採れる木のあるところとか、一本だけタラの木があって春にその芽を恵んでもらえるところ、といった自分なりに名づけた場所があります。

開発が進むにつれて、地に名前をつけるという行為もその地の人のいとなみとのかかわりから遠ざけられ、経済や政治の便宜という観点から画一化されてきています。このことに象徴されるように、ものを見たり考えたりするいとなみ一般が、今日では、個性化を叫ばれるにもかかわらず、逆に画一化してきているように思えます。

「進歩と開発」の側にながらく身を置いてきた私ですが、自然と親しく生きてきた人たちが、山菜野草に似て寡黙に示してくれる見方や考え方にまなぶ内面外面の旅を、これからもくりかえしながら、思索をつづけたいと思っています。

一九九三年八月

岩波現代文庫版あとがき

『静かな大地―松浦武四郎とアイヌ民族』は、単行本として一九八八年に出版され、第七刷(二〇〇〇年)まで版を重ねた。一九九三年には、同時代ライブラリーの一冊として装をあらたに世に出されたが、同ライブラリーが閉じられて品切れとなり、若い人の手に取ってもらえにくくなっていた。

二〇〇三年、池澤夏樹さんが同じ題名の小説『静かな大地』を上梓して多くの読者に迎えられた。このたび現代文庫で、その池澤さんから解説をいただいて公刊されることになり、たいへんありがたい。

この本は、松浦武四郎が地理取り調べの目的で、蝦夷地をくまなく歩いて記録した日誌を読んで、武四郎の足跡とその間の彼の思索を伝えることを主眼に、彼の歩いた後をできるだけ実際にたどりながら、現代のアイヌ民族について私自身が考え、経験した知見を加えたものである。私としては武四郎と共に現代の北海道を歩み、今の時代を生きるアイヌの姿を泉下の武四郎に報告したい気持ちがあった。

私は、第九章「十勝・日高路」の終わりで、「鎮魂としての記録」と題して、次のように書いた。

「『三航蝦夷日誌』『廻浦日誌』『丁巳日誌』と読んできた私のノートは、『戊午日誌』へきて急にメモの量がふえている。それは、武四郎の霊にあやつられるように、コタンの人別を書き写し出したためである。武四郎の記録は、各戸の戸主名から始まり、家族の名、年齢、続柄が列記される。ほとんど各戸毎に、誰々は「雇に下げられたり」とか「雇いに取られ」とか「浜へ下げられ」とある。そのくりかえしに目をさらすうちに「雇いに取られ」る本人や家人の嘆きや苦しみがつたわってきて、いつしか人別を書き写すというしぐさで、鎮魂の思いをあらわしたくなったらしい」と。

この記述は、萱野茂さんが著書『アイヌの碑』で、同じ日誌から二風谷の人別をすべて書き写し、「当時の二風谷のアイヌの碑というか、鎮魂のつもりであったから」と書かれていることとも響き合っていた。

鎮魂の思いは、同時代に生きるアイヌ民族と向き合い、共に生きる実践を伴わなければ心の中だけで終わる。そういう思いで、彼の記録を伝えるという枠をはみだしたが、一九七〇年代から九〇年代初めまでのアイヌをめぐる状況と運動にも触れた。

現代文庫版のあとがきでもそれを踏襲して、九〇年代初めから今日までのアイヌ民族をめぐる国際、国内の状況について触れておきたい。

一九九二年、国際連合「国際先住民年」開幕式典で、野村義一北海道ウタリ協会理事長が先住民族の代表として演説した。

一九九四年、萱野茂さんが参議院議員に繰り上げ当選し、アイヌ民族初の国会議員として、アイヌ新法実現のために尽力した。

一九九七年には、「アイヌ文化の振興並びにアイヌの伝統等に関する知識の普及及び啓発に関する法律」が制定され、「北海道旧土人保護法」が廃止された。

二〇〇〇年代になって特筆すべきことは、二〇〇七年九月一三日に、国連が「先住民族の権利に関する国際連合宣言」を採択したことである。この宣言は、前文と四十六条からなり、先住民族の包括的な権利を宣言した画期的な文書である。この宣言の採択に際して、合州国、カナダ、オーストラリア、ニュージーランドが反対し、ロシアを含む十一カ国が棄権した。日本は自決権や集団的権利についての独自の解釈や留保をつけて賛成した。

この宣言は、先住民族の自決権、自治権、独自の民族として自由、平和、安全のうちに生活する集団的権利、伝統や慣習や文化を実践する権利、独自の言語による教育権、伝統的に所有してきた土地や資源への権利等々が謳われている。日本語では文書の仮訳が流布され始めたばかりで、その全体を理解し、実際に活かすにはまだしばらく時間が必要だが、もし適切に活用されれば、先住民族運動にとって大きな助けとなりうる。

日本政府は、国際社会において「先住民族」の定義が定まっていないからという理由で、依然としてアイヌ民族を先住民族とは認めてはいない。しかし、この宣言が採択された現在、国際社会においてアイヌ民族が他の先住民族と連携して活動を進めれば、早晩、認知を迫られるであろう。

最近のアイヌ民族自身の状況では、運動の先頭に立つ世代の交代時期になっており、若いアイヌの中から、民族運動、文化運動を牽引する人びとが登場してきている。彼ら、彼女らは、自分たちの文化を誇りとし、その伝統文化を尊重しながら、あたらしい創造活動と結びつけ、ながらくその文化を滅びゆくものとみなしてきた和人と和人社会に挑戦しつつある。彼ら、彼女らが、あたらしい希望の担い手である。

他方、最近は、小説、詩、評論などの表現活動をする若手の姿が見られないのをさびしく思っている。アイヌモシリの自然、歴史、文化を深く捉える思想、文芸の活性化を望むこと切である。もっともこれからの時代を、活字偏重の文化が乗り越えられる時代としてイメージするならば、文字にたよらない文化を伝えてきた先住民が独自の表現形態を開花させる可能性に期待した方が良いのかもしれない。

また、アイヌが個々人のレベルで世界の先住民族と親しく交わり、お互いの精神文化を交流し、活性化させる活動もこれから大いに期待できる。そういう中から、先住民族文化を復興刷新しつつ世界文化へ貢献する営みが盛んになることをねがっている。

二〇〇八年新春

解説

池澤夏樹

松浦武四郎は探検家である。

江戸期の終わり頃に、(後の名で呼べば北海道であるところの)本州北方のあの大きな島を縦横に踏破し、サハリンやクナシリ、エトロフまでの凍てつく道のりを何度となく跋渉した。

そして、その頃、日本人の圧政のもとに悲惨な暮らしを強いられていたアイヌの人々の、その惨状について記録し、報告した。

彼にあって探検家と報告者は分かちがたい。困難を越えてその地に行ったからこそ、彼は見聞きしたことを報告することができた。やがては見聞し報告することが探検の主要な目的になった。旅の途中で自分が見たものの持つ深い意味に突き動かされて、すべてを詳細に記録しながら旅し、内地に戻り、文書にまとめ、また出発して、歩いて、見て、書いた。

もしも松浦武四郎がいなかったら、今のぼくたちは当時アイヌが置かれた状況について何も知らないままだった。なぜならばアイヌには苦境を訴える手段がなかったから。松前藩の場所請負制度によって、生きる自由のほとんどを奪われた人々。アイヌに生まれついたという以外に何の理由もないまま、終身刑に処せられた人々。

後世の自分たちがそれを知らないという事態を思って、ぼくは戦慄する。知るべきことを知らないままでいるというのは恐ろしいことだ。

人間はみな、自分が生きる時代を知り、その由来を知り、社会をよりよい方へ、次の世代が少しでも暮らしやすい方へ導くという責務を課せられている。個人の悦楽を求めるのは大事。生きることは喜び。だからこそ人は、今の子供たちが大人になった時の喜びに満ちた日々を保障すべく力を尽くさなければならない。幸福と不幸について知るべきことを知らなければならない。

そのための必須の参考書の一つが、例えば松浦武四郎が書き残した報告である。彼の人生と成した仕事を伝える本書『静かな大地』である。

この本を読んでぼくは、人に与えられた倫理的な選択の幅に圧倒される。サルトルは「人間は自由という刑罰に処せられている」と言ったけれど、その言葉のとおり人は自ら道を選んで生きるしかない。極悪非道になるも聖人になるも本人次第。それを知った上で選ぶ。これもまた恐ろしいことではないか。

自分の身に引きつけて事態を想像してみよう。江戸時代も終わりに近い時期、あなたは「場所」を請け負った企業から派遣されて、蝦夷地の辺境に赴く。あなたの任務はそこにいるアイヌを労働力として用い、そこの自然からできるかぎりの収益を得ることだ。そのために法的な規制はほとんどなく、思うままにふるまうことが許される。自分をここへ送り込んだ企業の背後には松前藩と幕府の、すなわち国の、方針があるらしい(神を知らない者、信仰を持たない者にとっては、国は最大の権威の源泉である)。

あなたは日々おのが任務を誠実に果たす。それは、前任者や上司の言うままに、目前にいるアイヌという人間の人間的側面をできるだけ無視して、収益の具としてのみ見て、酷使することだ。そうするうちにあなたは自分の権力の大きさに酔い、公務と私益の境を見失う。見目よきアイヌ娘を連れてきて妾とする。人妻ならば夫を遠隔の地に追い払って思いを遂げる。

当然のことアイヌは反抗するけれど、それを押さえ込むだけの暴力装置が用意されている。威圧するのはたやすい。それでなくともここはあなたが人倫を説かれながら育った郷里からは遠隔の地だ。他のみんながやっていることであり、諫める者はいない。あなたはひたすら堕落してゆく。場所請負という制度そのものが堕落を誘っている。それに乗る自由があなたにはある。自分がその立場にあったらその道を選んだかもしれないということを。自由という言葉に即して、認めよう。

その一方、圧政に耐えてなお人間らしい生きかたを選ぶ自由も人にはある。わずか十四歳の娘ながらひたすら働いて同朋六名の命を支える少女サクアンの自由。すなわち「畠を作り、犬を連れて山へ行き、鹿をとってはその皮を年寄りに着せ、朝早く起きて露ふかいあいだに山に入って二軒分の薪を背負い、兄や姉を少しも面倒がらずに介抱し、山からどんなに遅く帰ってきても、まず父母の家へ行き、ついで祖母と伯母の機嫌を伺い、水はありますか、薪はどうですかとねんごろに世話して帰る。犬にも自分が食べるのとおなじものをわけてやり、この犬たちがいればこそ鹿や熊も得られ、親たちに寒い目を見せないですむのだと、雨の日は家の内に入れてけっして外には寝かせない」という生きかたを選ぶ自由もまた人間にはあるのだ。

自ら意志して何度となく北の地に渡り、生命の危険を賭して山野を歩き回り、海を渡り、さまざまな妨害を越えて自然とアイヌについての一次情報を自分の目と耳で集め、刺客に追われながらそれを報告した松浦武四郎にも、そういう自分の生きかたを選ぶ自由があった。

こういうこともぼくは恐ろしいと思うのだ。

同じ恐ろしさに連なる本として、ぼくはラス・カサスの『インディアスの破壊についての簡潔な報告』(岩波文庫)を思い出す。コロンブスに続いて多くのスペイン人が「新大陸」に渡り、富を貪り、暴虐を働いた。四十年間で一千二百万人が殺されたという。

彼らと共に行った聖職者たちからの報告を簡潔にまとめてスペイン王に提出したのがラス・カサスだった。そして、彼の報告はたしかにある程度までスペインの政策を変えた。不充分だったが変えた。

松浦武四郎の報告は幕府の方針を少しは変えたのだろうか。場所請負制度の暴虐非道を伝える旅の報告はおろか、彼の著作の中ではもっとも指弾の色の薄い『近世蝦夷人物誌』でさえ出版は許されなかった。「北加伊道」と彼が呼ぼうとした北方の地が「北海道」となって明治政府の支配下に収まった後、松前藩よりもさらに貪欲な官僚豪商連合の収奪の対象となった後、彼は乞われて就いた蝦夷地開拓御用掛の役をさっさと辞し、以降は二度と北の地に渡らなかった。それ以来の二十年近い余生において、彼は北からの便りをどれほどの無念をもって受け止めたことだろう。

人は自由だ。理想を求めて、あるいは義憤に駆られて、ある行動を選び取ることができる。しかし他方、富を求め、快楽を求め、その手段として暴力を用い、奸計を弄することもできる。

個人としてだけでなく組織としてそれを実行する。組織の中に入ってしまうと、その組織への忠誠心という別の要素が加わって、個人としての判断の範囲が狭まる。同輩がやっている悪事に列《つら》ならないことは組織への裏切りになる。それが組織というものの忌まわしいところで、だから松浦武四郎は最後まで個人の資格のままだった。探検と報告の任務について権力側と緩い雇用の契約は結んだけれども、組織に行動を制約させることはなかった。圧力がかかった時は彼なりの策を用いた。行く先々の役人の目を盗んでアイヌたちから実情を聞き出した。

世の動きは人を勝者と敗者に分ける。歴史を書くのはいつも勝者だ。アフリカの諺に「ライオンが自分たちの中から歴史家を生み出さないかぎり、狩の歴史は狩人の栄光に奉仕する」と言う。

誰かが、たとえ勝者の側に属する身であったとしても、敗者の側に立って彼らの歴史を書かなければならない。そうでないと歴史はただ空疎な栄光の記録になってしまう。世の中になぜこれほどの不幸があるのか、なぜ人間の知恵は人間を幸福に導かないのか、それを解く手がかりを得るには負けた者の側、不幸な人生を送った側、それにも拘わらず自分の生きかたを自信をもって嘉しながら死んだ者の側に、仮にでも立たなければならない。

勝者の側に身を置くのは愉快なことだろう。大勢に乗るのはたやすい。逆に、流れに抗するのは楽なことではない。晩年の二十年間、かつてあれほど親しんだ北の地に足を踏み入れなかった松浦武四郎の意地を、その心意気を、後世のぼくたちは思い描かなければならない。

流れに抗して踏み止まる。

松前藩にとって都合のいい報告を幕府に上げておけば、結構な栄誉も贅沢も得られただろう。そういう機会は何度となく、しつこく、くどく、提示されただろう。栄耀栄華思いのまま。しかし彼はそれを受けなかった。刺客につきまとわれても意に介しなかった。

同じことをぼくはこの本の著者である花崎皋平についても思う。世界を見るにあたって、まずは弱者の側に身を置くこと。彼らが弱者であるが故に世に還流されない彼らの知恵を、その源流に立って汲み取ること。

だから組織を離れた。彼は北海道大学助教授の職を放棄し、在野の、活動する哲学者になった。伊達市の大きな火力発電所の建設に反対する運動の中に分け入り、「その中心であった伊達市有珠地区の漁師たちに出会」って、大きな契機を得た。

その後の営々たる現場的な努力の先に松浦武四郎との出会いがあった。たぶん花崎皋平は偉大な先達を見出したのだろう。蝦夷地が伊勢生まれの松浦を受け入れてアイヌとの交流を強いたように、北海道は東京生まれの花崎を受け入れて市民運動への参画を促した。読みにくい写本のまま死蔵されていた松浦の記録を、現代語に訳して世に提供した丸山道子らの努力をもう何歩か先へ押し進める。松浦武四郎の事績という松明を次世代へ手渡す。それこそがこの本の意義だ。

十年以上の昔、ぼくは北海道の開拓に従事した自分の祖先の話を小説に書こうと思い立った。タイトルを決めあぐね、いろいろ迷ったあげく、北海道という自然を最も的確に表しているのは「アイヌモシリ」を和語に移した「静かな大地」という本書の題であることに気づいた。ぼくは花崎さんにお願いして流用をお許しいただいた。

それもまた松明を次の世代へ渡すことであったと信じたい。

我々は今なお、とても多くを松浦武四郎に負っている。

二〇〇七年十二月　フォンテーヌブロー、フランス

（作家）

本著作は、一九八八年九月岩波書店より刊行された。
底本には同時代ライブラリー版(一九九三年)を用いた。

静かな大地——松浦武四郎とアイヌ民族

2008年2月15日　第1刷発行
2019年1月25日　第2刷発行

著　者　花崎皋平《はなざきこうへい》

発行者　岡本　厚

発行所　株式会社　岩波書店
〒101-8002 東京都千代田区一ツ橋2-5-5

案内 03-5210-4000　営業部 03-5210-4111
現代文庫編集部 03-5210-4136
http://www.iwanami.co.jp/

印刷・精興社　製本・中永製本

© Kohei Hanazaki 2008
ISBN 978-4-00-603163-3　Printed in Japan

岩波現代文庫の発足に際して

新しい世紀が目前に迫っている。しかし二〇世紀は、戦争、貧困、差別と抑圧、民族間の憎悪等に対して本質的な解決策を見いだすことができなかったばかりか、文明の名による自然破壊は人類の存続を脅かすまでに拡大した。一方、第二次大戦後より半世紀余の間、ひたすら追い求めてきた物質的豊かさが必ずしも真の幸福に直結せず、むしろ社会のありかたを歪め、人間精神の荒廃をもたらすという逆説を、われわれは人類史上はじめて痛切に体験した。

それゆえ先人たちが第二次世界大戦後の諸問題といかに取り組み、思考し、解決を模索したかの軌跡を読みとくことは、今日の緊急の課題であるにとどまらず、将来にわたって必須の知的営為となるはずである。幸いわれわれの前には、この時代の様ざまな葛藤から生まれた、人文、社会、自然諸科学をはじめ、文学作品、ヒューマン・ドキュメントにいたる広範な分野のすぐれた成果の蓄積が存在する。

岩波現代文庫は、これらの学問的、文芸的な達成を、日本人の思索に切実な影響を与えた諸外国の著作とともに、厳選して収録し、次代に手渡していこうという目的をもって発刊される。いまや、次々に生起する大小の悲喜劇に対してわれわれは傍観者であることは許されない。一人ひとりが生活と思想を再構築すべき時である。

岩波現代文庫は、戦後日本人の知的自叙伝ともいうべき書物群であり、現状に甘んずることなく困難な事態に正対して、持続的に思考し、未来を拓こうとする同時代人の糧となるであろう。

(二〇〇〇年一月)

S302
機会不平等
斎藤貴男

機会すら平等に与えられない〝新たな階級社会の現出〟を粘り強い取材で明らかにした衝撃の著作。最新事情をめぐる新章と、森永卓郎氏との対談を増補。

S303
私の沖縄現代史
―米軍支配時代を日本〈ヤマト〉で生きて―
新崎盛暉

敗戦から返還に至るまでの沖縄と日本の激動の同時代史を、自らの歩みと重ねて描く。日本〈ヤマト〉で「沖縄を生きた」半生の回顧録。岩波現代文庫オリジナル版。

S304
私の生きた証はどこにあるのか
―大人のための人生論―
H・S・クシュナー
松宮克昌訳

私の人生にはどんな意味があったのか？　人生の後半を迎え、空虚感に襲われる人々に旧約聖書の言葉などを引用し、悩みの解決法を提示。岩波現代文庫オリジナル版。

S305
戦後日本のジャズ文化
―映画・文学・アングラ―
マイク・モラスキー

占領軍とともに入ってきたジャズは、アメリカそのものだった！　映画、文学作品等の中のジャズを通して、戦後日本社会を読み解く。

S306
村山富市回顧録
薬師寺克行編

戦後五五年体制の一翼を担っていた日本社会党は、その誕生から常に抗争を内部にはらんでいた。その最後に立ち会った元首相が見たものは。

2019.1

S307
大逆事件
―死と生の群像―
田中伸尚

天皇制国家が生み出した最大の思想弾圧「大逆事件」。巻き込まれた人々の死と生を描き出し、近代史の暗部を現代に照らし出す。〈解説〉田中優子

S308
「どんぐりの家」のデッサン
漫画で障害者を描く
山本おさむ

かつて障害者を漫画で描くことはタブーだった。漫画家としての著者の経験から考えてきた、障害者を取り巻く状況を、創作過程の試行錯誤を交え、率直に語る。

S309
鎖塚
―自由民権と囚人労働の記録―
小池喜孝

北海道開拓のため無残な死を強いられた囚人たちの墓、鎖塚。犠牲者は誰か。なぜその地で死んだのか。日本近代の暗部をあばく迫力のドキュメント。〈解説〉色川大吉

S310
聞き書 野中広務回顧録
御厨貴
牧原出 編

二〇一八年一月に亡くなった、平成の政治をリードした野中広務氏が残したメッセージ。五五年体制が崩れていくときに自民党の中で野中氏が見ていたものは。〈解説〉中島岳志

S311
不敗のドキュメンタリー
―水俣を撮りつづけて―
土本典昭

『水俣―患者さんとその世界―』『医学としての水俣病』『不知火海』などの名作映画の作り手の思想と仕事が、精選した文章群から甦る。〈解説〉栗原彬

2019.1